Python 日语数字人文之
文本挖掘技术及其应用

钟 勇 著

东南大学出版社
SOUTHEAST UNIVERSITY PRESS
·南京·

内容提要

本书作为基于 Python 的日语数字人文系列研究著作之一,聚焦于文本挖掘领域中的各种数字技术,研究其 Python 编程实现路径及在日语语言研究中的应用方法。具体说来,本书较为全面地梳理和研究词云图绘制、关键词提取、词共现网络分析、主题模型建构、文本向量化、文本聚类、情感分析等文本挖掘领域中适用于日语数字人文研究的数字技术,详细演示其在日语文本数据处理中的 Python 编程实现,并通过一系列研究实例剖析其在日语语言研究中的具体应用方法。本书旨在助力语言学研究者,尤其是日语语言研究者较为系统地了解文本挖掘涉及的主要内容及范围,较为快捷地掌握基于 Python 的日语文本挖掘技术编程实现,进而打通技术与应用之间的壁垒,提升开展新兴日语数字人文研究的眼光和能力。

图书在版编目(CIP)数据

Python 日语数字人文之文本挖掘技术及其应用 / 钟勇著. -- 南京:东南大学出版社,2025.5. -- ISBN 978-7-5766-2133-4

Ⅰ.H36

中国国家版本馆 CIP 数据核字第 2025Y66D21 号

责任编辑:刘　坚(635353748@qq.com)　　责任校对:周　菊
封面设计:毕　真　　　　　　　　　　　　　责任印制:周荣虎

Python 日语数字人文之文本挖掘技术及其应用
Python Riyu Shuzi Renwen Zhi Wenben Wajue Jishu Jiqi Yingyong

著　　者	钟勇
出版发行	东南大学出版社
社　　址	南京市四牌楼 2 号(邮编:210096　电话:025-83793330)
出 版 人	白云飞
经　　销	全国各地新华书店
印　　刷	广东虎彩云印刷有限公司
开　　本	787 mm×1092 mm　1/16
印　　张	14.75
字　　数	290 千
版　　次	2025 年 5 月第 1 版
印　　次	2025 年 5 月第 1 次印刷
书　　号	ISBN 978-7-5766-2133-4
定　　价	78.00 元

本社图书若有印装质量问题,请直接与营销部调换。电话(传真):025-83791830

我与 Python 还有日语数字人文的故事(第二弹)

2023年12月,作为"基于 Python 的日语数字人文"系列入门书籍的《Python 日语数字人文之语料库语言学技术及其应用》一书于东南大学出版社正式出版。在这本书出版前后,我一直在思考是否继续开拓进取,一鼓作气将该系列进阶书籍《Python 日语数字人文之文本挖掘技术及其应用》也尽早出版出来。之所以有此考量,原因主要有以下几点:

(1) 较早的时候就有粉丝通过微信公众号"日语数字人文与 Python 那些事"的私信询问过我是否可以分享一些有关文本挖掘技术方面的资料,而我回复说手头确实有一些零散的资料,之后会进行整理,并通过公众号分享给大家。既然有此计划,我想索性就再多努点力将整理好的资料出版出来也挺好的;

(2) 我在2024年春季学期为研究生新开了一门名为"Python 文本挖掘(日语)"的选修课,但一直没能找到十分合适的教材,所以刚好可以将手头的文本挖掘技术资料整理一下作为这门课程的补充学习材料。并且,如果能将这些资料出版成书,之后就可以彻底解决这门课程的教材问题;

(3) 我在平时的论文阅读当中发现,越来越多的优秀文章已经开始使用词共现网络分析、主题模型建构、情感分析、文本向量化等较为成熟的文本挖掘技术来开展以往难以完成的创新性研究。于是我想,如果大家能够尽早在日语语言研究中合理地用上这些文本挖掘技术,必定可以进一步打破中国日语语言研究的僵局,让其焕发出新的生机;

（4）我曾在《Python日语数字人文之语料库语言学技术及其应用》一书的前言当中写道："如果将来读者有需求和期待，并且我也有勇气和机会的话，后面可能还会继续撰写《Python日语数字人文之文本挖掘技术及其应用》《Python日语数字人文之计量语言学技术及其应用》《Python日语数字人文之文体统计学技术及其应用》等书籍。"而当《Python日语数字人文之语料库语言学技术及其应用》正式出版之后，我不断接受到学界同仁们的暖心肯定：上海外国语大学日本文化经济学院的毛文伟教授就当面鼓励我说书中的"代码逐行解析"等内容挺好的。苏州大学外国语学院的王鼎教授曾多次在国内外学术会议上推介了本书。大连理工大学外国语学院的孙成志教授在认可本书内容的基础之上，给门下的研究生们配备了好几本作为学习材料。南京理工大学外国语学院的施京京博士则特意加我微信告诉我，自己之前有些日语文本数据想用Python处理，请教了计算机学院的人都未能解决，且自行查阅日语教程也没能成功，直到遇见本书之后，心中一下子涌现出雪中送炭、找到救星的感觉。南京林业大学外国语学院的计算机编程达人黄博老师也曾坦率表示，本书算是国内第一本基于Python的日语文本数据处理专业书籍。此外，素未谋面的中国人民大学日语语言文学专业的王琳轩同学则给我直接发来一封邮件，称以前处理日语文本数据时都靠自己十分艰难地摸索，读了本书之后深受感动和鼓舞，学到了许多干货，特别开心。并且，该同学还和我就书中代码问题进行了多次交流和沟通。这些来自学界同仁们的星星点点的暖心肯定一方面给了我继续前行的莫大勇气，另一方面也让我充分认识到了大家对Python日语数字人文的迫切需求和殷切期待。

基于以上种种原因和考虑，早日将《Python日语数字人文之文本挖掘技术及其应用》一书出版出来的意愿在我心里变得越来越强烈。还是那句话，心动不如行动。我立马从互联网上搜集和购买了现有的几本与文本挖掘最为相关的著作（包括《文本数据挖掘（第2版）》《文本数据挖掘与Python应用》《文本挖掘与Python实践》和《文本数据挖掘：基于R语言》）。然后开始根据文本挖掘领域中的各项技术逐项整理手头已有的资料和Python代码，并参照购买的著作和互联网上的公开资料不断补充一些新资料，撰写一些新代码。

文本挖掘技术资料的梳理比预想的要慢一些，因为这些技术确实比语料库语言学技术难懂得多，而面向基础薄弱或基础为零的语言研究者解说这些技术更是一项十分不易的工作。记得当时我在理解基于 TextRank 的关键词提取方法时就花费了大量的时间和精力，而在书中对其进行解说时更是绞尽脑汁，修改数次。最终，我借助一个相对好懂的实例（即假设有一篇关于美食的日语文档，其中提到了各种食材和烹饪方法，现在需要基于 TextRank 来找出该文档中最为重要的食材和烹饪方法），将 TextRank 算法的主要步骤描述如下：

（1）构建单词网络

我们把文档中的每个单词都想象成一个节点。如果两个单词在一定窗口大小（如一个句子或一个段落）内共同出现，就在这两个单词节点之间画一条线，构建一条边。这条边就代表了它们之间的邻接关系。比如，"豚肉"和"ピーマン"经常一起出现，我们就认为它们是邻居，需在中间连上一条边。这样一来，所有单词最终就可构成一张像渔网一样的单词网络（见图 0-1）。这种单词网络中的边通常带有一个表示连接强度的权重。该权重可以使用共现次数来衡量，即两个单词在一定窗口大小内共同出现的次数越多，则它们之间的边的权重就越大（可形象地理解为边越粗），同时相互之间的影响也越大。

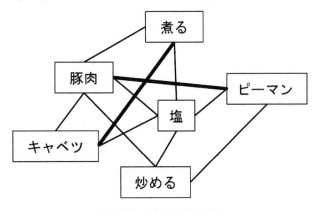

图 0-1　单词网络示例

（2）运行 TextRank 算法

TextRank 算法会迭代地更新单词网络中每个单词的重要性分数。具体说来，刚开始所有单词的重要性分数都相同。然后，TextRank 算法根据单词之间的邻接关系和权重情况逐步调整每个单词的重要性分数。这个调整过程会反复进行，直到单词网络中每个单词的重要性分数都稳定下来。

（3）提取关键词

当 TextRank 算法运行结束之后，我们就获得了单词网络中每个单词的重要性分数（如单词"豚肉"的重要性分数可能是 0.2859），并可以根据重要性分数的高低来提取文章中最为重要的关键词，而这些关键词就代表了相关文章的主题内容。

也许以上解说还是不够好懂，但已是我尽力而为的结果。这种难以理解和解说相关技术的情况差不多贯穿了整个文本挖掘技术的梳理过程。我有时觉得太难了，甚至还会在某个瞬间冷不丁地蹦出糊弄一下算了的想法。但我终归还是咬紧牙关坚持到了最后，在能力范围之内尽可能通俗易懂地解释和描述了书中涉及的每项技术。

经过略为艰辛的探索、编程、撰写和校对，这部名为《Python 日语数字人文之文本挖掘技术及其应用》的书籍终于出现在各位眼前了。简而言之，本书定位为《Python 日语数字人文之语料库语言学技术及其应用》一书的进阶书籍，聚焦于文本挖掘领域中的各种数字技术，研究其 Python 编程实现路径及在日语语言研究中的应用方法。具体说来，本书较为全面地梳理和介绍词云图绘制、关键词提取、词共现网络分析、主题模型建构、文本向量化、文本聚类、情感分析等文本挖掘领域中适用于日语数字人文研究的数字技术，详细演示其在日语文本数据处理中的 Python 编程实现，并通过一系列研究实例剖析其在日语语言研究中的具体应用方法（编程中所用语料可前往微信公众号"日语数字人文与 Python 那些事"相关文章进行下载）。本书旨在助力语言学研究者，尤其是日语语言研究者较为系统地了解文本挖掘涉及的主要内容及范围，较为快捷地掌握基于 Python 的日语文本挖掘技术编程实现，进而打通技术与应用之间的壁垒,提升开展新兴日语数字人文研究的眼光和能力。

另一方面,本书在撰写过程中完全继承了《Python 日语数字人文之语料库语言学技术及其应用》一书的3点理念:

(1) 知识阐释尽可能通俗易懂。尽管 Python 是一门十分适合文科研究者学习的十分友好的编程语言,但毕竟对于非专业人员来说还是具有一定技术门槛。与此同时,文本挖掘技术方面的知识对于文科研究者来说终究还是比较专业和难懂的。考虑到这些,我在技术介绍和代码解析过程中尽可能站在非专业零基础学习者的角度来选择用词用语和解释方法,并尽可能使用易懂的大白话来详尽解释那些相对复杂和难懂的知识;

(2) 技术覆盖尽可能系统全面。文本挖掘领域中的数字技术丰富多样,且都比较实用,如能十分系统地梳理和介绍一遍,定能为日语数字人文研究的开展奠定坚实的基础。基于此,本书尽可能全面地涵盖了文本挖掘中那些常用于日语语言研究的数字技术;

(3) 书籍内容尽可能务实好用。撰写本书的最大目的在于助力读者尽快把 Python 软件用起来,尽早把日语数字人文研究做起来,所以我在书中不仅详尽展示了每项技术的分步代码,还专门归纳和整理了其完整代码,以供读者直接使用。与此同时,本书最后一章还尽可能全面地提供了一些基于各种文本挖掘技术的日语语言研究经典实例,以此打通技术与应用之间的壁垒,从而促成读者的学以致用。

最后,本书作为 Python 日语数字人文系列的第二本著作,能够顺利出版问世仍然离不开我妻子的大力支持,正是因为我们齐心协力将女儿照顾好,才能让我有足够的时间和精力来完成书稿的撰写工作。然后,我仍然很感谢我的女儿,因为她一如既往地无比可爱,经常用天使般的笑容和趣意盎然的童言童语给我带来无尽的动力和欢乐。此外,本书的成功出版仍然离不开南京航空航天大学外国语学院领导和同事的大力关怀、东南大学出版社刘坚先生的大力支持以及教育部人文社会科学研究一般项目资金资助(No. 23YJC740095)和中央高校基本科研业务费专项资金资助(No. NR2024035),

在此一并表示感谢!

以上就是我与Python还有日语数字人文的第二弹故事,同时也是本书的成书简史。衷心希望各位读者能够读有所获,也恳请大家多多批评指正!

目录

第一章 绪论 ……………………………………………………… (001)
 参考文献 ……………………………………………………… (003)

第二章 日语词云图绘制技术 ……………………………………… (005)
 2.1 技术概要与编程提示 ……………………………………… (005)
 2.2 词云图绘制编程实现 ……………………………………… (007)
  2.2.1 所用语料与编程步骤 ………………………………… (007)
  2.2.2 分步代码 ……………………………………………… (008)
  2.2.3 完整代码 ……………………………………………… (020)
 参考文献 ……………………………………………………… (022)

第三章 日语关键词提取技术 ……………………………………… (023)
 3.1 技术概要与编程提示 ……………………………………… (023)
 3.2 基于 TF-IDF 的关键词提取编程实现 ……………………… (029)
  3.2.1 所用语料与编程步骤 ………………………………… (029)
  3.2.2 分步代码 ……………………………………………… (029)
  3.2.3 完整代码 ……………………………………………… (037)
 3.3 基于 TextRank 和 MultipartiteRank 的关键词提取编程实现
  ……………………………………………………………… (039)
  3.3.1 所用语料与编程步骤 ………………………………… (039)
  3.3.2 分步代码 ……………………………………………… (039)
  3.3.3 完整代码 ……………………………………………… (042)
 3.4 基于 BERT 类模型的关键词提取编程实现 ……………… (044)
  3.4.1 所用语料与编程步骤 ………………………………… (044)
  3.4.2 分步代码 ……………………………………………… (044)
  3.4.3 完整代码 ……………………………………………… (048)
 参考文献 ……………………………………………………… (050)

第四章　日语词共现网络分析技术 (052)

4.1　技术概要与编程提示 (052)

4.2　基于前 N 位选取法和窗口跨距的词共现网络分析编程实现 (055)

  4.2.1　所用语料与编程步骤 (055)

  4.2.2　分步代码 (056)

  4.2.3　完整代码 (069)

4.3　基于高低频词界定公式选取法和句子单位的词共现网络分析编程实现 (074)

  4.3.1　所用语料与编程步骤 (074)

  4.3.2　分步代码 (075)

  4.3.3　完整代码 (080)

4.4　基于二八定律选取法和依存关系的词共现网络分析编程实现 (085)

  4.4.1　所用语料与编程步骤 (085)

  4.4.2　分步代码 (085)

  4.4.3　完整代码 (094)

参考文献 (100)

第五章　日语主题模型建构技术 (101)

5.1　技术概要与编程提示 (101)

5.2　基于 LDA 的主题模型建构编程实现 (104)

  5.2.1　所用语料与编程步骤 (104)

  5.2.2　分步代码 (105)

  5.2.3　完整代码 (115)

5.3　基于 BERTopic 的主题模型建构编程实现 (119)

  5.3.1　所用语料与编程步骤 (119)

  5.3.2　分步代码 (120)

  5.3.3　完整代码 (124)

参考文献 (125)

第六章　日语文本向量化技术 (126)

6.1　技术概要与编程提示 (126)
6.2　基于 Word2vec 的单词向量化编程实现 (128)
6.2.1　所用语料与编程步骤 (128)
6.2.2　分步代码 (129)
6.2.3　完整代码 (135)
6.3　基于 BERT 的单词向量化编程实现 (138)
6.3.1　所用语料与编程步骤 (138)
6.3.2　分步代码 (139)
6.3.3　完整代码 (143)
6.4　基于 Sentence-BERT 的句子向量化编程实现 (144)
6.4.1　所用语料与编程步骤 (144)
6.4.2　分步代码 (144)
6.4.3　完整代码 (146)
6.5　基于 BERT 的句子和文档向量化编程实现 (147)
6.5.1　所用语料与编程步骤 (147)
6.5.2　分步代码 (147)
6.5.3　完整代码 (151)
6.6　基于 Doc2Vec 的文档向量化编程实现 (152)
6.6.1　所用语料与编程步骤 (152)
6.6.2　分步代码 (153)
6.6.3　完整代码 (157)
参考文献 (160)

第七章　日语文本聚类技术 (161)

7.1　技术概要与编程提示 (161)
7.2　基于 TF-IDF 和 K-均值聚类算法的文本聚类编程实现 (162)
7.2.1　所用语料与编程步骤 (162)
7.2.2　分步代码 (163)

　　　　7.2.3　完整代码……………………………………………………………(170)

　7.3　基于Doc2Vec和层次聚类算法的文本聚类编程实现………………(174)

　　　　7.3.1　所用语料与编程步骤……………………………………………(174)

　　　　7.3.2　分步代码…………………………………………………………(174)

　　　　7.3.3　完整代码…………………………………………………………(180)

　7.4　基于BERT和HDBSCAN聚类算法的文本聚类编程实现…………(184)

　　　　7.4.1　所用语料与编程步骤……………………………………………(184)

　　　　7.4.2　分步代码…………………………………………………………(184)

　　　　7.4.3　完整代码…………………………………………………………(195)

　参考文献………………………………………………………………………(199)

第八章　日语情感分析技术……………………………………………(200)

　8.1　技术概要与编程提示…………………………………………………(200)

　8.2　基于情感词典的情感分析编程实现…………………………………(201)

　　　　8.2.1　所用语料与编程步骤……………………………………………(201)

　　　　8.2.2　分步代码…………………………………………………………(202)

　　　　8.2.3　完整代码…………………………………………………………(204)

　8.3　基于传统机器学习的情感分析编程实现……………………………(206)

　　　　8.3.1　所用语料与编程步骤……………………………………………(206)

　　　　8.3.2　分步代码…………………………………………………………(206)

　　　　8.3.3　完整代码…………………………………………………………(210)

　8.4　基于深度学习的情感分析编程实现…………………………………(212)

　　　　8.4.1　所用语料与编程步骤……………………………………………(212)

　　　　8.4.2　分步代码…………………………………………………………(212)

　　　　8.4.3　完整代码…………………………………………………………(217)

　参考文献………………………………………………………………………(219)

第九章　日语语言研究实例……………………………………………(220)

　参考文献………………………………………………………………………(222)

绪 论

随着大数据、云计算、人工智能(如 ChatGPT)、物联网、虚拟现实等新兴数字技术的发展和应用,当今社会的数字化转型越来越剧烈。在此背景下,人文科学领域的资源类型、研究问题和研究方法发生了深刻变革。正如中国大陆第一本专业学刊《数字人文》发刊词中所说,"数字环境下可以发现前数字时代难以发现的现象,提出前数字时代下难以提出的设想,开展前数字时代难以开展的工作,解决前数字时代难以解决的问题。这些问题往往不再属于人文领域的某一学科,人文学者需要打通自身的学科壁垒,还需要与计算机、统计学、信息情报等领域的学者深度协作。数字化时代将促进研究范式和学术功能的改变。演绎式逻辑转而为与归纳式逻辑并重,问题驱动转而为与数据驱动并重,因果分析转而为与关联分析并重,质化研究转而为与量化并重"。数字人文(Digital Humanities)正是在这股数字化浪潮下逐渐形成和发展起来的一个生机勃勃的新兴跨学科领域。迄今为止,数字人文已在国内外发展了七十年左右。

简单说来,在数字化浪潮下发展起来的数字人文就是数字技术与人文科学的深度交叉融合,其核心内容为数字技术在人文学科当中的应用(钟勇,2023)。数字人文是一个开放性很强的包罗万象的"大帐篷",且与文本数据及其处理方法密不可分,所以语言学领域中的语料库语言学等与数字人文天然亲近,目前已成为其有机组成部分(Mehl,2021;Luhmann et al,2022;雷蕾,2023)。在此背景下,上海外国语大学语料库研究院的雷蕾教授于 2022—2023 年提出"语言数字人文(Digital Humanities in Linguistics)"这一"小帐篷"概念,将其正式定义为"采用数字技术与方法以提出或解决语言学及其相关问题为目标的研究领域",并简洁地阐释了其主要内涵:"① 语言数字人文研究聚焦于语言学及其相关问题研究,即传统语言学问题的研究和语言相关的其他学科问题研究;② 语言数字人文研究需采用数字技术与方法来进行研究;③ 语言数字人文研究不但需要采用数字技术与方法来解决已有问题,更需要透过数字技术与方法,突破语言学的学科藩篱或界限,发现或提出新的问题。"(管新潮 等,2022;雷蕾,2023)语言数字人文的主要特征之一为具有天然的跨学科属性,语言学、文学、翻译、计算机科学、信息科学、社会学、心理学、新闻传播等多种学科的智慧和方法在该领域当中交叉碰撞,产生新知。

近年来,中国的日语语言研究一直面临较大的困境和挑战,而开展基于新兴数字技术的日语研究是摆脱眼前困境、赢得当下挑战的有效途径之一(王升远 等,2021)。有鉴于此,钟勇在语言数字人文的小帐篷之下率先提出"日语数字人文"这一"迷你帐篷"概念,并将其简洁地定义为"主要借助各种数字技术及相关方法来解决现有的日语语言研究问题及其相关问题,并尝试发现或提出新问题"的研究领域(钟勇,2023)。日语数字人文与语言数字人文及数字人文之间的具体关系如图 1-1 所示。

图 1-1　日语数字人文与语言数字人文及数字人文的关系示意图

日语数字人文研究可广泛吸收语料库语言学、文本挖掘、计量语言学、统计学、自然语言处理、机器学习等相关学科和领域中的各种传统与新型技术。迄今为止,钟勇已在《Python 日语数字人文之语料库语言学技术及其应用》一书当中较为全面地梳理和介绍了语料库语言学中适用于日语数字人文研究的词表制作、N 元分析、主题词分析、索引行生成、显著搭配提取、语言特征统计(如词汇多样性统计、平均词长统计、词长分布统计、平均句长统计、词类占比统计、词汇密度统计、MVR 统计、词汇复杂性统计、句式频次统计)等数字技术,详细演示了其在日语文本数据处理中的 Python 编程实现,并通过一系列研究实例剖析了其在日语语言研究中的具体应用方法(钟勇,2023)。本书在此基础上聚焦于适用于日语数字人文研究的各种文本挖掘技术。文本挖掘的英文表述为 Text Mining,是一种从自然语言文本(包括以语言文字为主要内容的普通 txt 文件、doc/docx 文件、pdf 文件和 html 文件等)中自动发现和挖掘用户感兴趣的模式、信息和知识的方法和技术(宗成庆 等,2022)。具体说来,文本挖掘领域主要包括词云图绘制、关键词提取、词共现网络分析、主题模型建构、文本向量化、文本聚类、文本分类、情感分析等核心技术(刘金花,2021;黄天元,2021;刘金岭 等,2021;宗成庆 等,2022)。这些技术均可通过 Python 编程来实现。本书在编程过程中使用的 Python 版本是 Windows 版 Python 3.10.11(64-bit),而使用的集成开发环境版本则为 Windows 版 PyCharm Community Edition 2022.3.2①。

总而言之,本书定位为《Python 日语数字人文之语料库语言学技术及其应用》一书的进阶书籍,较为全面地梳理和介绍文本挖掘领域中适用于日语数字人文研究的常用数字技术,详细演示其在日语文本数据处理中的 Python 编程实现,并提供这些技术在各种日语语言研究中的应用实例。本书旨在助力语言学研究者,尤其是日语语言研究者较为系统地了解文本挖掘涉及的主要内容及范围,较为快捷地掌握基于 Python 的日语文本挖掘技术编程实现,进而打通技术与应用之间的壁垒,提升开展新兴日语数字人文研究的眼光和能力。

参考文献

管新潮,陆晓蕾,2022. 基于 Python 的语料库翻译:数据分析与理论探索[M]. 上海:上海交通大学出版社.

黄天元,2021. 文本数据挖掘:基于 R 语言[M]. 北京:机械工业出版社.

雷蕾,2023. 语言数字人文:"小帐篷"理论框架[J]. 外语与外语教学(3):63 - 73.

---

① 关于 Python 与 PyCharm 的简介、安装和基本用法等请参考钟勇 2023 年出版的《Python 日语数字人文之语料库语言学技术及其应用》一书或微信公众号"日语数字人文与 Python 那些事"中的相关文章。

刘金花,2021. 文本挖掘与 Python 实践[M]. 成都:四川大学出版社.

刘金岭,钱升华,2021. 文本数据挖掘与 Python 应用[M]. 北京:清华大学出版社.

王升远,修刚,王忻,等,2021. 中国的日语语言研究:困境、挑战与前景[J]. 日语学习与研究(5):1-20.

钟勇,2023. Python 日语数字人文之语料库语言学技术及其应用[M]. 南京:东南大学出版社.

宗成庆,夏睿,张家俊,2022. 文本数据挖掘(第 2 版)[M]. 北京:清华大学出版社.

Luhmann J, Burghardt M, 2022. Digital humanities: A discipline in its own right? An analysis of the role and position of digital humanities in the academic landscape [J]. Journal of the Association for Information Science and Technology, 73(2): 148-171.

Mehl S, 2021. Why linguists should care about digital humanities (and epidemiology) [J]. Journal of English Linguistics, 49(3): 331-337.

第二章

日语词云图绘制技术

2.1 技术概要与编程提示

"词云"是一种对文本中出现频次较高的关键词予以视觉突显,从而形成"关键词云层"或"关键词渲染",以此过滤掉大量文本信息,使读者一眼就能获得文本主旨的数据可视化技术;"词云图"则是依据词频绘制出来的词云,词云中关键词的字号大小一般反映其在文本中出现频次的高低①(刘金岭 等,2021)。词云图应用范围广泛。譬如,借助个性化的词云图来表述个性化论文或报告中的主题思想是一项颇具创造性的可视化措施(管新潮,2021)。图 2-1 展示了一个典型的日语词云图,图中"祖母""母""父""親切""自分"等关键词字号较大(即出现频次相对较高)、十分醒目,可以迅速推知相关文本的核心主题很可能是"我的家人"。

图 2-1 日语词云图示例

---

① 通过设置相关参数的具体数值,词云中关键词的字号大小也可反映其在文本中基于出现频次的排名高低,或者综合反映其实际出现频次和排名的高低。

由此可见,词云图确实具有较强的视觉冲击力,通过高度浓缩和精简处理文本内容,使得读者只需简单地扫一眼图片就能即刻领略相关文本主旨。但需注意的是,词云图也有"精确度不够"等缺点,如无法精确显示关键词的数字式规律,而这是用其描述特定主题时必须把握的一个因素(管新潮,2021)。

我们在下一小节详细介绍一个基于语料库与 UniDic 词典的日语词云图绘制编程案例。开始编程前,需事先下载好 UniDic 词典和日语停用词表,安装好 MeCab 软件及 mecab、nltk、matplotlib、wordcloud 等第三方库①。其中,UniDic 词典是一系列分词词典,可从官方网站(https://clrd.ninjal.ac.jp/unidic/)直接下载。该系列词典的最大特点是,能够将某单词的所有不同写法和形式全部统一(或还原)成一种名为"词汇素"(「語彙素」)的形式。譬如,「大きい」「おおきい」「おっきい」的词汇素都是「大きい」。本书在分词处理过程中使用的是其中的《现代书面语词典》(文件名为"unidic-cwj-3.1.1")。日语停用词指那些在日语中常见,但对理解文本内容帮助不大的词。日语停用词表目前存在许多版本,本书使用从 GitHub(https://github.com/stopwords-iso/stopwords-ja)上下载下来的名为"stopwords-ja.txt"的停用词表(见图 2-2)②。

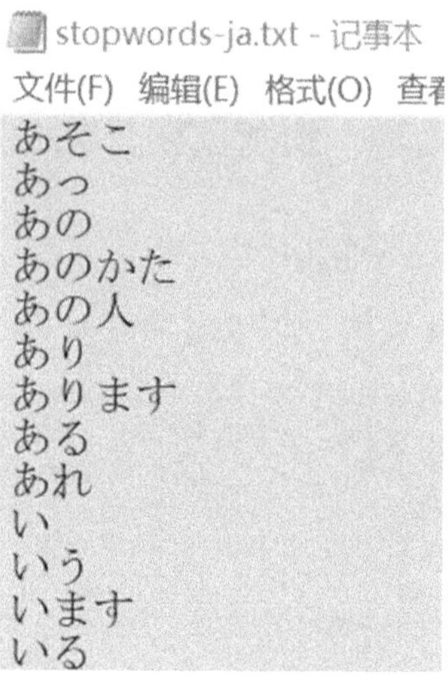

图 2-2 日语停用词表内容示例

然后,MeCab 是奈良先端科学技术大学院大学的工藤拓开发的一套日语分词(形态分析)和词性标注系统软件,可通过官方网站(http://taku910.github.io/mecab/#download)进行免费下载和安装。需要注意的是,在安装过程中出现编码选择窗口时需选择"UTF-8",且安装程序中自动捆绑了 IPA 词典,需允许程序一并安装该词典。本书中使用的 MeCab 软件版本为 Windows 版 Mecab 0.996。最后,第三方库 mecab 相当于一个中介,用于在编程过程中间接调用提前安装好的 MeCab 软件。nltk 是一个

---

① 此外,编程过程中还会用到 re 这个 Python 自带的无需安装的标准库。
② 该日语停用词表收录的停用词较为全面。

应用广泛的比较著名的综合性自然语言处理库,可轻松完成各种自然语言处理任务。matplotlib 是一个广泛使用的绘图库,用于创建高质量的图形和数据可视化。wordcloud 则是一个专门用来绘制词云图的库。关于第三方库的安装方法,可参考《Python 日语数字人文之语料库语言学技术及其应用》一书采用基于清华源等国内镜像源的安装方法(即在 PyCharm 终端中运行"pip install -i https://pypi.tuna.tsinghua.edu.cn/simple 库名"等命令),也可在终端中先使用命令"pip config set global.index-url https://pypi.tuna.tsinghua.edu.cn/simple"将镜像源永久变更为清华源等,然后即可通过终端命令"pip install 库名"从清华源等高效安装第三方库(钟勇,2023)。

2.2 词云图绘制编程实现

2.2.1 所用语料与编程步骤

所用语料为一个位于电脑桌面的名为"语料库数据"的微型语料库,其绝对路径为"C:\Users\Lenovo\Desktop\语料库数据"。该语料库中包含 10 个写有日语文章的 txt 纯文本文件(参考图 2-3)。

图 2-3　语料库数据明细

然后,编程时的主要步骤如下:

第一步:读取语料库中的日语语料;

第二步:对日语语料进行分词处理并整理成嵌套列表;

第三步:从嵌套列表中提取日语名词单词列表;

第四步:读取日语停用词表,并将其转化为词汇素集合;

第五步:基于日语名词单词列表绘制日语词云图。

2.2.2 分步代码

【第一步:读取语料库中的日语语料】

日语文本数据是绘制日语词云图的原材料,所以编程的第一步为读取目标语料库中的全部日语语料,具体代码①如下:

```
1  from nltk.corpus import PlaintextCorpusReader
2  corpus_root = r'C:\Users\Lenovo\Desktop\语料库数据'
3  corpus = PlaintextCorpusReader(corpus_root, '.* ')
4  filenameslist = corpus.fileids()
5  textdata = corpus.words(filenameslist)
6  textdata = "".join(textdata)
7  print(textdata)
```

代码逐行解析②:

第1行代码使用"from 库中工具 import 函数"的代码形式把第三方库 nltk 中 corpus 工具的 PlaintextCorpusReader( )函数导入当前 PyCharm 项目中,以供后续代码使用。

第2行代码把待读取的目标语料库的绝对路径(r'C:\Users\Lenovo\Desktop\语料库数据')赋值给变量 corpus_root。该路径最前面的 r 不是必需的,但表达文件路

---

① 本书展示的代码大多参考 kimi 和讯飞星火认知大模型自动生成的代码及互联网上公开的代码修改、整合或原创而成。此外,根据实际需要,也适度参考了《Python 日语数字人文之语料库语言学技术及其应用》(钟勇,2023)、《Python 语言数据分析》(管新潮,2021)等现有的著作。

② 由于本书是《Python 日语数字人文之语料库语言学技术及其应用》一书的进阶书籍,所以在代码逐行解析过程中不再过多地解说数据类型等 Python 语言基础知识。如果基础知识薄弱,可先阅读和学习《Python 日语数字人文之语料库语言学技术及其应用》等已有的基于 Python 的语言数据处理类著作,然后再回过头来阅读本书。

径时一般都加上,以防因字符转义而导致路径错误。

第 3 行代码通过 PlaintextCorpusReader( )函数读取目标语料库中的所有文件,并把这些文件组成一个语料库赋值给变量 corpus。具体说来,PlaintextCorpusReader( )函数中传递了两个参数①,第 1 个参数值 corpus_root 指定了目标语料库的绝对路径,第 2 个参数值'.*'指定了目标语料库中需读取的目标文件名称(此处使用正则表达式指定了任意文件名称,即读取目标语料库中的所有文件)。正则表达式是一种特殊的字符串样式,用于匹配符合该样式的字符串。譬如,'勉[强学]'这个正则表达式可匹配'勉强'和'勉学'这两个字符串,即'[强学]'这个部分可匹配'强'或'学'。正则表达式中经常会用到像'[ ]'一样具有特殊匹配含义的字符。日语文本数据处理中的常用特殊匹配含义字符如表 2-1 所示(钟勇,2023)。

表 2-1　常用的特殊匹配含义字符

字符	含义
.	匹配换行符之外的任意一个字符
^	匹配字符串开始位置
$	匹配字符串结束位置
\w	匹配任意一个字母、数字、中日文汉字、假名或下划线
\W	匹配任意一个非字母、数字、中日文汉字、假名和下划线
\s	匹配任意一个空白
\S	匹配任意一个非空白
\d	匹配任意一个数字
\D	匹配任意一个非数字
\n	匹配一个换行符

① 由于这两个参数与其在函数参数列表中的顺位一致,可自动识别和匹配参数名,所以此处的参数设置使用了省略参数名的简洁形式,完整形式应为:root = corpus_root, fileids = '.*',即 root 和 fileids 是参数名,corpus_root 和'.*'是具体的参数值。关于函数参数列表的查看方法,只需将鼠标移动到 PyCharm 代码编辑区的相关函数名称(如 PlaintextCorpusReader)上面,稍后即会自动出现函数参数列表及针对各个参数的解释说明。通过查看 PlaintextCorpusReader( )函数的参数列表可知, root 和 fileids 刚好是列表中的第 1 和第 2 个参数,所以代码 PlaintextCorpusReader(corpus_root,'.*')中的 corpus_root(第 1 个参数值)和'.*'(第 2 个参数值)均可自动匹配其参数名 root 和 fileids。

续表 2-1

字符	含义
\t	匹配一个制表符（即按 Tab 键后所产生的一段 4 个字符长度的空白）
|	匹配该字符两边的字符
[…]	匹配包含在 [ ] 中的任意一个字符
[^…]	匹配 [ ] 中 ^ 后面所有字符之外的任意一个字符
[0 - 9]	匹配任意一个数字
[a - z]	匹配任意一个小写字母
[A - Z]	匹配任意一个大写字母
[ぁ - ん]	匹配任意一个平假名
[\u3040 - \u309F]	匹配任意一个平假名
[ァ - ン]	匹配任意一个片假名
[\u30A0 - \u30FF]	匹配任意一个片假名
[\u4E00 - \u9FFF]	匹配任意一个中日文汉字
*	匹配该字符前一个字符 0 次或多次
+	匹配该字符前一个字符 1 次或多次
?	匹配该字符前一个字符 0 次或 1 次
{m}	匹配该字符前一个字符 m 次
{m,n}	匹配该字符前一个字符 m 至 n 次

第 4 行代码对 corpus 对象调用 fileids( ) 方法，以此读取 corpus 中所有文件的名称，并把这些文件名称组成一个列表赋值给变量 filenameslist。

第 5 行代码调用 corpus 对象的 words( ) 方法对 filenameslist（作为参数值）列表中的文件内容（即文件中的日语语料）进行分词处理，并把分解出来的单词组成一个列表赋值给变量 textdata。需补充说明的是，words( ) 方法是一种专门针对英文的分词方法，即会以空白和标点符号作为分隔符进行分词。所以此处分词处理并不是为了对日语语料进行准确分词，而是为了较为便捷地一次性读取目标语料库所有文件中的日语语料。

第 6 行代码调用了 join( ) 方法，使用空字符串（即英文句号前面的""）把作为参数值的 textdata 列表中的各个元素粘连成一个字符串，并将其再次赋值给变量

textdata,即 textdata 的内容进行了更新。至此,我们已把目标语料库中的所有日语语料读取到了字符串 textdata 当中。

第 7 行代码使用 print( ) 函数把 textdata 字符串的具体内容打印出来查看。需要补充说明的是,该行代码并非必需代码,但据笔者个人编程经验来看,在编程过程中不断使用 print( ) 函数打印出各种变量的具体内容可有效检验已有代码的正确与否,还可助力后续代码的顺利撰写,建议大家多多使用该函数。

【第二步:对日语语料进行分词处理并整理成嵌套列表】

在第一步当中,我们成功读取了目标语料库中的所有日语语料数据,并将其以一个字符串的形式储存在变量 textdata 当中。接下来就可以对该字符串进行分词处理和数据整理,具体代码如下:

```
8   import MeCab
9   import re
10  tokenizer = MeCab.Tagger(r"-d C:\Users\Lenovo\Desktop\unidic
    -cwj-3.1.1")
11  words = tokenizer.parse(textdata)
12  print(words)
13  words = words.strip()
14  words = re.split('\n', words)
15  words = words[0:-1]
16  print(words)
17  tokenslist = []
18  for word in words:
19      item = re.split('[\t,]', word)
20      tokenslist.append(item)
21  print(tokenslist)
```

代码逐行解析:

第 8 行代码使用"import 库"的代码形式把第三方库 MeCab 导入当前 PyCharm 项目中,以供后续代码使用。

第 9 行代码使用"import 库"的代码形式把标准库 re 导入当前 PyCharm 项目中,以供后续使用。

第 10 行代码从 MeCab 库中调用 Tagger( ) 函数设置一个分词器对象,并将其赋值给变量 tokenizer。Tagger( )函数中输入了一个参数值 r" -d C:\Users\Lenovo\Desktop\unidic-cwj-3.1.1",以此指定分词时所用的分词词典(即 UniDic 词典),该参数值的基本格式为:r" -d 分词词典绝对路径"。需要注意的是,分词词典绝对路径中最好不要有汉字,否则分词器可能无法正常初始化。

第 11 行代码通过调用 tokenizer 对象的 parse( )方法对 textdata(作为参数值)中的字符串进行分词处理,并把分词结果(一个复杂字符串)赋值给变量 words。

第 12 行代码通过 print( )函数把 words 中储存的复杂字符串打印出来查看。

第 13 行代码对 words 对象调用 strip( )方法移除其储存的字符串头尾两端的空格,并将处理结果赋值给变量 words,即 words 中储存的内容进行了更新。

第 14 行代码从 re 库中调用 split( )函数,以换行符(\n)为分隔符把 words 中的字符串分隔成多个元素,并将这些元素组成一个列表赋值给变量 words,即 words 中的内容再次进行了更新。

第 15 行代码把 words 列表中的第 1 个元素到倒数第 2 个元素切片出来构成一个新列表,并将其赋值给变量 words,以此删除位于列表最后的"EOS"元素。

第 16 行代码通过 print( )函数把最终的 words 列表打印出来查看(参考图 2-4)。

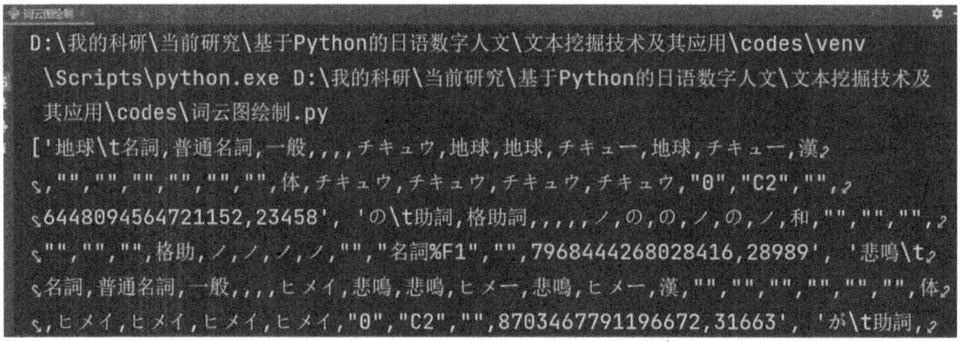
```
D:\我的科研\当前研究\基于Python的日语数字人文\文本挖掘技术及其应用\codes\venv
 \Scripts\python.exe D:\我的科研\当前研究\基于Python的日语数字人文\文本挖掘技术及
 其应用\codes\词云图绘制.py
['地球\t名詞,普通名詞,一般,,,,チキュウ,地球,地球,チキュー,地球,チキュー,漢
,"","","","","","",体,チキュウ,チキュウ,チキュウ,チキュウ,"0","C2","",
6448094564721152,23458', 'の\t助詞,格助詞,,,,,ノ,の,の,ノ,の,ノ,和,"","","",
"","","",格助,ノ,ノ,ノ,ノ,"","名詞%F1","",7968444268028416,28989', '悲鳴\t
名詞,普通名詞,一般,,,,ヒメイ,悲鳴,悲鳴,ヒメー,悲鳴,ヒメー,漢,"","","","","","",体
,ヒメイ,ヒメイ,ヒメイ,ヒメイ,"0","C2","",8703467791196672,31663', 'が\t助詞,
```

图 2-4　words 列表中的部分元素

经观察可知,列表中的第一个元素是'地球\t 名詞,普通名詞,一般,,,,チキュウ,地球,地球,チキュー,地球,チキュー,漢,"","","","","","",体,チキュウ,チキュウ,チキュウ,チキュウ,"0","C2","",6448094564721152,23458'。每个元素中的日语字符、空字符、数值等均由一个制表符(\t)和许多英文逗号(,)分隔开。这

有利于之后使用 split( ) 函数把每个元素进一步分隔成列表,从而最终提取出每个单词的词汇素。

第 17 行代码构建了一个不含任何元素的空列表,并将其赋值给变量 tokenslist。

第 18 ~ 20 行代码组成一个相对独立的代码块,将 words 列表中的每个元素进一步分隔成列表,并依次把这些列表作为最后一个元素添加到 tokenslist 列表当中。具体说来,第 18 行代码是一个 for 循环语句,该语句依次读取 words 列表中的各个元素(类型为字符串),每读取一个元素后立即将其赋值给变量 word,并自动运行一次有缩进的第 19 ~ 20 行代码。第 19 行代码调用 re 库中的 split( ) 函数,以制表符(\t) 和英文逗号(,) 两者为分隔符把当前 word 中的字符串(参考图 2-4) 分隔成多个元素,并将由这些元素组成的列表赋值给变量 item。第 20 行代码对事先构建好的 tokenslist 列表对象调用 append( ) 方法,将 item 列表作为最后一个元素添加到 tokenslist 列表当中。

第 21 行代码通过 print( ) 函数把 tokenslist 列表打印出来查看(参考图 2-5)。

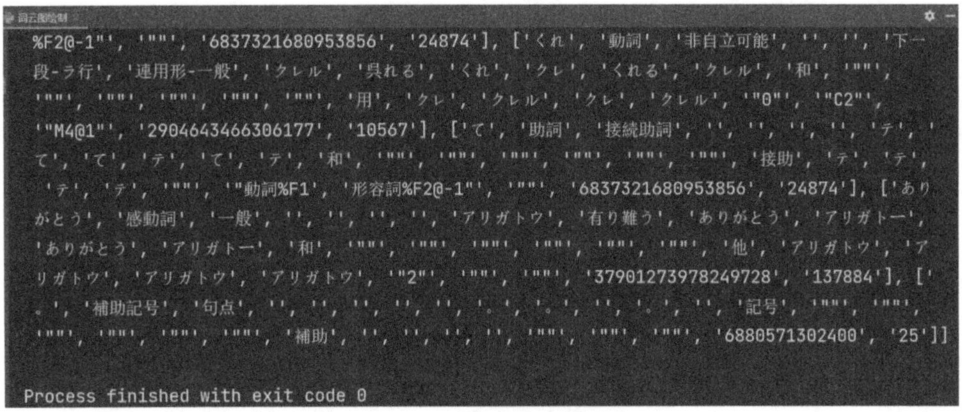

```
词云图绘制
%F2@-1"', '""', '6837321680953856', '24874'], ['くれ', '動詞', '非自立可能', '', '', '下一段-ラ行', '連用形-一般', 'クレル', '呉れる', 'くれ', 'クレ', 'くれる', 'クレル', '和', '""', '""', '""', '""', '""', '""', '用', 'クレ', 'クレル', 'クレ', 'クレル', '"0"', '"C2"', '"M4@1"', '2904643466306177', '10567'], ['て', '助詞', '接続助詞', '', '', '', '', 'テ', 'て', 'て', 'テ', 'て', 'テ', '和', '""', '""', '""', '""', '""', '""', '接助', 'テ', 'テ', 'テ', 'テ', '""', '"動詞%F1', '形容詞%F2@-1"', '""', '6837321680953856', '24874'], ['ありがとう', '感動詞', '一般', '', '', '', '', 'アリガトウ', '有り難う', 'ありがとう', 'アリガトー', 'ありがとう', 'アリガトー', '和', '""', '""', '""', '""', '""', '""', '他', 'アリガトウ', 'アリガトウ', 'アリガトウ', 'アリガトウ', '"2"', '""', '""', '37901273978249728', '137884'], ['。', '補助記号', '句点', '', '', '', '', '', '。', '。', '', '。', '', '記号', '""', '""', '""', '""', '""', '""', '補助', '', '', '', '', '""', '""', '""', '6880571302400', '25']]

Process finished with exit code 0
```

图 2-5 tokenslist 列表中的部分元素

【第三步:从嵌套列表中提取日语名词单词列表】

在第二步当中,我们对日语语料进行了分词处理,并将分词结果整理成了一个嵌套列表(即 tokenslist)。由于名词往往可以帮助我们快速识别文本中的主题,经常是词云图中的主要组成部分,所以接下来需从该嵌套列表中提取出各名词单词的词汇

素,并将其组成一个名词单词列表,以便于后续的词云图绘制①。具体代码如下:

```
22  wordslist = []
23  for l in tokenslist:
24      if re.match('[\u3040-\u309F\u30A0-\u30FF\u4E00-\u9FFF]+', l[0]) and len(l) >= 9 and l[1] == '名詞':
25          lemma = re.sub('-.*', '', l[8])
26          wordslist.append(lemma)
27  print(wordslist)
```

代码逐行解析:

第22行代码构建了一个空列表,并把它赋值给变量wordslist。

第23~26行代码是一个包含for循环语句的相对独立的代码块。其中,第23行代码依次读取tokenslist列表中的各个元素(类型为列表),每读取一个元素后立即将其赋值给变量l,并自动运行一次有缩进的第24~26行代码(这三行代码构成相对独立的代码块)。第24行代码设置了三个用and(意思为"且")连接起来的if条件:(1) re.match('[\u3040-\u309F\u30A0-\u30FF\u4E00-\u9FFF]+', l[0])、(2) len(l) >= 9、(3) l[1] == '名詞'。其中,第1个条件调用re库的match()函数,尝试从l[0](第2个参数值)起始位置开始匹配正则表达式'[\u3040-\u309F\u30A0-\u30FF\u4E00-\u9FFF]+'(第1个参数值),若匹配成功,则返回匹配结果,匹配不成功则返回None。这里的l[0]表示l列表中的第1个元素(即各单词还原为词汇素之前的原始形态,参考图2-4和图2-5),正则表达式则可匹配任意长度的日语字符串(参考表2-1)。第2个条件调用len()函数测量当前l列表的长度(即列表中的元素个数),并要求该长度大于或等于9,以此确保第25行代码中l[8]元素(即相关单词的词汇素,参考图2-4和图2-5)的存在②。第3个条件指定当前l列表中的第2个元素必须是'名詞',即列表中涉及的单词为名词,以此将日语名词单词筛选出来。若同时满足这三个条件,则说明l[0]是日语字符串,当前l列表的长度大于或等于9,且列表中涉及的单词为名词,此时会自动运行一次有缩进的第25~26行代

---

① 根据分析目的和文本内容,绘制词云图时也可以使用动词、形容词等其他词性的单词。

② 我们在实践中发现,偶尔会出现l列表长度小于9的情况,即l[8]元素(相关单词的词汇素)不存在的情况,从而导致第25行代码无法正常运行,所以在代码中加上了第2个条件。

码。第25行代码从re库中调用sub()函数,把l[8]词汇素中由小横杠加任意字符组成的字符串删除后返回剩余的词汇素[①],并将其赋值给变量lemma。第26行代码对事先构建好的wordslist列表对象调用append()方法,将lemma中的词汇素作为最后一个元素添加到wordslist当中。若不能同时满足三个条件,则不运行第25~26行代码。这样一来,当第23行代码中的for循环语句运行结束之后,wordslist列表就以元素的形式包含了所有日语名词单词的词汇素,且不掺杂任何标点符号、数字或英文字母。

第27行代码通过print()函数把wordslist列表打印出来查看。

【第四步:读取日语停用词表,并将其转化为词汇素集合】

在第三步当中,我们成功提取到了一个包含所有日语名词单词的词汇素列表(即wordslist)。为了后续更好地突显词云图中的主题,接下来还需创建一个日语停用词集合,以此过滤掉日语名词单词列表中那些与文本主题关系不大的单词。但需注意的是,我们手头下载的日语停用词表(即stopwords-ja.txt)中收录的单词并非由UniDic词典分词后提取出来的词汇素(参考图2-2。如词表中的第1个单词是"あそこ",而不是其词汇素"彼処")。换言之,该日语停用词表中的单词与由词汇素组成的日语名词单词列表中的相关单词无法对应起来,即基于前者无法有效过滤掉后者中的停用词。因此,我们首先需将该停用词表中的单词全部转化为词汇素形式,然后再创建一个由词汇素组成的日语停用词集合。具体代码如下:

```
28  with open(r'C:\Users\Lenovo\Desktop\stopwords-ja.txt', 'r',
    encoding = 'utf-8') as sw:
29      stopwords = sw.read()
30  stopwords = tokenizer.parse(stopwords)
31  print(stopwords)
32  stopwords = stopwords.strip()
33  stopwords = re.split('\n', stopwords)
34  stopwords = stopwords[0:-1]
```

[①] 之所以对每个词汇素都进行这种处理,是因为我们发现通过l[8]提取出来的元素中存在'君-代名詞'、'ダイバーシティー-diversity'等形式的词汇素,需使用sub()函数将其转换为'君'、'ダイバーシティー'等普通形式的词汇素。

```
35    swtokenslist = []
36    for word in stopwords:
37        word = re.split('[\t,]', word)
38        swtokenslist.append(word)
39    stopwordslist = []
40    for l in swtokenslist:
41        if len(l) >= 9:
42            lemma = re.sub('-.* ', '', l[8])
43            stopwordslist.append(lemma)
44    stopwordsset = set(stopwordslist)
```

代码逐行解析：

第28~29行代码组成一个相对独立的代码块，实现了打开目标文件并读取其中内容的功能。具体说来，第28行代码使用 with open ( ) 函数打开日语停用词表（stopwords-ja.txt）这一目标文件，并将其命名为变量 sw，即 sw 相当于日语停用词表本身。with open ( ) 函数的括号中输入了三个参数。第1个参数值 r'C:\Users\Lenovo\Desktop\stopwords-ja.txt' 指定了日语停用词表的保存路径，第2个参数值 'r' 指定了词表的打开模式为只读模式①，第3个参数值 'utf-8' 指定了打开词表时所用的编码方式。第29行代码对 sw 对象调用 read ( ) 方法读取其具体内容，并组合成一个复杂的字符串，然后将该字符串赋值给变量 stopwords。需再次强调的是，第28行代码末尾需要添加一个半角冒号，同时在第29行代码前面需要进行缩进。

第30行代码首先对 tokenizer 对象调用 parse ( ) 方法，完成变量 stopwords 中字符串的分词处理任务，然后把分词结果再次赋值给变量 stopwords，即 stopwords 中储存的内容进行了更新。

第31行代码使用 print ( ) 函数将 stopwords 变量的储存内容打印出来查看。

第32行代码对 stopwords 对象调用 strip ( ) 方法移除其储存的字符串头尾两端的空格，并将处理结果重新赋值给变量 stopwords。

第33行代码从 re 库中调用 split ( ) 函数，以换行符为分隔符把 stopwords 中的字符串分隔成多个元素，并将这些元素组成一个列表重新赋值给变量 stopwords。

---

① 除了只读模式，还有写入模式（'w'，打开一个文件用于写入）、追加模式（'a'，打开一个文件用于追加数据）、读写模式（'r+'，打开一个文件用于读写）等常见模式，可根据实际需求进行指定。

第34行代码把stopwords列表中的第1个元素到倒数第2个元素切片出来构成一个新列表,并将其重新赋值给变量stopwords,以此删除位于列表最后的"EOS"元素。

第35行代码构建了一个空列表,并把它赋值给变量swtokenslist。

第36~38行代码组成一个包含for循环语句的相对独立的代码块。具体说来,第36行代码是一个for循环语句,该语句依次读取stopwords列表中的各个元素,每读取一个元素后立即将其赋值给变量word,并自动运行一次有缩进的第37~38行代码。第37行代码调用re库中的split()函数,以制表符和英文逗号为分隔符把当前word中的字符串分隔成多个元素,并将由这些元素组成的列表重新赋值给变量word。第38行代码对事先构建好的swtokenslist列表对象调用append()方法,将word列表作为最后一个元素添加到swtokenslist列表当中。

第39行代码构建了一个空列表,并把它赋值给变量stopwordslist。

第40~43行代码是一个包含for循环语句的相对独立的代码块。其中,第40行代码依次读取swtokenslist列表中的各个元素(类型为列表),每读取一个元素后立即将其赋值给变量l,并自动运行一次有缩进的第41~43行代码(这三行代码构成相对独立的代码块)。第41行代码设置了一个if条件:len(l) >= 9,该条件调用len()函数测量当前l列表的长度,并要求该长度大于或等于9,以此确保第42行代码中l[8]元素(即词汇素)的存在。若满足该条件,则会自动运行一次有缩进的第42~43行代码。第42行代码从re库中调用sub()函数,把l[8]词汇素中由小横杠加任意字符组成的字符串删除后返回剩余的词汇素,并将其赋值给变量lemma。第43行代码对事先构建好的stopwordslist列表对象调用append()方法,将lemma中的词汇素作为最后一个元素添加到stopwordslist当中。若不满足第41行代码中的条件,则不运行第42~43行代码。这样一来,当第40行代码中的for循环语句运行结束之后,stopwordslist列表就以元素的形式包含了所有日语停用词的词汇素。

第44行代码调用set()函数将stopwordslist列表强制转化为集合[①],并把该集合赋值给变量stopwordsset。至此,我们就创建好了一个由词汇素组成的日语停用词集合。

---

① 这样转化有两个目的:一个是将stopwordslist列表中的元素进行去重处理;另一个是使得日语停用词的数据类型符合后续函数参数的要求。

【第五步:基于日语名词单词列表绘制日语词云图】

在第三步和第四步当中,我们分别获得了一个日语名词单词列表(即 wordslist)和一个日语停用词集合(即 stopwordsset),接下来就可在此基础上绘制最终的日语词云图。具体代码如下:

```
45  from wordcloud import WordCloud
46  import matplotlib.pyplot as plt
47  text = ''.join(wordslist)
48  wordcloud = WordCloud(font_path = r'C:\Windows\Fonts\msmincho.ttc', stopwords = stopwordsset, width = 2500, height = 1500, background_color = 'white', relative_scaling = 1, colormap = 'hsv').generate(text)
49  plt.imshow(wordcloud)
50  plt.axis('off')
51  plt.show()
```

代码逐行解析:

第 45 行代码使用"from 库 import 函数"的代码形式把第三方库 wordcloud 中的 WordCloud()函数导入到当前 PyCharm 项目中备用。

第 46 行代码使用"import 库中工具 as 临时名称"的代码形式把第三方库 matplotlib 中的工具 pyplot 导入当前 PyCharm 项目中,并临时命名为 plt 以供后续使用①。

第 47 行代码调用 join()方法,使用半角空格字符串(即英文句号前面的' ')把作为参数值的 wordslist 列表中的所有元素粘连成一个字符串(即处理成类似于英语结构的文本),并将其赋值给变量 text。

第 48 行代码首先调用 WordCloud()函数构建一个词云生成器,然后对该词云生成器对象调用 generate()方法生成词云,并将其赋值给变量 wordcloud。具体说来,WordCloud()函数中包含 7 个用来设置词云基本属性的参数。其中,第 1 个参数值 r'C:\Windows\Fonts\msmincho.ttc'指定了显示词云时所用的字体。此处通过指定笔者 Windows 系统中的 msmincho.ttc 字体文件所在路径,将词云的字体设置为了"明朝"②;第 2 个参数值 stopwordsset 传入了事先准备好的日语停用词集合,即指定了词

---

① 该行代码也可写成"from matplotlib import pyplot as plt"。
② 大家在设置该参数时,需换成自己电脑中的字体文件所在路径。

云生成过程中所用的日语停用词;第3、第4个参数值2500和1500(单位是像素)分别指定了词云的宽度和高度;第5个参数值'white'(即白色)指定了词云的背景颜色;第6个参数值1指定了词云中关键词的出现频次影响其字号大小缩放的方式,此处的1表示在词云中严格按照关键词的实际出现频次来缩放字号大小①;第7个参数值'hsv'则指定了词云中不同频次关键词的配色方案②。然后,generate()方法中传入了一个参数text(由日语名词单词列表组成的字符串),以此指定了词云生成过程中使用的日语单词(即关键词)。由此可见,第48行代码主要通过指定词云的各种属性和所用日语单词来生成具体的词云。

第49行代码调用plt工具的imshow()函数来绘制并激活其参数值wordcloud变量中储存的词云。

第50行代码调用plt工具的axis()函数(参数值指定为'off')关闭了词云图片中的坐标轴,使得最终的词云图片没有坐标轴的干扰,更为美观。

第51行代码调用plt工具的show()函数展示出上面绘制的处于激活状态的词云图片(见图2-6)。

图2-6 绘制的日语词云图

---

① 当参数值设置为0时,在词云中只考虑关键词基于其出现频次的排名高低,而不考虑其实际频次;设置为'auto'或0.5时,则综合考虑其实际出现频次和排名高低。

② 词云中关键词的配色方案选项详情可参考以下网页:https://zhuanlan.zhihu.com/p/158871093。

2.2.3 完整代码

至此,我们使用 Python 编程实现了基于语料库与 UniDic 词典的日语词云图绘制技术。以下总结一个入门版完整代码(即以上分步代码的简单合并)以及一个更为简洁但相对难懂的进阶版完整代码。

入门版:

```
#【第一步:读取语料库中的日语语料】①
1   from nltk.corpus import PlaintextCorpusReader
2   corpus_root = r'C:\Users\Lenovo\Desktop\语料库数据'
3   corpus = PlaintextCorpusReader(corpus_root, '.*')
4   filenameslist = corpus.fileids()
5   textdata = corpus.words(filenameslist)
6   textdata = "".join(textdata)
7   print(textdata)
#【第二步:对日语语料进行分词处理并整理成嵌套列表】
8   import MeCab
9   import re
10  tokenizer = MeCab.Tagger(r"-d C:\Users\Lenovo\Desktop\unidic
    -cwj-3.1.1")
11  words = tokenizer.parse(textdata)
12  print(words)
13  words = words.strip()
14  words = re.split('\n', words)
15  words = words[0:-1]
16  print(words)
17  tokenslist = []
18  for word in words:
19      item = re.split('[\t,]', word)
20      tokenslist.append(item)
21  print(tokenslist)
#【第三步:从嵌套列表中提取日语名词单词列表】
22  wordslist = []
23  for l in tokenslist:
```

---

① Python 编程中会使用#符号在代码上面或后面添加一些注释性内容。运行代码时,前面带有#符号的注释性内容不会运行,即这些内容不算代码的组成部分。

```
24      if re.match('[\u3040-\u309F\u30A0-\u30FF\u4E00-\u9FFF]
        +', l[0]) and len(l) >= 9 and l[1] == '名詞':
25          lemma = re.sub('-.*', '', l[8])
26          wordslist.append(lemma)
27  print(wordslist)
```
#【第四步:读取日语停用词表,并将其转化为词汇素集合】
```
28  with open(r'C:\Users\Lenovo\Desktop\stopwords-ja.txt', 'r',
    encoding='utf-8') as sw:
29      stopwords = sw.read()
30  stopwords = tokenizer.parse(stopwords)
31  print(stopwords)
32  stopwords = stopwords.strip()
33  stopwords = re.split('\n', stopwords)
34  stopwords = stopwords[0:-1]
35  swtokenslist = []
36  for word in stopwords:
37      word = re.split('[\t,]', word)
38      swtokenslist.append(word)
39  stopwordslist = []
40  for l in swtokenslist:
41      if len(l) >= 9:
42          lemma = re.sub('-.*', '', l[8])
43          stopwordslist.append(lemma)
44  stopwordsset = set(stopwordslist)
```
#【第五步:基于日语名词单词列表绘制日语词云图】
```
45  from wordcloud import WordCloud
46  import matplotlib.pyplot as plt
47  text = ''.join(wordslist)
48  wordcloud = WordCloud(font_path=r'C:\Windows\Fonts\msmincho.
    ttc', stopwords=stopwordsset, width=2500, height=1500,
    background_color='white', relative_scaling=1, colormap='
    hsv').generate(text)
49  plt.imshow(wordcloud)
50  plt.axis('off')
51  plt.show()
```

进阶版:

```
1  from nltk.corpus import PlaintextCorpusReader
2  import MeCab
```

```
3    import re
4    from wordcloud import WordCloud
5    import matplotlib.pyplot as plt
6    corpus = PlaintextCorpusReader(r'C:\Users\Lenovo\Desktop\语料
     库数据','.*')
7    textdata = "".join(corpus.words(corpus.fileids()))
8    tokenizer = MeCab.Tagger(r"-d C:\Users\Lenovo\Desktop\unidic
     -cwj-3.1.1")
9    words = re.split('\n', tokenizer.parse(textdata).strip())[0:-1]
10   tokenslist = [re.split('[\t,]', word) for word in words]
11   wordslist = [re.sub('-.*', '', l[8]) for l in tokenslist if
     re.match('[\u3040-\u309F\u30A0-\u30FF\u4E00-\u9FFF]+', l
     [0]) and len(l) >= 9 and l[1] == '名詞']
12   with open(r'C:\Users\Lenovo\Desktop\stopwords-ja.txt', 'r',
     encoding='utf-8') as swf:
13       stopwords = swf.read()
14   stopwords = re.split('\n', tokenizer.parse(stopwords).strip
     ())[0:-1]
15   swtokenslist = [re.split('[\t,]', word) for word in stopwords]
16   stopwordsset = set([re.sub('-.*', '', l[8]) for l in
     swtokenslist if len(l) >= 9])
17   wordcloud = WordCloud(font_path = r'C:\Windows\Fonts\
     msmincho.ttc', stopwords=stopwordsset, width=2500, height=
     1500, background_color='white', relative_scaling=1,
     colormap='hsv').generate(' '.join(wordslist))
18   plt.imshow(wordcloud)
19   plt.axis('off')
20   plt.show()
```

以上进阶版完整代码对入门版部分代码进行了整合、移动和删除，但两者为等价代码，运行效果完全一致。大家可通过对比两者异同来进一步提升编程能力。

参考文献

管新潮,2021. Python 语言数据分析[M]. 上海:上海交通大学出版社.

刘金岭,钱升华,2021. 文本数据挖掘与 Python 应用[M]. 北京:清华大学出版社.

钟勇,2023. Python 日语数字人文之语料库语言学技术及其应用[M]. 南京:东南大学出版社.

日语关键词提取技术

3.1 技术概要与编程提示

当我们需要从单个文本或文档集(即多个文本)中快速识别出核心概念和主题时,除了使用较为粗略的词云图之外,还可以使用一些方法来提取出文本中最能表征主题的关键词(通常包括关键性的单词和词组),并附上每个关键词的重要性分数,以此通过更加精确的量化方式来实现更为细致和深入的文本分析①。现有的关键词提取方法比较多样,本小节较为全面地介绍四种特点各异的代表性方法:(1) 基于 TF-IDF 的关键词提取方法、(2) 基于 TextRank 的关键词提取方法、(3) 基于 MultipartiteRank 的关键词提取方法、(4) 基于 BERT 类模型的关键词提取方法。其中,前两种方法出现较早,后两种方法相对较新。下面简要阐述各种方法的核心内容和主要特点。

首先,基于 TF-IDF 的关键词提取方法中的 TF-IDF 通常被称作"词频-逆文档频率"算法。其中的 TF(Term Frequency)表示词频,即某个单词在其所属文档(即文本)中的出现频次(刘金花,2021)。一般说来,在一个文档当中,高频词包含的有效信息要比低频词多,所以某词出现的次数越多,表示其在该文档中的贡献越大,即该词越是该文档的关键词。DF(Document Frequency)表示文档频次,即文档集中包含某个单词的文档的数量(刘金花,2021)。换言之,DF 的计算必须依赖于一个文档集,描述的是某个单词在该文档集的多少个文档中出现。IDF(Invert Document Frequency)则表

---

① 也可以创造性地使用提取出来的关键词及其重要性分数来制作词云图。

示逆文档频率,认为在整个文档集中出现频次越高的单词(即越是在多个文档中都出现的单词),越缺乏区分文档类别(或文档内容)的能力,从而越不能成为某个文档的关键词。IDF 的具体计算公式如下(黄天元,2021):

$$\text{IDF}_{term} = \ln \frac{N}{\text{DF}_{term}}$$

其中,N 表示文档集中的文档数量(通常是一个固定的值);DF_{term} 表示文档集中包含 term 这个词的文档的数量;ln 则是以自然常数 e(约等于 2.7183)为底的对数,即自然对数。由以上公式可知,DF 和 IDF 成反比关系,即某个单词在越多的文档中出现,其 IDF 值就会越小。最终,综合考虑了词频和逆文档频率的 TF-IDF 认为,对区别文档最有意义的关键词是那些在当前文档中出现频次足够高,而在相关文档集其他文档中出现频次足够低的单词(宗成庆 等,2022)。TF-IDF 的具体计算公式为:$\text{TF-IDF}_{term} = \text{TF}_{term} \cdot \text{IDF}_{term}$(黄天元,2021;宗成庆 等,2022)。其中,TF_{term} 表示 term 这个词在当前文档中的出现频次,IDF_{term} 则是 term 这个词在相关文档集中的逆文档频率。综上,TF-IDF 的最终计算方法如下:

$$\text{TF-IDF}_{term} = \text{TF}_{term} \cdot \ln \frac{N}{\text{DF}_{term}}$$

通过计算 TF-IDF,可以有效过滤掉文档中那些词频很高,但文档频次同样也高的非关键词,从而提取出单个文档中那些最具特色和最有意义的关键词。假设我们有一个以教育为主题的文档集,且"授業""学生""教師"等单词在文档 A 中的出现频次较高,在其他文档中的出现次数较少,则可算出"授業""学生""教師"等单词的 TF-IDF 值较大,是文档 A 的关键词。与此相对,格助词"の""に""を"等单词在文档 A 中的出现频次也很高,但它们在其他文档中同样频繁出现,则可算出"の""に""を"等单词的 TF-IDF 值较小,即它们不是文档 A 的关键词。这样一来,在提取文档 A 的关键词时就能有效过滤掉"の""に""を"等明显不适合作为关键词的格助词,从而最终提取到"授業""学生""教師"等较为合理的真正有意义的关键词。

其次,基于 TextRank 的关键词提取方法中的 TextRank 是一种基于图结构的排序算法,它把谷歌提出的 PageRank 算法应用到文本挖掘领域,通过构建单词网络来观察单词的邻接关系(黄天元,2021)。具体说来,PageRank 是一种用来衡量网页重要性的算法,其核心思想是,一个网页的重要性不仅取决于它的内容,还取决于有多少重要的网页链接到它。也就是说,如果某个网页被其他许多重要的网页链接,那么这个网页就很重要。TextRank 将单词类比为网页,认为如果某个单词和其他许多重要的单词构成邻接关系,那么这个单词就很重要。为了加深理解,我们假设有一篇关于美食的日语文档,其中提到了各种食材和烹饪方法,现在需要基于 TextRank 来找出该文档中最为重要的食材和烹饪方法,则主要步骤如下:

(1) 构建单词网络

我们把文档中的每个单词都想象成一个节点。如果两个单词在一定窗口大小(如一个句子或一个段落)内共同出现,就在这两个单词节点之间画一条线,构建一条边。这条边就代表了它们之间的邻接关系。比如,"豚肉"和"ピーマン"经常一起出现,我们就认为它们是邻居,需在中间连上一条边。这样一来,所有单词最终就可构成一张像渔网一样的单词网络(见图 3-1)。这种单词网络中的边通常带有一个表示连接强度的权重。该权重可以使用共现次数来衡量,即两个单词在一定窗口大小内共同出现的次数越多,则它们之间的边的权重就越大(可参考图 3-1 形象地理解为边越粗),同时相互之间的影响也越大。

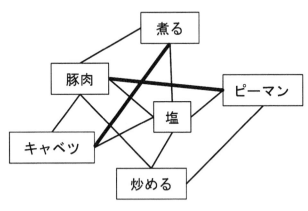

图 3-1 单词网络示例

(2) 运行 TextRank 算法

TextRank 算法会迭代地更新单词网络中每个单词的重要性分数。具体说来,刚开始所有单词的重要性分数都相同。然后,TextRank 算法根据单词之间的邻接关系和权重情况逐步调整每个单词的重要性分数。这个调整过程会反复进行,直到单词网络中每个单词的重要性分数都稳定下来。

(3) 提取关键词

首先,当 TextRank 算法运行结束之后,我们就获得了单词网络中每个单词的重要性分数(如单词"豚肉"的重要性分数可能是 0.2859),并可以根据重要性分数的高低来提取文章中最为重要的关键词,而这些关键词就代表了相关文章的主题内容。

由上可知,TextRank 算法与 TF-IDF 不太相同,它不需要依赖某个文档集即可提取出单个文档中的关键词。此外,TextRank 算法还可用于整个文档集(即一个语料库)的关键词提取。

然后,基于 MultipartiteRank 的关键词提取方法中的 MultipartiteRank 是 TextRank 的扩展算法,该算法不仅关注单词之间的关系,还关注单词和短语、短语和句子之间的关系。这就像是在一个大型社交派对当中,我们不仅关注哪个人(类似于单词)和哪个人在交谈,还关注哪个人属于哪个团体(类似于短语或句子),以及这些团体之间的关系(类似于短语或句子之间的关系)。MultipartiteRank 算法就相当于在这个大型社交派对中寻找出最为重要的人。具体说来,该算法首先会构建一个多部分图(节点可被分成两个或更多互不相交的子集的图),该图由不同类型的节点(单词、短语、句子等)组成,并且这些节点之间可以根据它们在文档中的相互关系建立起联系。如此一来,算法就能更加全面地理解文档的结构和含义。然后,MultipartiteRank 算法通过在构建好的多部分图上运行一个类似于 TextRank 算法的过程来识别出文档中的重要单词、短语和句子,进而根据节点的重要性分数提取出我们想要的关键词。

最后,基于 BERT 类模型的关键词提取方法中的 BERT 全称为 Bidirectional Encoder Representations from Transformers,即基于 Transformer 的双向编码表示模型。Transformer 是一个十分先进的智能翻译机模型,起初主要用于机器翻译任务,但之后扩展性地应用于各种自然语言处理任务。该模型主要由"编码器"和"解码器"两个部分组成,前者负责理解原文,后者负责生成译文。其最大特点是,在编码器部分使用了一种特殊的注意力机制,能够同时注意到原文中的每个单词,以便生成更加准确和流畅的译文。BERT 模型主要使用了 Transformer 的编码器部分。具体说来,BERT

是一种大型的预训练语言表示模型,它通过 Transformer 中的双向编码器来充分挖掘上下文信息,以此得到更加高效的数值形式的文本表示,即向量表示(也叫嵌入表示)①(Devlin et al,2019)。也就是说,BERT 能够同时考虑单词前文和后文的信息,可以精细地理解单词在不同上下文中的复杂含义(如理解多义词在不同语境中的不同含义),从而使得其对文本语义的向量表示更加全面和深入。基于 BERT 类预训练语言表示模型来提取关键词的主要步骤如下②:(1)使用模型获得文档层面的文本表示,即提取出一个可以代表整个文档语义的数值形式的向量;(2)使用模型获得文档中单词和短语的文本表示,即提取出能够代表相关单词和短语语义的数值形式的向量;(3)基于可衡量两向量之间相似度的余弦相似性③来查找文档中与整个文档语义最为相似的单词和短语,并将其作为最能反映文档内容的关键词提取出来。

从下一小节开始,我们依次介绍三个编程案例:(1)基于 TF-IDF 的关键词提取编程实现;(2)基于 TextRank 和 MultipartiteRank 的关键词提取编程实现;(3)基于 BERT 类模型的关键词提取编程实现。开始编程前,需事先下载好 UniDic 词典(即 unidic-cwj-3.1.1)和日语停用词表(即 stopwords-ja.txt),还需提前安装好 MeCab 软件及 mecab、nltk、sklearn、pandas、pke、spacy、ginza、ja_ginza_electra、keybert 等第三方库。其中,前面尚未介绍过的 sklearn 全称为 scikit-learn,是一个简单、易用、高效且可扩展性强的机器学习库。该库提供了各种机器学习算法,也包括一些数据预处理工具等,可轻松实现基于 TF-IDF 的关键词提取方法。需要注意的是,安装 sklearn 库的命令为"pip install scikit-learn",而不是"pip install sklearn"。然后,pandas 是一个常用来完成各种数据处理任务的库。pke 是一个关键词提取工具库,用于从文本中自动识别和提取关键词或短语,可快捷实现基于 TextRank 和 MultipartiteRank 的关键词提取方法

---

① 具体说来,文本表示是指由自然语言文本中的单词、短语、句子、文章等转换而来的计算机可直接处理且能代表语言意义的数值形式。文本表示一般通过向量(即一组有序的数值)来实现,文本向量化技术可将文本数据(如单词、短语、句子、文章等)转换成能够表示语言意义的数值形式。假设可代表日语单词"リンゴ"的一个 768 维的向量为[0.168,0.313,0.566,…,负数 0.242,0.178,负数 0.491](列表中共有 768 个用英文半角逗号隔开的数字)。则该向量中的每个数字都代表一个维度(即语言特征)的值,且整个向量中的数值是连续的、密集的,能够捕捉到"リンゴ"这一单词的许多语义特性。与此同时,由于维度较高,这个向量可以比较精确地表示"リンゴ"的语义信息。
② 基于 BERT 类模型的关键词提取方法的详情请参考以下网页:https://github.com/MaartenGr/KeyBERT。
③ 余弦相似性的具体计算方法参考以下网页:https://blog.csdn.net/zz_dd_yy/article/details/51926305。

等。spacy 是一个处理速度很快的高性能自然语言处理库,提供了分词、词性标注、句法分析、词向量生成等各种文本数据处理功能。ginza 是一个在 spacy 核心功能的基础上优化而来的专门针对日语自然语言处理的扩展库。ja_ginza_electra 则是一个用于帮助 ginza 自动下载所需 Transformer 语言模型的库[①]。在此需要注意的是,nltk、spacy、ginza 和 ja_ginza_electra 是 pke 在运行时间接调用的依赖库,需在使用 pke 之前就安装好,否则 pke 的安装可能无法成功。并且,pke 的安装方法比较特殊,需在 PyCharm 终端使用特殊命令"pip install git + https://github.com/boudinfl/pke.git"来安装。也就是说,我们事先还需在 Windows 系统中安装好 git 软件,然后才能通过 git 来安装 pke。git 是一个分布式版本控制系统,主要用来高效地进行软件开发项目等的版本管理,其安装方法可参考网页"https://zhuanlan.zhihu.com/p/421851763"。综上所述,安装 pke 库的合理顺序为:(1)下载并安装 git 软件;(2)重启 PyCharm 软件[②];(3)安装 nltk、spacy、ginza 和 ja_ginza_electra 等依赖库;(4)安装 pke 库。最后,keybert 是一个简单易用的关键词提取技术库,可基于 BERT 向量来提取与整个文档语义最为相似的关键词,即可用来实现基于 BERT 类模型的关键词提取方法。需要注意的是,使用 keybert 提取日语文本关键词时,需提前挑选和下载好合适的 BERT 类模型。本书选择的是 paraphrase-multilingual-MiniLM-L12-v2[③] 和 stsb-xlm-r-multilingual[④] 这两个多语言 Sentence-BERT[⑤] 预训练语言表示模型。其中,前者是 keybert 的作者

[①] 但很多时候会因网络问题而无法自动下载所需的语言模型,从而导致代码无法正常运行。此时可通过"PyCharm 项目名称\venv\Lib\site-packages\huggingface_hub\constants.py"这一路径找到 constants.py 文件,并将文件中的所有 https://huggingface.co 都修改为 https://hf-mirror.com。这样便能从 https://hf-mirror.com 这一国内网站顺利下载所需模型了。详情请参考以下网页:https://mp.weixin.qq.com/s/WoYltq7mYSpWN99AvJY3OQ。

[②] 使之能够关联和使用 git 软件。

[③] 国内下载地址如下:https://hf-mirror.com/sentence-transformers/paraphrase-multilingual-MiniLM-L12-v2/tree/main。关于模型的具体下载方法,通常体积较大的模型文件(文件名中含有"model"一词的文件)只需下载其中任意一个即可,而体积较小的其他文件(及文件夹)则需全部下载下来。然后,还需把下载下来的所有文件(及文件夹)按照原来的位置关系存放到同一文件夹当中。

[④] 国内下载地址如下:https://hf-mirror.com/sentence-transformers/stsb-xlm-r-multilingual/tree/main。

[⑤] Sentence-BERT 是一种基于 BERT 模型的专门用于生成句子向量的预训练语言表示模型。

推荐使用的模型[①],后者似乎是一个能够较好处理日语文本的模型[②]。

3.2 基于 TF-IDF 的关键词提取编程实现

3.2.1 所用语料与编程步骤

所用语料为前面使用过的包含 10 个 txt 纯文本文件的微型语料库,其绝对路径为"C:\Users\Lenovo\Desktop\语料库数据"。然后,编程时的主要步骤如下:

第一步:依次处理语料库中的每个日语文本,并创建文档集列表;
第二步:将文档集列表转换为 TF-IDF 特征矩阵;
第三步:从 TF-IDF 特征矩阵中提取出每个文档的关键词。

3.2.2 分步代码

【第一步:依次处理语料库中的每个日语文本,并创建文档集列表】

由于基于 TF-IDF 的关键词提取方法必须依赖于一个文档集来提取单个文档中的关键词,所以编程的第一步为依次处理语料库中的每个日语文本,并在此基础上创建一个文档集列表。具体代码如下:

```
1   import os
2   import MeCab
3   import re
4   dirpath = r'C:\Users\Lenovo\Desktop\语料库数据'
5   filenameslist = os.listdir(dirpath)
6   print(filenameslist)
7   docs = []
8   tokenizer = MeCab.Tagger(r"-d C:\Users\Lenovo\Desktop\unidic
    -cwj-3.1.1")
9   for file in filenameslist:
10      filepath = os.path.join(dirpath, file)
```

---

① 可供 keybert 用来提取日语关键词的其他模型请参考以下两个网页:(1) https://github.com/MaartenGr/KeyBERT。(2) https://tech.yellowback.net/posts/sentence-transformers-japanese-models。
② 详情请参考以下两个网页:(1) https://tech.yellowback.net/posts/sentence-transformers-japanese-models。(2) https://zenn.dev/welmo/articles/a79b8b45573383。

```
11      with open(filepath, 'r', encoding='utf-8') as f:
12          textdata = f.read()
13      words = tokenizer.parse(textdata)
14      words = words.strip()
15      words = re.split('\n', words)
16      words = words[0:-1]
17      tokenslist = []
18      for word in words:
19          item = re.split('[\t,]', word)
20          tokenslist.append(item)
21      wordslist = []
22      for l in tokenslist:
23          if re.match('[\u3040-\u309F\u30A0-\u30FF\u4E00-\u9FFF]+', l[0]) and len(l) >= 9 and l[1] == '名詞':
24              lemma = re.sub('-.*', '', l[8])
25              wordslist.append(lemma)
26      wordslist = " ".join(wordslist)
27      docs.append(wordslist)
28  print(docs)
```

代码逐行解析：

第1行代码使用"import 库"的代码形式把标准库 os 导入当前 PyCharm 项目中，以供后续使用。

第2行代码使用"import 库"的代码形式把第三方库 MeCab 导入当前 PyCharm 项目中，以供后续使用。

第3行代码使用"import 库"的代码形式把标准库 re 导入当前 PyCharm 项目中，以供后续使用。

第4行代码把需要处理的目标语料库的绝对路径(r'C:\Users\Lenovo\Desktop\语料库数据')赋值给变量 dirpath。

第5行代码调用 os 库中的 listdir( )函数获取 dirpath 路径(作为参数值)所指文件夹(即目标语料库)中的全部文件名称，并将其组合成一个列表赋值给变量 filenameslist。

第6行代码通过 print( )函数把 filenameslist 列表打印出来查看。

第7行代码构建了一个不含任何元素的空列表，并将其赋值给变量 docs。

第 8 行代码从 MeCab 库中调用 Tagger( )函数设置一个分词器对象,并将其赋值给变量 tokenizer。Tagger( )中通过参数值 r"-d C:\Users\Lenovo\Desktop\unidic-cwj-3.1.1"指定了分词器所用的分词词典。

第 9~27 行代码组成一个包含多个 for 循环语句的相对独立的代码块。具体说来,第 9 行代码是一个 for 循环语句,依次读取 filenameslist 列表中的各个元素(即文件名称),每读取一个元素后立即将其赋值给变量 file,并自动运行一次有缩进的第 10~27 行代码。第 10 行代码调用 os 库中 path 工具的 join( )函数将 dirpath 中的路径和当前 file 中的文件名称连接成一个完整的路径(即当前 file 的绝对路径),并把它赋值给变量 filepath。第 11~12 行代码组成一个相对独立的代码块,实现打开目标文件并读取其中内容的功能。具体说来,第 11 行代码使用 with open( )函数打开 filepath 路径(作为第 1 个参数值)指向的目标文件,并将其命名为变量 f。with open( )中的第 2 个参数值'r'指定了目标文件的打开模式为"只读模式",第 3 个参数值'utf-8'指定了目标文件的编码方式为 utf-8。第 12 行代码对当前的 f 对象调用 read( )方法读取其具体内容,并组合成一个字符串赋值给变量 textdata。第 13 行代码通过调用 tokenizer 对象的 parse( )方法对 textdata 中的字符串进行分词处理,并把分词结果赋值给变量 words。第 14 行代码对 words 对象调用 strip( )方法移除其储存的字符串头尾两端的空格,并将处理结果重新赋值给变量 words。第 15 行代码从 re 库中调用 split( )函数,以换行符为分隔符把 words 中的字符串分隔成多个元素,并将这些元素组成一个列表重新赋值给变量 words。第 16 行代码把 words 列表中的第 1 个元素到倒数第 2 个元素切片出来构成一个新列表,并将其重新赋值给变量 words,以此删除位于列表最后的"EOS"元素。第 17 行代码构建了一个空列表,并将其赋值给变量 tokenslist。第 18~20 行代码组成一个相对独立的代码块,将 words 列表中的每个元素进一步分隔成列表,并依次把这些列表作为最后一个元素添加到 tokenslist 列表当中。具体说来,第 18 行代码是一个 for 循环语句,该语句依次读取 words 列表中的各个元素,每读取一个元素后立即将其赋值给变量 word,并自动运行一次有缩进的第 19~20 行代码。第 19 行代码调用 re 库中的 split( )函数,以制表符和英文逗号为分隔符把当前 word 中的字符串分隔成多个元素,并将由这些元素组成的列表赋值给变量item。第20行代码对事先构建好的tokenslist列表对象调用append()方法,将item列表作为最后一个元素添加到tokenslist列表当中。第21行代码构建了一个空列表,并把它赋值给变量wordslist。第22~25行代码又是一个包含for循环语句的相对独立的代码块。其中,第22行代码依次读取tokenslist列表中的各个元素,每读取一个元素后立即将其赋值给变量l,并自动运行一次有缩进的第23~25行代码。第23行代码设置了三个用and连接起来的if条件。若同时满足这些条件,则说明当前l[0]是日语字符串,当前l列表的长度大于或等于9,且列表中涉及的单词为名词,此时会自动运行一次有缩进的第24~25行代码。第24行代码从re库中调用sub()函数,把l[8]词汇素中由小横杠加任意字符组成的字符串删除后返回剩余的词汇素,并将其赋值给变量lemma。第25行代码对事先构建好的wordslist列表对象调用append()方法,将lemma中的词汇素作为最后一个元素添加到wordslist当中。若不能同时满足第23行代码中的三个条件,则不运行第24~25行代码。这样一来,当第22行代码中的for循环语句运行结束之后,wordslist列表就以元素的形式包含了所有日语名词单词的词汇素。第26行代码调用join()方法,使用半角空格字符串把参数值wordslist列表中的各个元素(即日语名词单词的词汇素)粘连成一个字符串(即处理成类英语结构文本),并将其重新赋值给变量wordslist。第27行代码对事先构建好的docs列表对象调用append()方法,将wordslist中的字符串作为最后一个元素添加到docs当中。这样一来,当第9行代码中的for循环语句运行结束之后,docs列表就以元素的形式包含了目标语料库各个文件中的所有日语名词单词词汇素,也就是说,docs即是我们需要的文档集列表。

第28行代码通过print()函数把docs文档集列表打印出来查看。

【第二步:将文档集列表转换为TF-IDF特征矩阵】

在第一步当中,我们已成功处理了目标语料库中的各个文件,并创建了一个文档集列表(即docs),接下来需将该列表转换为TF-IDF特征矩阵。在TF-IDF特征矩阵当中,每一行代表一个不同的文档(即是该文档的向量表示),每一列展示一个不同的特征(即单词)在各个文档中的TF-IDF值(参考表3-1)。

表 3-1　TF-IDF 特征矩阵示例

文档/特征	野菜	炒める	リンゴ	塩	豚肉	ピーマン
文档 1	0	0.081	0.081	0	0	0
文档 2	0	0.101	0	1.099	1.099	1.099
文档 3	0.564	0	0.081	0	0	0

将文档集列表转换为 TF-IDF 特征矩阵的具体代码如下：

```
29  from sklearn.feature_extraction.text import TfidfVectorizer
30  import pandas as pd
31  vectorizer = TfidfVectorizer(smooth_idf=False)
32  tfidfmatrix = vectorizer.fit_transform(docs)
33  values = tfidfmatrix.toarray()
34  print(values)
35  feature_names = vectorizer.get_feature_names_out()
36  df = pd.DataFrame(values, columns=feature_names, index=filenameslist)
37  print(df)
```

代码逐行解析：

第 29 行代码使用"from 库中工具 import 函数"的代码形式把第三方库 sklearn 中 feature_extraction.text 工具的 TfidfVectorizer() 函数导入当前 PyCharm 项目中，以供后续代码使用。

第 30 行代码使用"import 库 as 临时名称"的代码形式把第三方库 pandas 导入当前 PyCharm 项目中，并临时命名为 pd 以供后续使用。

第 31 行代码调用 TfidfVectorizer() 函数设置一个向量转换器对象，并将其赋值给变量 vectorizer。TfidfVectorizer() 中通过参数值 False 指定了计算逆文档频率时不使用平滑处理，即按照逆文档频率的原始计算公式来计算①。

第 32 行代码对 vectorizer 对象调用 fit_transform() 方法，将参数值中的 docs 文档集列表转换为 TF-IDF 特征矩阵，并赋值给变量 tfidfmatrix。

---

① 如果 smooth_idf 的值设置为 True，则会使用平滑的逆文档频率计算方法，具体公式如下：

$$\text{IDF}_{\text{term}} = \ln \frac{N+1}{\text{DF}_{\text{term}}+1}$$

第33行代码对tfidfmatrix对象调用toarray()方法,将tfidfmatrix中的TF-IDF特征矩阵进一步转换为便于理解和观察的二维嵌套数组形式[①],并赋值给变量values。

第34行代码通过print()函数把values中的TF-IDF特征矩阵打印出来查看(见图3-2)。由图3-2可知,目前的矩阵中还没有显示文档和特征名称,还不够直观易懂。

```
D:\我的科研\当前研究\基于Python的日语数字人文\文本挖掘技术及其应用\技术代码\venv\Script
[[0.08392724 0.        0.        ... 0.        0.          ]
 [0.        0.        0.        ... 0.        0.          ]
 [0.        0.        0.        ... 0.        0.          ]
 ...
 [0.        0.        0.        ... 0.        0.10882083]
 [0.        0.        0.        ... 0.        0.          ]
 [0.        0.10947681 0.       ... 0.        0.0432499 ]]
```

图3-2 values中的TF-IDF特征矩阵

第35行代码对vectorizer对象调用get_feature_names_out()方法,将TF-IDF特征矩阵中的所有特征(即单词)名称提取出来组成一个一维数组,并赋值给变量feature_names。

第36行代码调用pd库中的DataFrame()函数将values(作为参数值)中的TF-IDF特征矩阵进一步转化为类似于Excel表格的数据框,并将其赋值给变量df。在转化过程中,DataFrame()函数通过参数值feature_names和filenameslist分别指定了数据框的列名和行索引名称。

第37行代码通过print()函数把df中的数据框打印出来查看(见图3-3)。

【第三步:从TF-IDF特征矩阵中提取出每个文档的关键词】

在第二步当中,我们获得了一个直观好懂的数据框形式的TF-IDF特征矩阵(即df),接下来就可以从该矩阵中依次提取出各个文档的关键词。具体代码如下:

```
38  num_keywords = 10
39  for row in range(len(df)):
```

[①] 数组与列表十分类似。不同的是,数组中的所有元素必须具有相同的数据类型。

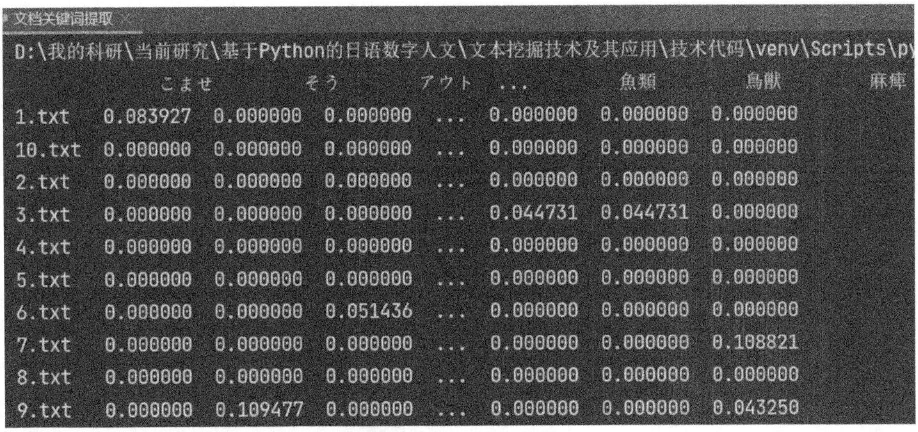

图 3-3　df 中的数据框

```
40        df_row = df[row:row + 1]
41        df_row = df_row.T
42        colnames = df_row.columns
43        firstcolname = colnames[0]
44        df_row = df_row.sort_values(by = firstcolname, ascending = False)
45        keywords = df_row.head(num_keywords)
46        print(keywords)
```

代码逐行解析：

第 38 行代码将数值 10 赋值给变量 num_keywords，以此指定关键词的提取数量。

第 39~46 行代码组成一个包含 for 循环语句的相对独立的代码块。具体说来，第 39 行代码中使用了一个 range() 函数，在该函数中输入数值型参数值 i 时，可生成 0 到 i−1 的整数，并可通过 for 循环语句依次读取这些整数。当前代码中 range() 函数的参数值为 len(df)，即数据框 df 的行数，所以第 39 行代码的整体意思是，依次读取数据框 df 第 1 行到最后一行的数字索引号[即 0 到 len(df)−1]，每读取一个行索引号之后立即将其赋值给变量 row，并自动运行一次有缩进的第 40~46 行代码。第 40 行代码通过切片的方式获得 df 数据框第 row+1 行文档中的数据①，并将其赋值给变量 df_row（一个只有一行数据的数据框）。譬如，当 row 等于 0 时，可获得数据框第

---

① 数据框的切片方法与列表基本一样。

1行文档(即1.txt)中的所有数据,依此类推。第41行代码通过属性T①将当前df_row数据框的行列进行转换,即把文档名称转换为列名,而把一个一个的特征(即单词)转换为行索引号(参考图3-3)。之后,将转换后的数据框重新赋值给变量df_row。第42行代码通过属性columns获取df_row数据框的全部列名②,并将其组成类似于列表的数据赋值给变量colnames。第43行代码通过切片的方式读取colnames中的第1个元素(即第1个列名),并将其赋值给变量firstcolname。第44行代码对当前的df_row数据框对象调用sort_values()方法,将数据框中的值按照降序排列,并将其重新赋值给变量df_row。其中,sort_values()中的参数值firstcolname指定了用来排序的列的名称,即按照firstcolname列中的值对df_row进行排序;参数值False则指定了排序按照降序进行(即相对较大的值排在前面)。第45行代码对当前的df_row数据框对象调用head()方法,将数据框前num_keywords(即10)行数据提取出来赋值给变量keywords(构成一个数据框子集)。第46行代码通过print()函数把当前keywords数据框中的关键词打印出来查看(见图3-4)。如此一来,当第39行代码中的for循环语句运行结束之后,每个文档中重要性分数排前10的关键词就被提取和打印出来了。

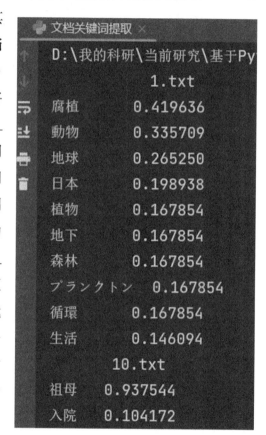

图3-4 文档1.txt中提取出来的关键词

---

① 属性T实际上是transpose()方法的简写形式,即这里也可以写成"df_row.transpose()"。
② 实际上df_row数据框中只有一个列名。

3.2.3 完整代码

入门版：

#【第一步：依次处理语料库中的每个日语文本，并创建文档集列表】

```
1  import os
2  import MeCab
3  import re
4  dirpath = r'C:\Users\Lenovo\Desktop\语料库数据'
5  filenameslist = os.listdir(dirpath)
6  print(filenameslist)
7  docs = []
8  tokenizer = MeCab.Tagger(r"-d C:\Users\Lenovo\Desktop\unidic-cwj-3.1.1")
9  for file in filenameslist:
10     filepath = os.path.join(dirpath, file)
11     with open(filepath, 'r', encoding='utf-8') as f:
12         textdata = f.read()
13     words = tokenizer.parse(textdata)
14     words = words.strip()
15     words = re.split('\n', words)
16     words = words[0:-1]
17     tokenslist = []
18     for word in words:
19         item = re.split('[\t,]', word)
20         tokenslist.append(item)
21     wordslist = []
22     for l in tokenslist:
23         if re.match('[\u3040-\u309F\u30A0-\u30FF\u4E00-\u9FFF]+', l[0]) and len(l) >= 9 and l[1] == '名詞':
24             lemma = re.sub('-.*', '', l[8])
25             wordslist.append(lemma)
26     wordslist = " ".join(wordslist)
27     docs.append(wordslist)
28  print(docs)
```

#【第二步：将文档集列表转换为 TF-IDF 特征矩阵】

```
29  from sklearn.feature_extraction.text import TfidfVectorizer
30  import pandas as pd
31  vectorizer = TfidfVectorizer(smooth_idf=False)
```

```
32    tfidfmatrix = vectorizer.fit_transform(docs)
33    values = tfidfmatrix.toarray()
34    print(values)
35    feature_names = vectorizer.get_feature_names_out()
36    df = pd.DataFrame(values, columns = feature_names, index =
      filenameslist)
37    print(df)
#【第三步:从TF-IDF特征矩阵中提取出每个文档的关键词】
38    num_keywords = 10
39    for row in range(len(df)):
40        df_row = df[row:row + 1]
41        df_row = df_row.T
42        colnames = df_row.columns
43        firstcolname = colnames[0]
44        df_row = df_row.sort_values(by = firstcolname, ascending =
          False)
45        keywords = df_row.head(num_keywords)
46        print(keywords)
```

进阶版:

```
1    import os
2    import MeCab
3    import re
4    from sklearn.feature_extraction.text import TfidfVectorizer
5    import pandas as pd
6    filenameslist = os.listdir(r'C:\Users\Lenovo\Desktop\语料库数
     据')
7    docs = []
8    tokenizer = MeCab.Tagger(r"-d C:\Users\Lenovo\Desktop\unidic
     -cwj-3.1.1")
9    for file in filenameslist:
10       with open(os.path.join(r'C:\Users\Lenovo\Desktop\语料库数
         据', file), 'r', encoding = 'utf-8') as f:
11           words = re.split('\n', tokenizer.parse(f.read()).
             strip())[0:-1]
12           tokenslist = [re.split('[\t,]', word) for word in
             words]
13           wordslist = [re.sub('-.*', '', l[8]) for l in
             tokenslist if re.match('[\u3040-\u309F\u30A0-\u30FF\
```

```
             u4E00 - \u9FFF] + ', l[0]) and len(l) > = 9 and l[1] = = '
             名詞']
14           docs.append(" ".join(wordslist))
15   vectorizer = TfidfVectorizer(smooth_idf = False)
16   values = vectorizer.fit_transform(docs).toarray()
17   feature_names = vectorizer.get_feature_names_out()
18   df = pd.DataFrame(values, columns = feature_names, index =
     filenameslist)
19   for row in range(len(df)):
20       df_row = df[row:row + 1].T
21       keywords = df_row.sort_values(by = df_row.columns[0],
         ascending = False).head(10)
22       print(keywords)
```

3.3 基于 TextRank 和 MultipartiteRank 的关键词提取编程实现

3.3.1 所用语料与编程步骤

所用语料为前文使用过的微型语料库中的第一个日语文本,其绝对路径为"C:\Users\Lenovo\Desktop\语料库数据\1.txt"。然后,编程时的主要步骤如下:

第一步:读取单个文本中的日语语料;

第二步:使用 TextRank 提取日语语料中的关键词;

第三步:使用 MultipartiteRank 提取日语语料中的关键词。

3.3.2 分步代码

【第一步:读取单个文本中的日语语料】

编程的第一步为读取单个文本文件中的日语语料数据,具体代码如下:

```
1   filepath = r'C:\Users\Lenovo\Desktop\语料库数据\1.txt'
2   with open(filepath, 'r', encoding = 'utf-8') as f:
3       textdata = f.read()
4   print(textdata)
```

代码逐行解析:

第 1 行代码把待读取的文本文件的绝对路径(r'C:\Users\Lenovo\Desktop\语料

库数据\1.txt')赋值给变量 filepath。

第 2~3 行代码组成一个相对独立的代码块。其中,第 2 行代码使用 with open()函数打开 filepath 路径(作为第 1 个参数值)指向的目标文件,并将其命名为变量 f。with open()中的第 2 个参数值'r'指定了目标文件的打开模式为"只读模式",第 3 个参数值'utf-8'指定了目标文件的编码方式为 utf-8。第 3 行代码对 f 对象调用 read()方法读取其具体内容,并组合成一个字符串赋值给变量 textdata。

第 4 行代码通过 print()函数把 textdata 中的字符串打印出来查看。

【第二步:使用 TextRank 提取日语语料中的关键词】

在第一步当中,我们成功读取了单个文本文件中的日语语料数据,并将其储存在变量 textdata 中。接下来就可以使用 TextRank 算法来完成文本中的关键词提取任务,具体代码如下:

```
5   from spacy.lang import ja
6   import pke
7   stopwords = ja.STOP_WORDS
8   stopwords = list(stopwords)
9   extractor1 = pke.unsupervised.TextRank()
10  extractor1.load_document(input = textdata, language = 'ja',
    stoplist = stopwords, normalization = None)
11  extractor1.candidate_selection(pos = {'NOUN'})
12  extractor1.candidate_weighting(window = 4)
13  keywords1 = extractor1.get_n_best(10)
14  print("TextRank 的提取结果:", "\n", keywords1)
```

代码逐行解析:

第 5 行代码使用"from 库中工具 import 工具"的代码形式把第三方库 spacy 中 lang 工具里面的 ja 工具导入当前 PyCharm 项目中备用。

第 6 行代码使用"import 库"的代码形式把第三方库 pke 导入当前 PyCharm 项目中备用。

第 7 行代码通过 STOP_WORDS 属性获得 ja 工具中的日语停用词集合,并将其赋值给变量 stopwords。

第 8 行代码使用 list()函数将 stopwords 集合强制转化为列表,并将其重新赋值给变量 stopwords。

第 9 行代码调用 pke 库中 unsupervised 工具的 TextRank( ) 函数创建了一个提取器,并将其赋值给变量 extractor1。

第 10 行代码对 extractor1 提取器对象调用 load_document( ) 方法,通过设置方法中的参数值将事先准备好的日语文本语料(textdata)和日语停用词(stopwords)加载到提取器中。与此同时,还通过参数值 'ja' 指定了提取器需要处理的文本语言为日语,通过参数值 None 指定了不需要进行标准化处理[①]。

第 11 行代码对 extractor1 提取器对象调用 candidate_selection( ) 方法,并通过把参数 pos 的值设置为集合{'NOUN'}[②],将所提取的候选关键词限定在名词范围之内。

第 12 行代码对 extractor1 提取器对象调用 candidate_weighting( ) 方法,通过参数值 4 将文本中两个词可被当作共现词的最大距离指定为"4 个词以内"。

第 13 行代码对 extractor1 提取器对象调用 get_n_best( ) 方法,将重要性分数排前 10(作为参数值)的关键词提取出来赋值给变量 keywords1。

第 14 行代码通过 print( ) 函数把 keywords1 中的关键词打印出来查看。具体说来,该行代码依次打印了函数中的 3 个参数值,即字符串"TextRank 的提取结果:"、换行符"\n"和 keywords1 中储存的关键词。

【第三步:使用 MultipartiteRank 提取日语语料中的关键词】

在第二步当中,我们使用 TextRank 算法提取出了单个文本中的关键词,接下来尝试使用 MultipartiteRank 算法来完成关键词提取任务,具体代码如下:

```
15   extractor2 = pke.unsupervised.MultipartiteRank()
16   extractor2.load_document(input = textdata, language = 'ja',
     stoplist = stopwords, normalization = None)
17   extractor2.candidate_selection(pos = {'NOUN'})
18   extractor2.candidate_weighting()
```

[①] 因为这些处理是针对英语文本的。

[②] pos 参数的默认值为{'NOUN','PROPN','ADJ'},即提取词性为名词、专有名词和形容词的关键词。

```
19   keywords2 = extractor2.get_n_best(10)
20   print("MultipartiteRank 的提取结果:", "\n", keywords2)
```

代码逐行解析：

第 15 行代码调用 pke 库中 unsupervised 工具的 MultipartiteRank ( ) 函数创建了一个提取器,并将其赋值给变量 extractor2。

第 16 行代码对 extractor2 提取器对象调用 load_document ( ) 方法将事先准备好的日语文本语料和日语停用词加载到提取器中,还指定了提取器需要处理的文本语言为日语以及不需要进行标准化处理。

第 17 行代码对 extractor2 提取器对象调用 candidate_selection ( ) 方法将所提取的候选关键词限定在名词范围之内。

第 18 行代码对 extractor2 提取器对象调用 candidate_weighting ( ) 方法,通过默认参数值设置了节点权重的计算方法等。

第 19 行代码对 extractor2 提取器对象调用 get_n_best ( ) 方法,将重要性分数排前 10 的关键词提取出来赋值给变量 keywords2。

第 20 行代码通过 print ( ) 函数把 keywords2 中的关键词打印出来查看。具体说来,该行代码依次打印了函数中的 3 个参数值,即字符串"MultipartiteRank 的提取结果:"、换行符"\n"和 keywords2 中储存的关键词。

3.3.3 完整代码

入门版：

```
#【第一步:读取单个文本中的日语语料】
1   filepath = r'C:\Users\Lenovo\Desktop\语料库数据\1.txt'
2   with open(filepath, 'r', encoding='utf-8') as f:
3       textdata = f.read()
4   print(textdata)
#【第二步:使用 TextRank 提取日语语料中的关键词】
5   from spacy.lang import ja
6   import pke
7   stopwords = ja.STOP_WORDS
8   stopwords = list(stopwords)
9   extractor1 = pke.unsupervised.TextRank()
```

```
10  extractor1.load_document(input=textdata, language='ja',
    stoplist=stopwords, normalization=None)
11  extractor1.candidate_selection(pos={'NOUN'})
12  extractor1.candidate_weighting(window=4)
13  keywords1 = extractor1.get_n_best(10)
14  print("TextRank 的提取结果:", "\n", keywords1)
#【第三步:使用 MultipartiteRank 提取日语语料中的关键词】
15  extractor2 = pke.unsupervised.MultipartiteRank()
16  extractor2.load_document(input=textdata, language='ja',
    stoplist=stopwords, normalization=None)
17  extractor2.candidate_selection(pos={'NOUN'})
18  extractor2.candidate_weighting()
19  keywords2 = extractor2.get_n_best(10)
20  print("MultipartiteRank 的提取结果:", "\n", keywords2)
```

进阶版:

```
1   from spacy.lang import ja
2   import pke
3   with open(r'C:\Users\Lenovo\Desktop\语料库数据\1.txt', 'r',
    encoding='utf-8') as f:
4       textdata = f.read()
5   extractor1 = pke.unsupervised.TextRank()
6   extractor1.load_document(input=textdata, language='ja',
    stoplist=list(ja.STOP_WORDS), normalization=None)
7   extractor1.candidate_selection(pos={'NOUN'})
8   extractor1.candidate_weighting(window=4)
9   keywords1 = extractor1.get_n_best(10)
10  print("TextRank 的提取结果:", "\n", keywords1)
11  extractor2 = pke.unsupervised.MultipartiteRank()
12  extractor2.load_document(input=textdata, language='ja',
    stoplist=list(ja.STOP_WORDS), normalization=None)
13  extractor2.candidate_selection(pos={'NOUN'})
14  extractor2.candidate_weighting()
15  keywords2 = extractor2.get_n_best(10)
16  print("MultipartiteRank 的提取结果:", "\n", keywords2)
```

3.4 基于 BERT 类模型的关键词提取编程实现

3.4.1 所用语料与编程步骤

所用语料为前面使用过的微型语料库中的第一个日语文本,其绝对路径为"C:\Users\Lenovo\Desktop\语料库数据\1.txt"。然后,编程时的主要步骤如下:

第一步:读取单个文本中的日语语料;
第二步:对日语语料进行分词处理,并整理成类英语结构语料;
第三步:读取日语停用词表,并将其转化为词汇素列表;
第四步:使用 BERT 类模型提取类英语结构日语语料中的关键词。

3.4.2 分步代码

【第一步:读取单个文本中的日语语料】

该步与"3.3 基于 TextRank 和 MultipartiteRank 的关键词提取编程实现"的第一步完全相同,不再赘述。

【第二步:对日语语料进行分词处理,并整理成类英语结构语料】

在第一步当中,我们通过 4 行代码成功读取了单个文本文件中的日语语料数据,并将其储存在变量 textdata 中。接下来需对这些日语语料进行分词处理,并整理成类英语结构语料,具体代码如下:

```
5   import MeCab
6   import re
7   tokenizer = MeCab.Tagger(r"-d C:\Users\Lenovo\Desktop\unidic
    -cwj-3.1.1")
8   words = tokenizer.parse(textdata)
9   words = words.strip()
10  words = re.split('\n', words)
11  words = words[0:-1]
12  tokenslist = []
13  for word in words:
14      item = re.split('[\t,]', word)
```

```
15          tokenslist.append(item)
16    wordslist = []
17    for l in tokenslist:
18          if len(l) >= 9:
19                lemma = re.sub('-.*', '', l[8])
20                wordslist.append(lemma)
21    doc = " ".join(wordslist)
22    print(doc)
```

代码逐行解析：

第 5 行代码使用"import 库"的代码形式把第三方库 MeCab 导入当前 PyCharm 项目中备用。

第 6 行代码使用"import 库"的代码形式把标准库 re 导入当前 PyCharm 项目中备用。

第 7 行代码从 MeCab 库中调用 Tagger() 函数设置一个分词器对象，并将其赋值给变量 tokenizer。Tagger() 中通过参数值 r"-d C:\Users\Lenovo\Desktop\unidic-cwj-3.1.1"指定了分词器所用的分词词典。

第 8 行代码通过调用 tokenizer 对象的 parse() 方法对 textdata 中的字符串进行分词处理，并把分词结果赋值给变量 words。

第 9 行代码对 words 对象调用 strip() 方法移除其储存的字符串头尾两端的空格，并将处理结果重新赋值给变量 words。

第 10 行代码从 re 库中调用 split() 函数，以换行符为分隔符把 words 中的字符串分隔成多个元素，并将这些元素组成一个列表重新赋值给变量 words。

第 11 行代码把 words 列表中的第 1 个元素到倒数第 2 个元素切片出来构成一个新列表，并将其重新赋值给变量 words。

第 12 行代码构建了一个空列表，并将其赋值给变量 tokenslist。

第 13～15 行代码组成一个相对独立的代码块。其中，第 13 行代码是一个 for 循环语句，依次读取 words 列表中的各个元素，每读取一个元素后立即将其赋值给变量 word，并自动运行一次有缩进的第 14～15 行代码。第 14 行代码调用 re 库中的 split() 函数，以制表符和英文逗号为分隔符把当前 word 中的字符串分隔成多个元素,并将由这些元素组成的列表赋值给变量item。第15行代码对事先构建好的tokenslist列表对象调用append()方法,将item列表作为最后一个元素添加到tokenslist列表当中。

第16行代码构建了一个空列表,并把它赋值给变量wordslist。

第17~20行代码又是一个包含for循环语句的相对独立的代码块。其中,第17行代码依次读取tokenslist列表中的各个元素,每读取一个元素后立即将其赋值给变量l,并自动运行一次有缩进的第18~20行代码。第18行代码设置了一个if条件[len(l) >= 9]。若满足该条件,则说明当前l列表的长度大于或等于9,此时会自动运行一次有缩进的第19~20行代码。第19行代码从re库中调用sub()函数,把l[8]词汇素中由小横杠加任意字符组成的字符串删除后返回剩余的词汇素,并将其赋值给变量lemma。第20行代码对事先构建好的wordslist列表对象调用append()方法,将lemma中的词汇素作为最后一个元素添加到wordslist当中。若不满足第18行代码中的条件,则不运行第19~20行代码。这样一来,当第17行代码中的for循环语句运行结束之后,wordslist列表就以元素的形式包含了所有单词的词汇素及各种符号等。

第21行代码调用join()方法,使用半角空格字符串把参数值wordslist列表中的各个元素粘连成一个类似于英语结构的字符串文本,并将其赋值给变量doc。

第22行代码通过print()函数把doc文本打印出来查看。

【第三步:读取日语停用词表,并将其转化为词汇素列表】

该步与"2.2 词云图绘制编程实现"的第四步代码基本一致,只是需在代码最后将stopwordsset中储存的由词汇素构成的日语停用词集合进一步转化为日语停用词列表stopwordslist(代码:stopwordslist = list(stopwordsset))。该步其他内容不再赘述。

【第四步:使用BERT类模型提取类英语结构日语语料中的关键词】

到第三步为止,我们已通过40行代码创建了一个类英语结构日语语料文本(即doc)和一个日语停用词列表(即stopwordslist)。接下来就可以使用各种BERT模型来完成最后的关键词提取任务,具体代码如下:

```
41   from keybert import KeyBERT
```

```
42    bertModel1 = KeyBERT(r'D:\我的科研\当前研究\基于Python的日语数字
      人文\文本挖掘技术及其应用\paraphrase-multilingual-MiniLM-L12
      -v2')
43    keywords1 = bertModel1.extract_keywords(doc, keyphrase_ngram
      _range=(1,2), top_n=10, stop_words=stopwordslist)
44    print("bertModel1的提取结果:", "\n", keywords1)
45    bertModel2 = KeyBERT(r'D:\我的科研\当前研究\基于Python的日语数字
      人文\文本挖掘技术及其应用\stsb-xlm-r-multilingual')
46    keywords2 = bertModel2.extract_keywords(doc, keyphrase_ngram
      _range=(1,2), top_n=10, stop_words=stopwordslist)
47    print("bertModel2的提取结果:", "\n", keywords2)
```

代码逐行解析:

第41行代码使用"from 库 import 函数"的代码形式把第三方库keybert中的KeyBERT( )函数导入当前PyCharm项目中备用。

第42行代码调用KeyBERT( )函数,使用其参数值中绝对路径所指定的多语言BERT预训练模型paraphrase-multilingual-MiniLM-L12-v2构建一个关键词提取器,并将其赋值给变量bertModel1。

第43行代码对bertModel1关键词提取器对象调用extract_keywords( )方法直接提取出类英语结构日语语料文本doc(作为第1个参数值)中的关键词,并将其赋值给变量keywords1。extract_keywords( )中的第2个参数值(1, 2)限定了关键词中包含的单词数量必须为1~2个[①],第3个参数值10指定了提取重要性分数排前10的关键词,第4个参数值stopwordslist则指定了所用的日语停用词列表。

第44行代码通过print( )函数把keywords1中的关键词打印出来查看。具体说来,该行代码依次打印了函数中的3个参数值,即字符串"bertModel1的提取结果:"、换行符"\n"和keywords1中储存的关键词。

第45行代码再次调用KeyBERT( )函数,使用其参数值中绝对路径所指定的另一个多语言BERT预训练模型stsb-xlm-r-multilingual构建另一个关键词提取器,并将其赋值给变量bertModel2。

[①] 如果此处的参数值设置为(1, 1),则只会提取由一个单词构成的关键词。

第46行代码对bertModel2关键词提取器对象调用extract_keywords()方法直接提取出类英语结构日语语料文本doc(作为第1个参数值)中的关键词,并将其赋值给变量keywords2。extract_keywords()中的第2个参数值(1,2)限定了关键词中的单词数量必须为1~2个,第3个参数值10指定了提取重要性分数排前10的关键词,第4个参数值stopwordslist则指定了所用的日语停用词列表。

第47行代码通过print()函数把keywords2中的关键词打印出来查看。具体说来,该行代码依次打印了函数中的3个参数值,即字符串"bertModel2的提取结果:"、换行符"\n"和keywords2中储存的关键词。

3.4.3 完整代码

入门版:

```
#【第一步:读取单个文本中的日语语料】
1   filepath = r'C:\Users\Lenovo\Desktop\语料库数据\1.txt'
2   with open(filepath, 'r', encoding = 'utf-8') as f:
3       textdata = f.read()
4   print(textdata)
#【第二步:对日语语料进行分词处理,并整理成类英语结构语料】
5   import MeCab
6   import re
7   tokenizer = MeCab.Tagger(r"-d C:\Users\Lenovo\Desktop\unidic
    -cwj-3.1.1")
8   words = tokenizer.parse(textdata)
9   words = words.strip()
10  words = re.split('\n', words)
11  words = words[0:-1]
12  tokenslist = []
13  for word in words:
14      item = re.split('[\t,]', word)
15      tokenslist.append(item)
16  wordslist = []
17  for l in tokenslist:
18      if len(l) >= 9:
19          lemma = re.sub('-.*', '', l[8])
20          wordslist.append(lemma)
```

```
21    doc = " ".join(wordslist)
22    print(doc)
```
#【第三步:读取日语停用词表,并将其转化为词汇素列表】
```
23    with open(r'C:\Users\Lenovo\Desktop\stopwords-ja.txt', 'r',
      encoding='utf-8') as sw:
24        stopwords = sw.read()
25    stopwords = tokenizer.parse(stopwords)
26    print(stopwords)
27    stopwords = stopwords.strip()
28    stopwords = re.split('\n', stopwords)
29    stopwords = stopwords[0:-1]
30    swtokenslist = []
31    for word in stopwords:
32        word = re.split('[\t,]', word)
33        swtokenslist.append(word)
34    stopwordslist = []
35    for l in swtokenslist:
36        if len(l) >= 9:
37            lemma = re.sub('-.*', '', l[8])
38            stopwordslist.append(lemma)
39    stopwordsset = set(stopwordslist)
40    stopwordslist = list(stopwordsset)
```
#【第四步:使用BERT类模型提取类英语结构日语语料中的关键词】
```
41    from keybert import KeyBERT
42    bertModel1 = KeyBERT(r'D:\我的科研\当前研究\基于Python的日语数字
      人文\文本挖掘技术及其应用\paraphrase-multilingual-MiniLM-L12
      -v2')
43    keywords1 = bertModel1.extract_keywords(doc, keyphrase_ngram
      _range=(1, 2), top_n=10, stop_words=stopwordslist)
44    print("bertModel1的提取结果:", "\n", keywords1)
45    bertModel2 = KeyBERT(r'D:\我的科研\当前研究\基于Python的日语数字
      人文\文本挖掘技术及其应用\stsb-xlm-r-multilingual')
46    keywords2 = bertModel2.extract_keywords(doc, keyphrase_ngram
      _range=(1, 2), top_n=10, stop_words=stopwordslist)
47    print("bertModel2的提取结果:", "\n", keywords2)
```

进阶版:

```
1    import MeCab
2    import re
```

```
 3  from keybert import KeyBERT
 4  with open(r'C:\Users\Lenovo\Desktop\语料库数据\1.txt', 'r',
    encoding='utf-8') as f:
 5      textdata = f.read()
 6  tokenizer = MeCab.Tagger(r"-d C:\Users\Lenovo\Desktop\unidic
    -cwj-3.1.1")
 7  words = re.split('\n', tokenizer.parse(textdata).strip())[0:
    -1]
 8  tokenslist = [re.split('[\t,]', word) for word in words]
 9  doc = " ".join([re.sub('-.*', '', l[8]) for l in tokenslist if
    len(l) >= 9])
10  with open(r'C:\Users\Lenovo\Desktop\stopwords-ja.txt', 'r',
    encoding='utf-8') as swf:
11      stopwords = swf.read()
12  stopwords = re.split('\n', tokenizer.parse(stopwords).strip
    ())[0:-1]
13  swtokenslist = [re.split('[\t,]', word) for word in stopwords]
14  stopwordslist = list(set([re.sub('-.*', '', l[8]) for l in
    swtokenslist if len(l) >= 9]))
15  bertModel1 = KeyBERT(r'D:\我的科研\当前研究\基于Python的日语数字
    人文\文本挖掘技术及其应用\paraphrase-multilingual-MiniLM-L12
    -v2')
16  keywords1 = bertModel1.extract_keywords(doc, keyphrase_ngram
    _range=(1,2), top_n=10, stop_words=stopwordslist)
17  print("bertModel1的提取结果:", "\n", keywords1)
18  bertModel2 = KeyBERT(r'D:\我的科研\当前研究\基于Python的日语数字
    人文\文本挖掘技术及其应用\stsb-xlm-r-multilingual')
19  keywords2 = bertModel2.extract_keywords(doc, keyphrase_ngram
    _range=(1,2), top_n=10, stop_words=stopwordslist)
20  print("bertModel2的提取结果:", "\n", keywords2)
```

参考文献

黄天元,2021.文本数据挖掘:基于R语言[M].北京:机械工业出版社.

刘金花,2021.文本挖掘与Python实践[M].成都:四川大学出版社.

宗成庆,夏睿,张家俊,2022.文本数据挖掘(第2版)[M].北京:清华大学出版社.

Devlin J, Chang M W, Lee K, et al, 2019. BERT: Pre-Training of Deep Bidirectional Transformers for Language Understanding [C]. Proceedings of the 2019 Conference of the North American Chapter of the Association for Computational Linguistics: Human Language Technologies (1): 4171-4186.

第四章
日语词共现网络分析技术

4.1 技术概要与编程提示

关键词提取技术可以提取出文本中的关键性单词或词组,但这些单词和词组之间的相互关系无从得知。若想把握文本中关键词之间的语义联系情况,可借助词共现网络分析。该技术的基本原理是,通过词频统计将文本中使用最频繁的高频词(一般只考虑具有较多实际意义的名词、动词、形容词、形容动词等关键词)抽取出来作为节点,并根据其共现关系将频繁共现的高频词用线(即边)连接起来,最终构成一个可直观观察到文本中出现的高频词及其相互语义关联的词共现网络图(毛文伟,2019)。一般说来,在词共现网络当中,高频词的出现频次越高,其对应节点的尺寸就越大,同时也越可能成为网络中的中心词;而高频词之间的共现次数越多,相关节点之间的边就越宽,同时语义关联也越强。此外,还可以使用不同颜色来给高频词节点划分群组,使得颜色相同的节点群组的内部连接比群组之间的连接更为密集,群组内部高频词之间的关联也更加密切。譬如,图 4-1 中展示了一个典型的词共现网络。

由图 4-1 可知,词共现网络为我们提供了一种十分便利的可视化手段,能够直观地展示出文本中出现的各种重要概念或主题,并形象地揭示出它们之间的语义联系。

构建词共现网络时,需要仔细探讨两个问题:第一,应该选取词频统计结果中的哪些词作为高频词?第二,两个高频词在文本中相距多远可算一次共现?关于第一个问题,目前最常用的高频词选取方法主要有以下两类:

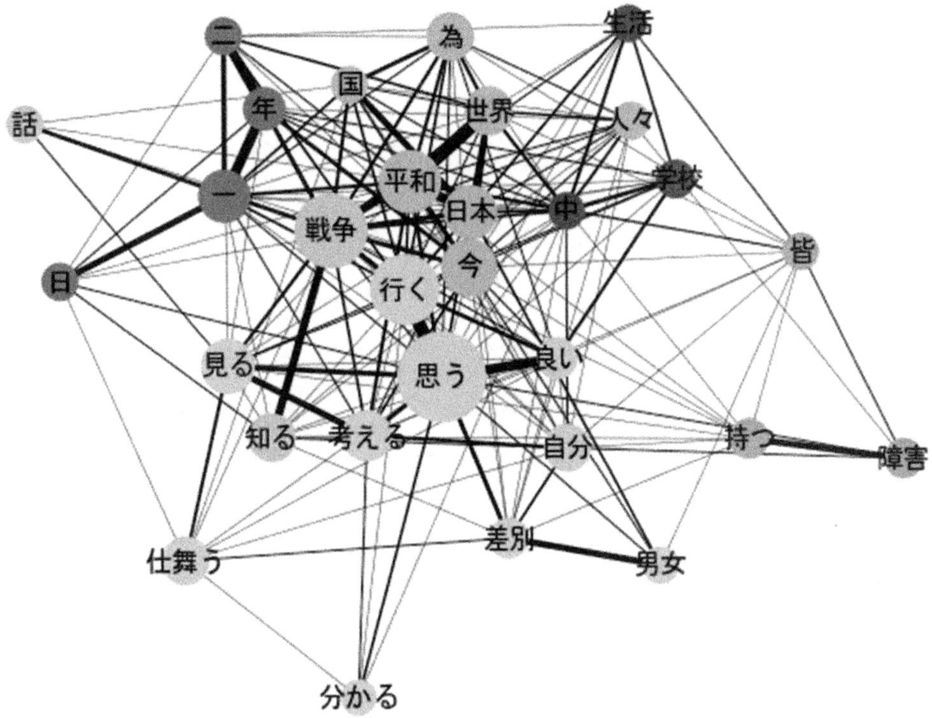

图 4-1　词共现网络图示例

（1）自定义选取法。该方法包括频次选取法、前 N 位选取法和中心度选取法[1]，详情如表 4-1 所示（刘奕杉 等，2017）。

表 4-1　常用的高频词自定义选取法

方法	定义	特征
频次选取法	自行选择出现频次大于 x 次的单词作为高频词	操作简便，但无法保证其可信度和科学性
前 N 位选取法	依据出现频次由多到少排序，自行选择排前 N 位的单词作为高频词	将具体频次数据抽象成排名，丢失了部分频次信息，易忽略其截取频次的合理性
中心度选取法	以节点单词的中心度排序，自选前 m 个单词作为高频词	将具体中心度数值和频次数值抽象为排名，丢失了部分中心度及频次信息，易忽视其截取频次的合理性

---

[1] 该方法中的中心度指一个节点单词在整个单词网络中的重要性和连接程度，通常通过统计该词的出现频次及它与其他单词的关联紧密度来衡量。

（2）高低频词界定公式选取法。该方法基于以下以齐普夫第二定律为基础的高低频词界定公式来计算高频词阈值（即出现频次高于 T 的单词为高频词）①，其特征是设置了一个判定高频词阈值（即 T）的标准，可保证高频词选取的科学合理性，但相对不易操作（刘奕杉 等，2017；王慧 等，2023）。

高低频词界定公式：

$$T = \frac{1}{2}(-1 + \sqrt{1 + 8 \times I_1})$$

其中，公式中的 I_1 指文本中只出现过 1 次的单词的数量。

除了以上两种最常用的高频词选取方法之外，刘奕杉等（2017）还提出了一种基于二八定律②的高频词选取方法，即从按降序排列的词频统计结果中自上而下地抽取出累计词频占比达到20%的单词作为高频词。并且，该研究还通过实证对比分析得出，与以往的常用方法相比，使用二八定律来确定高频词的方法更加合理，效果也更好。

综上可知，高低频词界定公式选取法和二八定律选取法可能是目前最值得尝试的两种相对科学的方法。

关于第二个问题（即两个高频词在文本中相距多远可算一次共现），传统的做法是设定一个节点词和窗口跨距（如 ±5，即节点词前面 5 个词和后面 5 个词），位于此窗口跨距中的各个单词与节点词构成共现关系（雷蕾等，2017）。但窗口跨距到底设置为多少比较合理似乎具有一定的主观性和语言特异性。譬如，以往研究经验表明，针对普通英语文本时，窗口跨距设置为 ±4 或 ±5 较为合适（卫乃兴，2002），而考察日语文本时则只能把窗口跨距设置为 ±4（王华伟 等，2012）。有鉴于此，管新潮（2021）尝试不再设置固定窗口跨距，而是只要两个单词在同一个句子中一起出现就当作一次共现。此外，雷蕾等（2017）还提出了一种基于句法分析的共现关系确定方法，主张两个单词之间必须具有依存关系等明确的句法关系才能算为共现。所谓依存关系，

---

① 详情参考：孙清兰，1992.高频词与低频词的界分及词频估算法［J］.中国图书馆学报，18（2）：78−81.
② 二八定律（也叫帕累托定律或巴莱多定律）是 19 世纪末 20 世纪初由意大利经济学家帕累托发现的法则，认为在任何一组东西当中，最重要的起决定性作用的往往只占约20%，其余的80%尽管是大多数，但却是次要的、非决定性的（贾聪聪，2014）。

指同一句子中两个单词之间的句法关系，通常其中一词为从属词，另一词为支配词，前者依存于后者（钟勇，2023）。譬如，在句子「彼はいい本を書く」当中，「彼」（从属词）与「書く」（支配词）之间存在一种名词主语与动词谓语的依存关系（记为 nsubj），「いい」（从属词）与「本」（支配词）之间存在一种形容词作修饰语的依存关系（记为 acl），「本」（从属词）与「書く」（支配词）之间则存在一种名词宾语与动词谓语的依存关系（记为 obj）。总体说来，传统的基于节点词和窗口跨距的共现算法相对较为主观和随意，基于句子单位的共现算法客观性稍强，而基于句法关系的共现算法最为客观和严谨。

为了较为全面地展示构建日语词共现网络的传统方法和新方法，从下一小节开始，我们依次介绍三个编程案例：(1) 基于前 N 位选取法和窗口跨距的词共现网络分析编程实现；(2) 基于高低频词界定公式选取法和句子单位的词共现网络分析编程实现；(3) 基于二八定律选取法和依存关系的词共现网络分析编程实现①。开始编程前，需事先下载好 UniDic 词典（即 unidic-cwj-3.1.1）和日语停用词表（即 stopwords-ja.txt），安装好 MeCab 软件及 mecab、nltk、matplotlib、networkx、python-louvain、unidic2ud、fugashi 等第三方库。其中，前面尚未介绍过的 networkx 是一个专门用于创建、操作和研究复杂网络的库。python-louvain 是一个用于在网络中进行社区检测（即将网络中的节点进行分组）的库。需特别注意的是，在代码中调用该库时，库名要变为 "community"，即需使用 "import community" 等代码形式进行导入。然后，unidic2ud 主要用于近、现代日语的分词（形态分析）、词性标注、词形还原和依存关系分析，fugashi 则与 mecab 库类似，用来调用安装好的 MeCab 软件。程序运行时，fugashi 库会被 unidic2ud 库间接调用。需加以注意的是，unidic2ud 库只能在联网状态下使用。

4.2 基于前 N 位选取法和窗口跨距的词共现网络分析编程实现

4.2.1 所用语料与编程步骤

所用语料为前面使用过的包含 10 个 txt 纯文本文件的微型语料库，其绝对路径

---

① 不同的高频词选取方法和共现算法可以自由组合。

为"C:\Users\Lenovo\Desktop\语料库数据"。然后,编程时的主要步骤如下:

第一步:读取日语停用词表,并将其转化为词汇素列表;

第二步:读取语料库中的日语语料,并构建句子列表和关键词列表;

第三步:基于关键词列表构建前30高频词字典;

第四步:基于高频词字典和句子列表创建高频词共现矩阵;

第五步:基于高频词共现矩阵生成词共现网络。

4.2.2 分步代码

【第一步:读取日语停用词表,并将其转化为词汇素列表】

该步与"2.2 词云图绘制编程实现"的第四步代码基本一致。但需在代码最前面先导入 MeCab 库(代码:import MeCab)和 re 库(代码:import re)备用,并使用 UniDic 词典设置一个分词器(代码:tokenizer = MeCab.Tagger(r"-d C:\Users\Lenovo\Desktop\unidic-cwj-3.1.1"))。此外,还需在代码最后将由词汇素构成的日语停用词集合进一步转化为日语停用词列表 stopwordslist(代码:stopwordslist = list(stopwordsset))。该步其他内容不再赘述。

【第二步:读取语料库中的日语语料,并构建句子列表和关键词列表】

在第一步当中,我们通过21行代码获得了一个日语停用词列表(即 stopwordslist),接下来需读取语料库中的日语语料,并构建用于后续处理的句子列表和关键词列表。具体代码如下:

```
22   import os
23   dirpath = r'C:\Users\Lenovo\Desktop\语料库数据'
24   filenameslist = os.listdir(dirpath)
25   sentencelist = []
26   keywords_sum = []
27   for file in filenameslist:
28       filepath = os.path.join(dirpath, file)
29       with open(filepath, 'r', encoding='utf-8') as f:
30           textdata = f.read()
31       sentences = re.split('[。?!.\n]', textdata)
32       for sentence in sentences:
```

```
33          words = tokenizer.parse(sentence)
34          words = words.strip()
35          words = re.split('\n', words)
36          words = words[0:-1]
37          tokenslist = []
38          for word in words:
39              item = re.split('[\t,]', word)
40              tokenslist.append(item)
41          wordslist = []
42          keywordslist = []
43          for l in tokenslist:
44              if len(l) >= 9:
45                  lemma = re.sub('-.*', '', l[8])
46                  wordslist.append(lemma)
47                  if l[1] in ['名詞', '動詞', '形容詞', '形状詞'] and lemma not in stopwordslist:
48                      keywordslist.append(lemma)
49          if wordslist != []:
50              sentencelist.append(wordslist)
51          if keywordslist != []:
52              keywords_sum = keywords_sum + keywordslist
53  print(sentencelist)
54  print(keywords_sum)
```

代码逐行解析：

第 22 行代码使用"import 库"的代码形式把标准库 os 导入当前 PyCharm 项目中备用。

第 23 行代码把需要处理的目标语料库的绝对路径(r'C:\Users\Lenovo\Desktop\语料库数据')赋值给变量 dirpath。

第 24 行代码调用 os 库中的 listdir( ) 函数获取 dirpath 路径(作为参数值)所指文件夹(即目标语料库)中的全部文件名称,并将其组合成一个列表赋值给变量 filenameslist。

第 25 行代码构建了一个不含任何元素的空列表,并将其赋值给变量 sentencelist。

第 26 行代码构建了另一个不含任何元素的空列表,并将其赋值给变量 keywords_sum。

第 27～52 行代码组成一个包含多个 for 循环语句的相对独立的代码块。具体说来，第 27 行代码是一个 for 循环语句，依次读取 filenameslist 列表中的各个元素（即文件名称），每读取一个元素后立即将其赋值给变量 file，并自动运行一次有缩进的第 28～52 行代码。第 28 行代码调用 os 库中 path 工具的 join( ) 函数将 dirpath 中的路径和当前 file 中的文件名称连接成一个完整的路径（即当前 file 的绝对路径），并把它赋值给变量 filepath。第 29～30 行代码组成一个相对独立的代码块，实现打开目标文件并读取其中内容的功能。具体说来，第 29 行代码使用 with open( ) 函数打开 filepath 路径（作为第 1 个参数值）指向的目标文件，并将其命名为变量 f。with open( ) 中的第 2 个参数值 'r' 指定了目标文件的打开模式为"只读模式"，第 3 个参数值 'utf-8' 指定了目标文件的编码方式为 utf-8。第 30 行代码对当前的 f 对象调用 read( ) 方法读取其具体内容，并组合成一个字符串赋值给变量 textdata。第 31 行代码调用 re 库中的 split( ) 函数，以日语句号、日语问号、日语感叹号、半角英文句号和换行符为分隔符，把当前 textdata 中的字符串分隔成一个一个的句子，并将由这些句子元素组成的列表赋值给变量 sentences。第 32 行代码是一个 for 循环语句，依次读取 sentences 列表中的各个元素（即句子），每读取一个元素后立即将其赋值给变量 sentence，并自动运行一次有缩进的第 33～52 行代码。第 33 行代码通过调用 tokenizer 对象的 parse( ) 方法对当前 sentence 中的字符串进行分词处理，并把分词结果赋值给变量 words。第 34 行代码对 words 对象调用 strip( ) 方法移除其储存的字符串头尾两端的空格，并将处理结果重新赋值给变量 words。第 35 行代码从 re 库中调用 split( ) 函数，以换行符为分隔符把 words 中的字符串分隔成多个元素，并将这些元素组成一个列表重新赋值给变量 words。第 36 行代码把 words 列表中的第 1 个元素到倒数第 2 个元素切片出来构成一个新列表，并将其重新赋值给变量 words，以此删除位于列表最后的 "EOS" 元素。第 37 行代码构建了一个空列表，并将其赋值给变量 tokenslist。第 38～40 行代码组成一个相对独立的代码块，将 words 列表中的每个元素进一步分隔成列表，并依次把这些列表作为最后一个元素添加到 tokenslist 列表当中。具体说来，第 38 行代码是一个 for 循环语句，该语句依次读取 words 列表中的各个元素，每读取一个元素后立即将其赋值给变量 word，并自动运行一次有缩进的第 39～40 行代码。第 39 行代码调用 re 库中的 split( ) 函数,以制表符和英文逗号为分隔符把当前 word 中的字符串分隔成多个元素,并将由这些元素组成的列表赋值给变量 item。第 40 行代码对事先构建好的 tokenslist 列表对象调用 append( ) 方法,将 item 列表作为最后一个元素添加到 tokenslist 列表当中。第 41 行代码构建了一个空列表,并把它赋值给变量 wordslist。第 42 行代码构建了另一个空列表,并把它赋值给变量 keywordslist。第 43～48 行代码又是一个包含 for 循环语句的相对独立的代码块。其中,第 43 行代码依次读取 tokenslist 列表中的各个元素,每读取一个元素后立即将其赋值给变量 l,并自动运行一次有缩进的第 44～48 行代码。第 44 行代码设置了一个 if 条件:len(l) > = 9。若满足该条件,则说明当前 l 列表的长度大于或等于 9,此时会自动运行一次有缩进的第 45～48 行代码。第 45 行代码从 re 库中调用 sub( ) 函数,把 l[8] 词汇素中由小横杠加任意字符组成的字符串删除后返回剩余的词汇素,并将其赋值给变量 lemma。第 46 行代码对事先构建好的 wordslist 列表对象调用 append( ) 方法,将 lemma 中的词汇素作为最后一个元素添加到 wordslist 当中。第 47 行代码设置了两个用 and 连接起来的 if 条件:(1) l[1] in ['名詞' , '動詞' , '形容詞' , '形状詞'];(2) lemma not in stopwordslist。若同时满足这两个条件,则说明当前 lemma 中的词汇素是具有较多实际意义的名词、动词、形容词或形容动词(即关键词),且不属于日语停用词,此时会自动运行一次有缩进的第 48 行代码。该行代码对事先构建好的 keywordslist 列表对象调用 append( ) 方法,将 lemma 中的词汇素作为最后一个元素添加到 keywordslist 当中。若不能同时满足第 47 行代码中的两个条件,则不运行第 48 行代码。同理,若不能满足第 44 行代码中的条件,则不运行第 45～48 行代码。这样一来,当第 43 行代码中的 for 循环语句运行结束之后,wordslist 列表就以元素的形式包含了当前 sentence 中所有单词的词汇素及各种符号,而 keywordslist 列表就以元素的形式包含了当前 sentence 中所有关键词的词汇素。然后,第 49 行代码是一个 if 条件,意思为 wordslist 列表不为空。若满足该条件,则自动运行一次有缩进的第 50 行代码,即对事先构建好的 sentencelist 列表对象调用 append( ) 方法,将 wordslist 列表作为最后一个元素添加到 sentencelist 当中。同理,第 51～52 行代码的作用是,将 keywordslist 列表中的所有元素合并到事先构建好的 keywords_sum 列表当中。最终,当第 27 行代码中的 for

循环语句运行结束之后,sentencelist 列表中就以嵌套列表(即以列表为元素)的形式储存了语料库各个日语文本中的所有日语句子(包括句子中使用的符号),而 keywords_sum 列表中则以元素的形式储存了语料库各个日语文本中的所有关键词。

第 53 行代码通过 print( )函数把 sentencelist 嵌套列表打印出来查看(见图 4-2)。

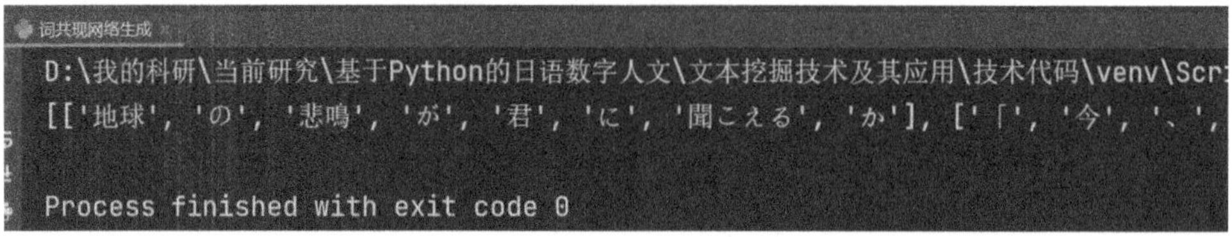

> 词共现网络生成
> D:\我的科研\当前研究\基于Python的日语数字人文\文本挖掘技术及其应用\技术代码\venv\Scr
> [['地球', 'の', '悲鸣', 'が', '君', 'に', '聞こえる', 'か'], ['「', '今', '、'
> Process finished with exit code 0

图 4-2　sentencelist 列表中的部分元素

第 54 行代码通过 print( )函数把 keywords_sum 列表打印出来查看(见图 4-3)。

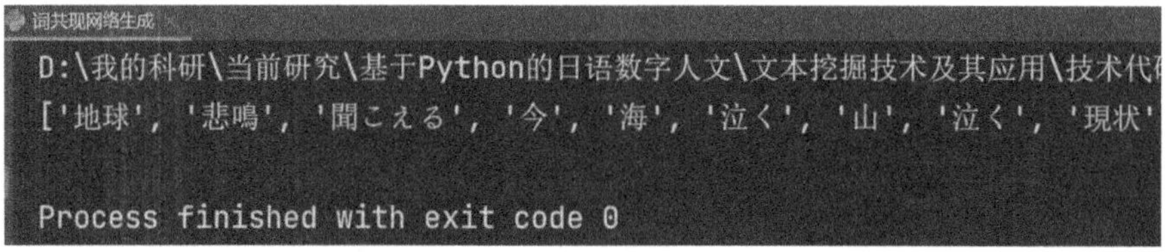

> 词共现网络生成
> D:\我的科研\当前研究\基于Python的日语数字人文\文本挖掘技术及其应用\技术代码
> ['地球', '悲鸣', '聞こえる', '今', '海', '泣く', '山', '泣く', '現状'
> Process finished with exit code 0

图 4-3　keywords_sum 列表中的部分元素

【第三步:基于关键词列表构建前 30 高频词字典】

在第二步当中,我们获得了一个包含语料库中所有关键词的列表(即 keywords_sum),接下来就可以基于该列表来提取出语料库中排前 30 的高频词组成一个高频词字典,具体代码如下:

```
55  from nltk import FreqDist
56  wordfreqdic = FreqDist(keywords_sum)
57  hfw_list = wordfreqdic.most_common(30)
58  print(hfw_list)
59  hfw_dic = dict(hfw_list)
60  print(hfw_dic)
```

代码逐行解析:

第 55 行代码使用"from 库 import 函数"的代码形式把第三方库 nltk 中的 FreqDist( )函数导入当前 PyCharm 项目中备用。

第 56 行代码调用 FreqDist( )函数统计 keywords_sum 列表中不同关键词的频次信息,并将各关键词(作为键)及其对应频次(作为值)按照频次的降序排列后组成一个可用 for 循环语句读取的字典赋值给变量 wordfreqdic。

第 57 行代码对 wordfreqdic 字典对象调用 most_common( )方法,依次提取出字典中频次排前 30(作为参数值)的键值对分别组成 30 个元组(键中的关键词为元组第 1 个元素,值中的对应频次为元组第 2 个元素),并以这些元组为元素合成一个列表赋值给变量 hfw_list。

第 58 行代码通过 print( )函数把 hfw_list 列表打印出来查看(见图 4-4)。

图 4-4　hfw_list 列表中的部分元素

第 59 行代码调用 dict( )函数将 hfw_list 列表(作为参数值)强制转化为一个以关键词为键,以对应频次为值的字典,并将其赋值给变量 hfw_dic。

第 60 行代码通过 print( )函数把 hfw_dic 字典打印出来查看(见图 4-5)。

图 4-5　hfw_dic 字典中的部分元素

【第四步:基于高频词字典和句子列表创建高频词共现矩阵】

在第三步当中,我们获得了一个包含语料库中前 30 个高频词及其频次信息的高频词字典(即 hfw_dic)。接下来就可以运用该字典和第二步当中的句子列表(即 sentencelist)来创建一个高频词共现矩阵,具体代码如下:

```
61    from collections import defaultdict
```

```
62      co_occurrence = defaultdict(int)
63      window_size = 4
64      for wl in sentencelist:
65          for i, word1 in enumerate(wl):
66              if word1 in hfw_dic:
67                  if i + 1 + window_size <= len(wl):
68                      for j in range(i + 1, i + 1 + window_size):
69                          word2 = wl[j]
70                          if word2 in hfw_dic and word1 != word2:
71                              co_words = [word1, word2]
72                              co_words.sort()
73                              co_words = tuple(co_words)
74                              co_occurrence[co_words] = co_occurrence[co_words] + 1
75                  else:
76                      for j in range(i + 1, len(wl)):
77                          word2 = wl[j]
78                          if word2 in hfw_dic and word1 != word2:
79                              co_words = [word1, word2]
80                              co_words.sort()
81                              co_words = tuple(co_words)
82                              co_occurrence[co_words] = co_occurrence[co_words] + 1
83      print(co_occurrence)
```

代码逐行解析：

第61行代码使用"from 库 import 函数"的代码形式把标准库collections中的defaultdict()函数导入当前PyCharm项目中备用。

第62行代码调用defaultdict()函数创建了一个特殊的字典，并将其赋值给变量co_occurrence。该字典与普通字典不同，可为尚未设置的键自动返回一个访问时的默认值。具体说来，defaultdict()中传递了一个参数值int(即函数int())[①]，说明该字典在访问一个尚未设置的键时会默认返回int()函数生成的值(即整数0)，而不会像普

---

① int()用于将作为参数的其他数据类型转换为整数，当参数为空时会返回整数0。

通字典一样因找不到已有的对应的键而报错①。

第63行代码将窗口跨距4赋值给变量window_size。

第64~82行代码组成一个包含多个for循环语句的相对独立的代码块。具体说来,第64行代码是一个for循环语句,依次读取sentencelist列表中的各个元素(即日语句子列表,参考图4-2),每读取一个元素后立即将其赋值给变量wl,并自动运行一次有缩进的第65~82行代码。第65行代码中使用了一个enumerate()函数,将当前的可迭代对象wl列表(作为参数值)转换成一个以每个列表元素的索引号和值为元素的可通过for循环读取的有序序列。整行代码的意思是,依次读取wl列表(即日语句子)中每个元素(即每个词汇素或符号)的索引号和值,每读取一个索引号和值后立即将其分别赋值给变量i和word1,并自动运行一次有缩进的第66~82行代码。第66行代码设置了一个if条件:word1 in hfw_dic,意思是当前word1中的词是高频词字典hfw_dic中的键(即高频词)。如果满足该条件,则自动运行一次有缩进的第67~82行代码,这些代码构成一个包含if条件语句的相对独立的代码块。其中,第67行代码设置了一个if条件:i + 1 + window_size <= len(wl),意思是当前word1的索引号加上1和窗口跨距4之后小于或等于wl列表的长度,即当前word1元素后面至少还有4个元素可以和word1构成共现关系。如果满足该条件,则自动运行一次有缩进的第68~74行代码(构成一个包含for循环语句的相对独立的代码块)。第68行代码是一个for循环语句,其中使用了一个range()函数(参数值为"i + 1, i + 1 + window_size"),可生成word1(索引号为i)后面4个元素(词汇素或符号)的索引号(即i + 1、i + 2、i + 3、i + 4)。第68行代码的整体意思是,依次读取word1后面与其构成共现关系的4个元素的索引号,每读取一个索引号后立即将其赋值给变量j,并自动运行一次有缩进的第69~74行代码。其中,第69行代码提取当前j中索引号所对应的与word1形成共现关系的元素(词汇素或符号),并将其赋值给变量word2。第70行代码设置了两个用and连接起来的if条件:(1) word2 in hfw_dic;(2) word1 != word2,意思是当前word2中的词是高频词字典hfw_dic中的键(即高频词),且当

---

① 由defaultdict()函数生成的特殊字典常用于需对字典中的每个键维护一个计数或累计值的场景。例如,在处理文本数据时,可以使用这种字典来统计每个单词的出现次数。

前 word1 和 word2 中的词不是同一个词。如果同时满足这两个条件,则自动运行一次有缩进的第 71~74 行代码。第 71 行代码把两个都属于高频词的共现词 word1 和 word2 组成一个列表赋值给变量 co_words。第 72 行代码对 co_words 列表对象调用 sort() 方法,直接对该列表中的元素进行原地排序。通过排序处理,可以将两个共现词的不同排序(如[word1, word2]和[word2, word1])统一为一种顺序来进行共现次数的统计。第 73 行代码调用 tuple() 函数将排序后的 co_words 列表(作为参数值)转化为元组,并将其重新赋值给变量 co_words。第 74 行代码将 co_occurrence 字典中 co_words 键(当前高频词共现词对)对应的值(共现次数)加 1 后重新赋值给 co_words 键的值,即将当前高频词共现词对的共现次数增加一次①。若不能满足第 67 行代码中的 if 条件,则直接跳转到第 75 行代码,并自动运行一次有缩进的第 76~82 行代码(构成一个包含 for 循环语句的相对独立的代码块)。第 76~82 行代码与第 68~74 行代码十分类似,不再赘述。这样一来,当第 64 行代码中的 for 循环语句运行结束之后,就完成了所有日语句子中窗口跨距 4 以内的高频词共现词对的统计,并将我们需要的高频词共现矩阵储存在 co_occurrence 字典当中。

第 83 行代码通过 print() 函数把 co_occurrence 字典中的高频词共现矩阵打印出来查看(见图 4-6)。

图 4-6 co_occurrence 字典中的部分元素

【第五步:基于高频词共现矩阵生成词共现网络】

在第四步当中,我们创建了一个高频词共现矩阵字典(即 co_occurrence)。接下来就可以基于该字典来生成词共现网络,具体代码如下:

---

① 由于 co_occurrence 是一个特殊的字典,当一个高频词共现词对第一次作为该字典中的键出现时,首先会自动获得一个默认值 0,然后在此基础上增加 1 次共现次数。

```
84   import networkx as nx
85   import matplotlib.pyplot as plt
86   from community.community_louvain import best_partition
87   G = nx.Graph()
88   for co_word in co_occurrence:
89       G.add_edge(co_word[0], co_word[1], weight = co_occurrence
     [co_word])
90   edges = G.edges()
91   print(edges)
92   edge_width = []
93   for u, v in edges:
94       edge_width.append(G[u][v]['weight'])
95   nodes = G.nodes()
96   node_sizes = []
97   for node in nodes:
98       size = hfw_dic[node] * 20
99       node_sizes.append(size)
100  partition = best_partition(G)
101  print(partition)
102  node_nums = partition.values()
103  node_nums = list(node_nums)
104  cmap = plt.cm.Paired
105  pos = nx.spring_layout(G, k = 0.6, iterations = 80)
106  nx.draw(G, pos, with_labels = True, width = edge_width, node_
     size = node_sizes, font_size = 12, font_color = 'black', font_
     family = 'MS Gothic', cmap = cmap, node_color = node_nums)
107  plt.show()
```

代码逐行解析：

第 84 行代码使用"import 库 as 临时名称"的代码形式把第三方库 networkx 导入当前 PyCharm 项目中，并临时命名为 nx 以供后续使用。

第 85 行代码使用"import 库中工具 as 临时名称"的代码形式把第三方库 matplotlib 中的工具 pyplot 导入当前 PyCharm 项目中，并临时命名为 plt 以供后续使用。

第 86 行代码使用"from 库中工具 import 函数"的代码形式把第三方库 community 的工具 community_louvain 中的函数 best_partition( ) 导入当前 PyCharm 项目中备用。

第 87 行代码调用 nx 库中的函数 Graph( ) 创建一个边没有方向的无向图,并将其赋值给变量 G。

第 88~89 行代码组成一个包含 for 循环语句的相对独立的代码块。其中,第 88 行代码是一个 for 循环语句,依次读取 co_occurrence 字典中的各个键(即高频词共现词对元组,参考图 4-6),每读取一个键后立即将其赋值给变量 co_word,并自动运行一次有缩进的第 89 行代码。第 89 行代码对 G 图对象调用 add_edge( ) 方法,在当前 co_word 键中共现词对的第 1 个高频词和第 2 个高频词之间连上一条以两者共现次数为权重的边,并把该边添加到图片当中。这样一来,当第 88 行代码中的 for 循环语句运行结束之后,co_occurrence 字典中的所有高频词共现词对之间都连上了一条以两者共现次数为权重的边,且这些边都被添加到了 G 图当中。

第 90 行代码对 G 图对象调用 edges( ) 方法获取图中所有的边(构成一个列表),并将其赋值给变量 edges。

第 91 行代码通过 print( ) 函数把 edges 列表中的边打印出来查看(见图 4-7)。由图 4-7 可知,每条边都用元组的形式表示,元组中的两个元素为构成共现词对的两个高频词。

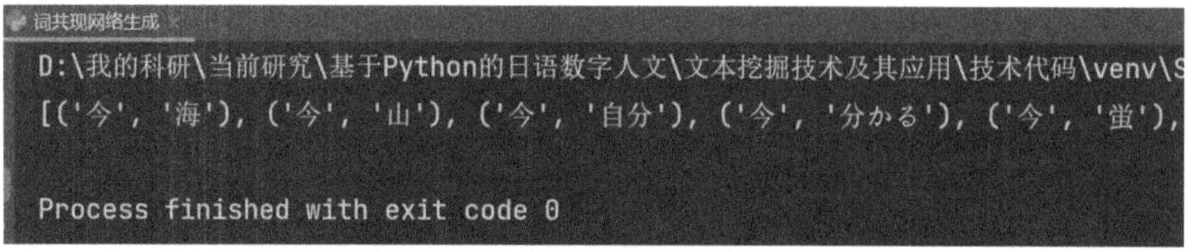

图 4-7　edges 列表中的部分元素

第 92 行代码将一个空列表赋值给变量 edge_width。

第 93~94 行代码组成一个包含 for 循环语句的相对独立的代码块。第 93 行代码是一个 for 循环语句,依次读取 edges 列表中的各个元素(即高频词共现词对元组,参考图 4-7),每读取一个元素后立即将相关元组中的第 1、2 个高频词分别赋值给变量 u 和 v,并自动运行一次有缩进的第 94 行代码。第 94 行代码首先通过代码"G[u][v]['weight']"获取当前 u 和 v 中高频词之间的边的权重(即两者共现次数),然后对事先构建好的 edge_width 列表对象调用 append( ) 方法,将该权重作为最后一个元素添加到 edge_width 当中。这样一来，当第 93 行代码中的 for 循环语句运行结束之后，edge_width 列表中就以元素的形式储存了 G 图中所有边的权重，从而可用于后续设置图中每条边的宽度。

第 95 行代码对 G 图对象调用 nodes( )方法获取所有节点中的高频词，并将其组成一个列表赋值给变量 nodes。

第 96 行代码将一个空列表赋值给变量 node_sizes。

第 97～99 行代码组成一个包含 for 循环语句的相对独立的代码块。其中，第 97 行代码是一个 for 循环语句，依次读取 nodes 列表中的各个元素（即构成节点的高频词），每读取一个元素后立即将其赋值给变量 node，并自动运行一次有缩进的第 98～99 行代码。第 98 行代码从高频词字典 hfw_dic 中提取出当前 node 中高频词的出现频次，并将其乘以 20（即放大至原来的 20 倍）之后赋值给变量 size。第 99 行代码对事先构建好的 node_sizes 列表对象调用 append( )方法，将当前 size 中的数值作为最后一个元素添加到 node_sizes 当中。这样一来，当第 97 行代码中的 for 循环语句运行结束之后，node_sizes 列表中就以元素的形式储存了所有高频词（即节点词）的乘以 20 之后的频次信息，从而可用于后续设置 G 图中每个节点的大小。

第 100 行代码调用 best_partition( )函数对 G 图（作为参数值）进行社区划分（即给所有节点分组），并得到每个节点所属组别的编号，然后将节点（作为键）及其对应编号（作为值）组成字典赋值给变量 partition。

第 101 行代码通过 print( )函数把 partition 字典中的节点及其所属组别编号打印出来查看（见图 4-8）。

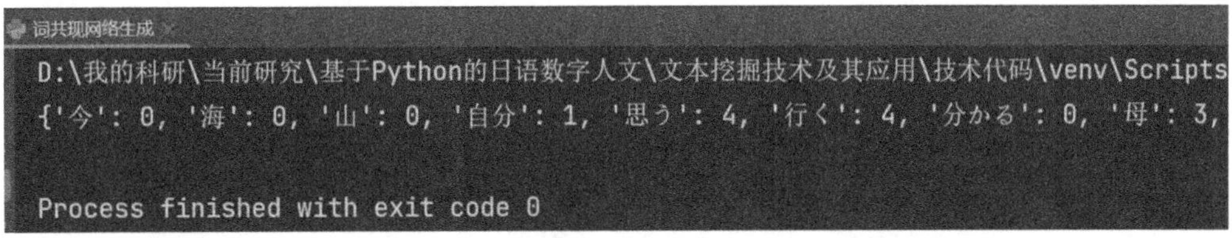

图 4-8　partition 字典中的部分元素

第 102 行代码对 partition 字典对象调用 values( )方法获取该字典中的所有值（即所有组别编号），并将其赋值给变量 node_nums。

第 103 行代码调用 list( ) 函数将 node_nums 中的值转化为列表后重新赋值给变量 node_nums。该列表用于后续按照所属组别来设置 G 图中节点的颜色,即给不同组别的节点分别着上不同的颜色。

第 104 行代码从 plt 工具中的 cm 小工具中提取出一种名为 Paired 的颜色映射方案,并将其赋值给变量 cmap。该颜色映射方案用于后续决定不同组别节点的具体颜色。

第 105 行代码调用 nx 库中的 spring_layout( ) 函数为 G 图(第 1 个参数值)中的节点确定了一个位置布局算法,并将该算法赋值给变量 pos。具体说来,spring_layout( ) 算法中共传递了 3 个参数,其中的第 2 个参数值 0.6 指定了节点间的距离(该值越大,节点距离越大)。第 3 个参数值 80 则指定了布局算法运行的次数,次数越多,算法就越有可能找到一个更加稳定的布局状态。

第 106 行代码调用 nx 库中的 draw( ) 函数绘制最终的词共现网络。draw( ) 函数中一共传递了 10 个参数,第 1 个参数值 G 指定了需要绘制的无向图内容,第 2 个参数值 pos 指定了图中节点的位置布局算法,第 3 个参数值 True 指定了需在节点中显示高频词标签,第 4 个参数值 edge_width 指定了图中每条边的宽度,第 5 个参数值 node_sizes 指定了图中每个节点的大小,第 6 个参数值 12 指定了图中高频词标签的字号大小,第 7 个参数值 'black' 指定了图中高频词标签的文字颜色,第 8 个参数值 'MS Gothic' 指定了图中高频词标签的所用字体[1],第 9 个参数值 cmap 指定了图中不同组别节点的着色方案,第 10 个参数值 node_nums 指定了图中各个节点的所属组别编号[2]。其中,第 9 和第 10 个参数值共同配合为图中不同组别的节点着上不同颜色。

第 107 行代码调用 plt 工具的 show( ) 函数展示出上面绘制的处于激活状态的词共现网络图(见图 4-9)[3]。

---

[1] font_family 参数的值必须指定,不然图中的高频词标签很可能无法正常显示。
[2] 第 10 个参数 node_color 的值也可设置为一种具体的颜色(如 'red',即红色),这样所有节点最后都是同一种颜色。
[3] 需注意的是,每次运行代码时绘制和展示出来的词共现网络图会不太一样。可通过多次运行代码的方式来找到一个最合适的词共现网络图。

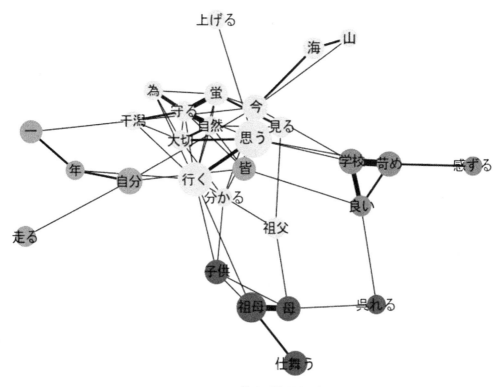

图 4-9 词共现网络图(一)

4.2.3 完整代码

入门版：

#【第一步：读取日语停用词表，并将其转化为词汇素列表】
```
1  import MeCab
2  import re
3  tokenizer = MeCab.Tagger(r"-d C:\Users\Lenovo\Desktop\unidic
   -cwj-3.1.1")
4  with open(r'C:\Users\Lenovo\Desktop\stopwords-ja.txt', 'r',
   encoding='utf-8') as sw:
5      stopwords = sw.read()
6  stopwords = tokenizer.parse(stopwords)
7  print(stopwords)
8  stopwords = stopwords.strip()
9  stopwords = re.split('\n', stopwords)
```

```python
10  stopwords = stopwords[0:-1]
11  swtokenslist = []
12  for word in stopwords:
13      word = re.split('[\t,]', word)
14      swtokenslist.append(word)
15  stopwordslist = []
16  for l in swtokenslist:
17      if len(l) >= 9:
18          lemma = re.sub('-.*', '', l[8])
19          stopwordslist.append(lemma)
20  stopwordsset = set(stopwordslist)
21  stopwordslist = list(stopwordsset)
```
#【第二步:读取语料库中的日语语料,并构建句子列表和关键词列表】
```python
22  import os
23  dirpath = r'C:\Users\Lenovo\Desktop\语料库数据'
24  filenameslist = os.listdir(dirpath)
25  sentencelist = []
26  keywords_sum = []
27  for file in filenameslist:
28      filepath = os.path.join(dirpath, file)
29      with open(filepath, 'r', encoding='utf-8') as f:
30          textdata = f.read()
31      sentences = re.split('[。?!.\n]', textdata)
32      for sentence in sentences:
33          words = tokenizer.parse(sentence)
34          words = words.strip()
35          words = re.split('\n', words)
36          words = words[0:-1]
37          tokenslist = []
38          for word in words:
39              item = re.split('[\t,]', word)
40              tokenslist.append(item)
41          wordslist = []
42          keywordslist = []
43          for l in tokenslist:
44              if len(l) >= 9:
45                  lemma = re.sub('-.*', '', l[8])
46                  wordslist.append(lemma)
47                  if l[1] in ['名詞','動詞','形容詞','形状詞'] and
```

```
                    lemma not in stopwordslist:
48                      keywordslist.append(lemma)
49              if wordslist ! = []:
50                  sentencelist.append(wordslist)
51              if keywordslist ! = []:
52                  keywords_sum = keywords_sum + keywordslist
53   print(sentencelist)
54   print(keywords_sum)
```
#【第三步：基于关键词列表构建前30高频词字典】
```
55   from nltk import FreqDist
56   wordfreqdic = FreqDist(keywords_sum)
57   hfw_list = wordfreqdic.most_common(30)
58   print(hfw_list)
59   hfw_dic = dict(hfw_list)
60   print(hfw_dic)
```
#【第四步：基于高频词字典和句子列表创建高频词共现矩阵】
```
61   from collections import defaultdict
62   co_occurrence = defaultdict(int)
63   window_size = 4
64   for wl in sentencelist:
65       for i, word1 in enumerate(wl):
66           if word1 in hfw_dic:
67               if i + 1 + window_size < = len(wl):
68                   for j in range(i + 1, i + 1 + window_size):
69                       word2 = wl[j]
70                       if word2 in hfw_dic and word1 ! = word2:
71                           co_words = [word1, word2]
72                           co_words.sort()
73                           co_words = tuple(co_words)
74                           co_occurrence[co_words] = co_occurrence[co_words] + 1
75               else:
76                   for j in range(i + 1, len(wl)):
77                       word2 = wl[j]
78                       if word2 in hfw_dic and word1 ! = word2:
79                           co_words = [word1, word2]
80                           co_words.sort()
81                           co_words = tuple(co_words)
82                           co_occurrence[co_words] = co_occurrence
```

```
      [co_words] + 1
83  print(co_occurrence)
```
#【第五步：基于高频词共现矩阵生成词共现网络】
```
84  import networkx as nx
85  import matplotlib.pyplot as plt
86  from community.community_louvain import best_partition
87  G = nx.Graph()
88  for co_word in co_occurrence:
89      G.add_edge(co_word[0], co_word[1], weight=co_occurrence
    [co_word])
90  edges = G.edges()
91  print(edges)
92  edge_width = []
93  for u, v in edges:
94      edge_width.append(G[u][v]['weight'])
95  nodes = G.nodes()
96  node_sizes = []
97  for node in nodes:
98      size = hfw_dic[node] * 20
99      node_sizes.append(size)
100 partition = best_partition(G)
101 print(partition)
102 node_nums = partition.values()
103 node_nums = list(node_nums)
104 cmap = plt.cm.Paired
105 pos = nx.spring_layout(G, k=0.6, iterations=80)
106 nx.draw(G, pos, with_labels=True, width=edge_width, node_
    size=node_sizes, font_size=12, font_color='black', font_
    family='MS Gothic', cmap=cmap, node_color=node_nums)
107 plt.show()
```

进阶版：

```
1  import MeCab
2  import re
3  import os
4  from nltk import FreqDist
5  from collections import defaultdict
6  import networkx as nx
7  import matplotlib.pyplot as plt
```

```
8   from community.community_louvain import best_partition
9   tokenizer = MeCab.Tagger(r"-d C:\Users\Lenovo\Desktop\unidic-cwj-3.1.1")
10  with open(r'C:\Users\Lenovo\Desktop\stopwords-ja.txt', 'r', encoding='utf-8') as swf:
11      stopwords = swf.read()
12  stopwords = re.split('\n', tokenizer.parse(stopwords).strip())[0:-1]
13  swtokenslist = [re.split('[\t,]', word) for word in stopwords]
14  stopwordslist = list(set([re.sub('-.*', '', l[8]) for l in swtokenslist if len(l) >= 9]))
15  filenameslist = os.listdir(r'C:\Users\Lenovo\Desktop\语料库数据')
16  sentencelist = []
17  keywords_sum = []
18  for file in filenameslist:
19      with open(os.path.join(r'C:\Users\Lenovo\Desktop\语料库数据', file), 'r', encoding='utf-8') as f:
20          textdata = f.read()
21          sentences = re.split('[。?!.\n]', textdata)
22          for sentence in sentences:
23              words = re.split('\n', tokenizer.parse(sentence).strip())[0:-1]
24              tokenslist = [re.split('[\t,]', word) for word in words]
25              wordslist = []
26              keywordslist = []
27              for l in tokenslist:
28                  if len(l) >= 9:
29                      lemma = re.sub('-.*', '', l[8])
30                      wordslist.append(lemma)
31                      if l[1] in ['名詞', '動詞', '形容詞', '形状詞'] and lemma not in stopwordslist:
32                          keywordslist.append(lemma)
33              if wordslist != []:
34                  sentencelist.append(wordslist)
35              if keywordslist != []:
36                  keywords_sum += keywordslist
37  hfw_dic = dict(FreqDist(keywords_sum).most_common(30))
```

```
38  co_occurrence = defaultdict(int)
39  for wl in sentencelist:
40      for i, word1 in enumerate(wl):
41          if word1 in hfw_dic:
42              if i + 5 < = len(wl):
43                  for j in range(i + 1, i + 5):
44                      if wl[j] in hfw_dic and word1 ! = wl[j]:
45                          co_occurrence[tuple(sorted([word1, wl[j]]))] + = 1
46              else:
47                  for j in range(i + 1, len(wl)):
48                      if wl[j] in hfw_dic and word1 ! = wl[j]:
49                          co_occurrence[tuple(sorted([word1, wl[j]]))] + = 1
50  G = nx.Graph()
51  for co_word in co_occurrence:
52      G.add_edge(co_word[0], co_word[1], weight = co_occurrence[co_word])
53  edge_width = [G[u][v]['weight'] for u, v in G.edges()]
54  node_sizes = [hfw_dic[node] * 20 for node in G.nodes()]
55  node_nums = list(best_partition(G).values())
56  pos = nx.spring_layout(G, k =0.6, iterations =80)
57  nx.draw(G, pos, with_labels = True, width = edge_width, node_size =node_sizes, font_size = 12, font_color = 'black', font_family = 'MS Gothic', cmap = plt.cm.Paired, node_color = node_nums)
58  plt.show()
```

4.3 基于高低频词界定公式选取法和句子单位的词共现网络分析编程实现

4.3.1 所用语料与编程步骤

所用语料为前面使用过的包含 10 个 txt 纯文本文件的微型语料库，其绝对路径为"C:\Users\Lenovo\Desktop\语料库数据"。然后，编程时的主要步骤如下：

第一步：读取日语停用词表，并将其转化为词汇素列表；

第二步：读取语料库中的日语语料，并构建句子列表和关键词列表；

第三步:基于关键词列表和高低频词界定公式构建高频词字典;

第四步:基于高频词字典和句子列表创建高频词共现矩阵;

第五步:基于高频词共现矩阵生成词共现网络。

4.3.2 分步代码

【第一步:读取日语停用词表,并将其转化为词汇素列表】

该步与"4.2 基于前 N 位选取法和窗口跨距的词共现网络分析编程实现"的第一步完全一致,不再赘述。

【第二步:读取语料库中的日语语料,并构建句子列表和关键词列表】

该步与"4.2 基于前 N 位选取法和窗口跨距的词共现网络分析编程实现"的第二步完全一致,不再赘述。

【第三步:基于关键词列表和高低频词界定公式构建高频词字典】

到第二步为止,我们通过 54 行代码获得了一个包含语料库中所有关键词的列表(即 keywords_sum)和一个储存了语料库各个日语文本中所有日语句子的列表(即 sentencelist),接下来就可以基于关键词列表和高低频词界定公式来构建一个高频词字典,之后再基于高频词字典和句子列表来创建高频词共现矩阵。构建高频词字典的具体代码如下:

```
55  from nltk import FreqDist
56  from math import sqrt
57  wordfreqdic = FreqDist(keywords_sum)
58  I1 = 0
59  for word in wordfreqdic:
60      if wordfreqdic[word] == 1:
61          I1 = I1 + 1
62  T = (-1 + sqrt(1 + 8 * I1)) / 2
63  hfw_dic = {}
64  for word in wordfreqdic:
65      if wordfreqdic[word] >= T:
66          hfw_dic[word] = wordfreqdic[word]
67      else:
68          break
```

```
69    print(hfw_dic)
```

代码逐行解析：

第55行代码使用"from 库 import 函数"的代码形式把第三方库 nltk 中的 FreqDist( ) 函数导入当前 PyCharm 项目中备用。

第56行代码使用"from 库 import 函数"的代码形式把标准库 math 中的 sqrt( ) 函数(用来计算某个数的平方根)导入当前 PyCharm 项目中备用。

第57行代码调用 FreqDist( ) 函数统计 keywords_sum 列表中不同关键词的频次信息,并将各关键词(作为键)及其对应频次(作为值)按照频次的降序排列后组成一个可用 for 循环语句读取的字典赋值给变量 wordfreqdic。

第58行代码将数值0赋值给变量 I1。

第59~61行代码组成一个包含 for 循环语句的相对独立的代码块。其中,第59行代码是一个 for 循环语句,依次读取 wordfreqdic 字典中的各个键(即关键词),每读取一个键后立即将其赋值给变量 word,并自动运行一次有缩进的第60~61行代码。第60行代码设置了一个 if 条件:wordfreqdic[word] == 1,即当前 word 中关键词的出现频次等于1。若满足该条件,则自动运行一次有缩进的第61行代码,即将变量 I1 的值加1后重新赋值给变量 I1。这样一来,当第59行代码中的 for 循环语句运行结束之后,I1 中就储存了频次为1的关键词的数量。

第62行代码调用 sqrt( ) 函数,根据高低频词界定公式计算高频词阈值,并将其赋值给变量 T。

第63行代码将一个空字典赋值给变量 hfw_dic。

第64~68行代码组成一个包含 for 循环语句的相对独立的代码块。其中,第64行代码是一个 for 循环语句,依次读取 wordfreqdic 字典中的各个键(即关键词),每读取一个键后立即将其赋值给变量 word,并自动运行一次有缩进的第65~68行代码。第65行代码设置了一个 if 条件:wordfreqdic[word] >= T,即当前 word 中关键词的出现频次大于或等于 T 中的高频词阈值。若满足该条件,则说明当前 word 中的关键词是一个高频词,此时自动运行一次有缩进的第66行代码。该行代码直接将以当前 word 中的关键词为键且以其对应频次为值的新键值对添加到事先构建好的 hfw_dic

字典当中。若不能满足第 65 行代码中的条件,则直接跳转到第 67 行代码,并自动运行一次有缩进的第 68 行代码。第 68 行代码通过一个 break 语句强制结束第 64 行代码中的 for 循环运行。这样一来,当第 64 行代码中的 for 循环语句运行结束之后,hfw_dic 字典中就以键值对的形式储存了所有高频词及其频次信息。

第 69 行代码通过 print( ) 函数把 hfw_dic 字典中的高频词及其频次信息打印出来查看(见图 4-10)。由图 4-10 可知,hfw_dic 字典中一共只有两个高频词,说明根据高低频词界定公式提取出的高频词数量明显偏少。

图 4-10　hfw_dic 字典中的全部元素

【第四步:基于高频词字典和句子列表创建高频词共现矩阵】

在第三步当中,我们获得了一个包含语料库中所有高频词及其频次信息的高频词字典(即 hfw_dic)。接下来就可以运用该字典和第二步当中的句子列表(即 sentencelist)来创建一个高频词共现矩阵,具体代码如下:

```
70   from collections import defaultdict
71   co_occurrence = defaultdict(int)
72   for wl in sentencelist:
73       for i, word1 in enumerate(wl):
74           if word1 in hfw_dic:
75               for j in range(i + 1, len(wl)):
76                   word2 = wl[j]
77                   if word2 in hfw_dic and word1 ! = word2:
78                       co_words = [word1, word2]
79                       co_words.sort()
80                       co_words = tuple(co_words)
81                       co_occurrence[co_words] = co_occurrence[co_words] + 1
82   print(co_occurrence)
```

代码逐行解析:

第 70 行代码使用"from 库 import 函数"的代码形式把标准库 collections 中的 defaultdict( ) 函数导入当前 PyCharm 项目中备用。

第 71 行代码调用 defaultdict( ) 函数创建了一个特殊的字典,并将其赋值给变量

co_occurrence。该字典与普通字典不同,可为尚未设置的键自动返回一个访问时的默认值。具体说来,defaultdict()中传递了一个参数值int(即函数int()),说明该字典在访问一个尚未设置的键时会默认返回int()函数生成的值(即整数0),而不会像普通字典一样因找不到已有的对应的键而报错。

第72~81行代码组成一个包含多个for循环语句的相对独立的代码块。具体说来,第72行代码是一个for循环语句,依次读取sentencelist列表中的各个元素(即日语句子列表,参考图4-2),每读取一个元素后立即将其赋值给变量wl,并自动运行一次有缩进的第73~81行代码。第73行代码中使用了一个enumerate()函数,将当前的可迭代对象wl列表(作为参数值)转换成一个以每个列表元素的索引号和值为元素的可通过for循环读取的有序序列。整行代码的意思是,依次读取wl列表(即日语句子)中每个元素(即每个词汇素或符号)的索引号和值,每读取一个索引号和值后立即将其分别赋值给变量i和word1,并自动运行一次有缩进的第74~81行代码。第74行代码设置了一个if条件:word1 in hfw_dic,意思是当前word1中的词是高频词字典hfw_dic中的键(即高频词)。如果满足该条件,则自动运行一次有缩进的第75~81行代码。第75行代码是一个for循环语句,其中使用了一个range()函数(参数值为"i + 1, len(wl)"),可生成word1(索引号为i)后面一个元素(词汇素或符号)至当前wl列表最后一个元素的索引号(即i + 1、……、len(wl) – 1)。第75行代码的整体意思是,依次读取word1后面与其构成共现关系的所有元素的索引号,每读取一个索引号后立即将其赋值给变量j,并自动运行一次有缩进的第76~81行代码。其中,第76行代码提取当前j中索引号所对应的与word1形成共现关系的元素(词汇素或符号),并将其赋值给变量word2。第77行代码设置了两个用and连接起来的if条件:(1) word2 in hfw_dic;(2) word1 ! = word2,意思是当前word2中的词是高频词字典hfw_dic中的键(即高频词),且当前word1和word2中的词不是同一个词。如果同时满足这两个条件,则自动运行一次有缩进的第78~81行代码。第78行代码把两个都属于高频词的共现词word1和word2组成一个列表赋值给变量co_words。第79行代码对co_words列表对象调用sort()方法,直接对该列表中的元素进行原地排序。通过排序处理,可以将两个共现词的不同排序(如[word1,word2]和[word2, word1])统一为一种顺序来进行共现次数的统计。第 80 行代码调用 tuple( ) 函数将排序后的 co_words 列表(作为参数值)转化为元组,并将其重新赋值给变量 co_words。第 81 行代码将 co_occurrence 字典中 co_words 键(当前高频词共现词对)对应的值(共现次数)加 1 后重新赋值给 co_words 键的值,即将当前高频词共现词对的共现次数增加一次。这样一来,当第 72 行代码中的 for 循环语句运行结束之后,就完成了所有日语句子在句子单位内的高频词共现词对统计,并将我们需要的高频词共现矩阵储存在 co_occurrence 字典当中。

第 82 行代码通过 print( ) 函数把 co_occurrence 字典中的高频词共现矩阵打印出来查看(见图 4-11)。由图 4-11 可知,字典中实际上只有 1 个元素。

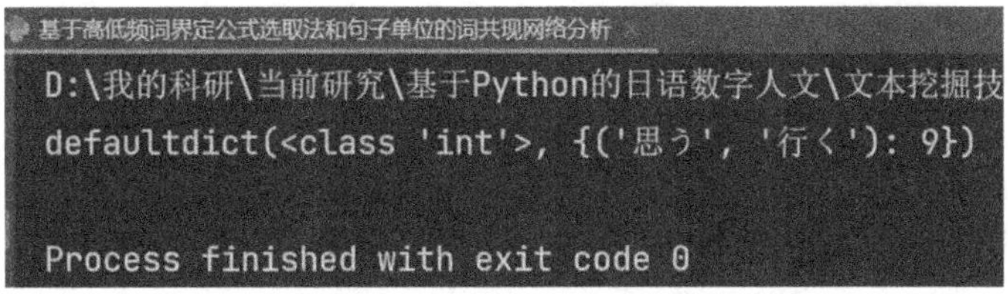

图 4-11　co_occurrence 字典中的全部元素

【第五步:基于高频词共现矩阵生成词共现网络】

该步与"4.2　基于前 N 位选取法和窗口跨距的词共现网络分析编程实现"的第五步完全一致,不再赘述。最终生成的词共现网络如图 4-12 所示。

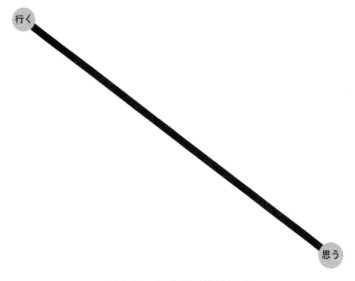

图 4-12　词共现网络图(二)

4.3.3 完整代码

入门版：

#【第一步：读取日语停用词表，并将其转化为词汇素列表】
```
1   import MeCab
2   import re
3   tokenizer = MeCab.Tagger(r"-d C:\Users\Lenovo\Desktop\unidic
    -cwj-3.1.1")
4   with open(r'C:\Users\Lenovo\Desktop\stopwords-ja.txt', 'r',
    encoding='utf-8') as sw:
5       stopwords = sw.read()
6   stopwords = tokenizer.parse(stopwords)
7   print(stopwords)
8   stopwords = stopwords.strip()
9   stopwords = re.split('\n', stopwords)
10  stopwords = stopwords[0:-1]
11  swtokenslist = []
12  for word in stopwords:
13      word = re.split('[\t,]', word)
14      swtokenslist.append(word)
15  stopwordslist = []
16  for l in swtokenslist:
17      if len(l) >= 9:
18          lemma = re.sub('-.*', '', l[8])
19          stopwordslist.append(lemma)
20  stopwordsset = set(stopwordslist)
21  stopwordslist = list(stopwordsset)
```
#【第二步：读取语料库中的日语语料，并构建句子列表和关键词列表】
```
22  import os
23  dirpath = r'C:\Users\Lenovo\Desktop\语料库数据'
24  filenameslist = os.listdir(dirpath)
25  sentencelist = []
26  keywords_sum = []
27  for file in filenameslist:
28      filepath = os.path.join(dirpath, file)
29      with open(filepath, 'r', encoding='utf-8') as f:
30          textdata = f.read()
31          sentences = re.split('[。?!.\n]', textdata)
```

```
32      for sentence in sentences:
33          words = tokenizer.parse(sentence)
34          words = words.strip()
35          words = re.split('\n', words)
36          words = words[0:-1]
37          tokenslist = []
38          for word in words:
39              item = re.split('[\t,]', word)
40              tokenslist.append(item)
41          wordslist = []
42          keywordslist = []
43          for l in tokenslist:
44              if len(l) >= 9:
45                  lemma = re.sub('-.*', '', l[8])
46                  wordslist.append(lemma)
47                  if l[1] in ['名詞', '動詞', '形容詞', '形状詞'] and lemma not in stopwordslist:
48                      keywordslist.append(lemma)
49          if wordslist != []:
50              sentencelist.append(wordslist)
51          if keywordslist != []:
52              keywords_sum = keywords_sum + keywordslist
53  print(sentencelist)
54  print(keywords_sum)
```

#【第三步:基于关键词列表和高低频词界定公式构建高频词字典】

```
55  from nltk import FreqDist
56  from math import sqrt
57  wordfreqdic = FreqDist(keywords_sum)
58  I1 = 0
59  for word in wordfreqdic:
60      if wordfreqdic[word] == 1:
61          I1 = I1 + 1
62  T = (-1 + sqrt(1 + 8 * I1)) / 2
63  hfw_dic = {}
64  for word in wordfreqdic:
65      if wordfreqdic[word] >= T:
66          hfw_dic[word] = wordfreqdic[word]
67      else:
68          break
```

```
69  print(hfw_dic)
```
#【第四步:基于高频词字典和句子列表创建高频词共现矩阵】
```
70  from collections import defaultdict
71  co_occurrence = defaultdict(int)
72  for wl in sentencelist:
73      for i, word1 in enumerate(wl):
74          if word1 in hfw_dic:
75              for j in range(i + 1, len(wl)):
76                  word2 = wl[j]
77                  if word2 in hfw_dic and word1 ! = word2:
78                      co_words = [word1, word2]
79                      co_words.sort()
80                      co_words = tuple(co_words)
81                      co_occurrence[co_words] = co_occurrence[co_words] + 1
82  print(co_occurrence)
```
#【第五步:基于高频词共现矩阵生成词共现网络】
```
83  import networkx as nx
84  import matplotlib.pyplot as plt
85  from community.community_louvain import best_partition
86  G = nx.Graph()
87  for co_word in co_occurrence:
88      G.add_edge(co_word[0], co_word[1], weight = co_occurrence[co_word])
89  edges = G.edges()
90  print(edges)
91  edge_width = []
92  for u, v in edges:
93      edge_width.append(G[u][v]['weight'])
94  nodes = G.nodes()
95  node_sizes = []
96  for node in nodes:
97      size = hfw_dic[node] * 20
98      node_sizes.append(size)
99  partition = best_partition(G)
100 print(partition)
101 node_nums = partition.values()
102 node_nums = list(node_nums)
103 cmap = plt.cm.Paired
```

```
104  pos = nx.spring_layout(G, k=0.6, iterations=80)
105  nx.draw(G, pos, with_labels=True, width=edge_width, node_
     size=node_sizes, font_size=12, font_color='black', font_
     family='MS Gothic', cmap=cmap, node_color=node_nums)
106  plt.show()
```

进阶版：

```
1   import MeCab
2   import re
3   import os
4   from nltk import FreqDist
5   from collections import defaultdict
6   from math import sqrt
7   import networkx as nx
8   import matplotlib.pyplot as plt
9   from community.community_louvain import best_partition
10  tokenizer = MeCab.Tagger(r"-d C:\Users\Lenovo\Desktop\unidic
    -cwj-3.1.1")
11  with open(r'C:\Users\Lenovo\Desktop\stopwords-ja.txt', 'r',
    encoding='utf-8') as swf:
12      stopwords = swf.read()
13  stopwords = re.split('\n', tokenizer.parse(stopwords).strip
    ())[0:-1]
14  swtokenslist = [re.split('[\t,]', word) for word in stopwords]
15  stopwordslist = list(set([re.sub('-.*', '', l[8]) for l in
    swtokenslist if len(l) >= 9]))
16  filenameslist = os.listdir(r'C:\Users\Lenovo\Desktop\语料库数
    据')
17  sentencelist = []
18  keywords_sum = []
19  for file in filenameslist:
20      with open(os.path.join(r'C:\Users\Lenovo\Desktop\语料库数
        据', file), 'r', encoding='utf-8') as f:
21          textdata = f.read()
22      sentences = re.split('[。?!.\n]', textdata)
23      for sentence in sentences:
24          words = re.split('\n', tokenizer.parse(sentence).
            strip())[0:-1]
25          tokenslist = [re.split('[\t,]', word) for word in
```

```
words]
26          wordslist = []
27          keywordslist = []
28          for l in tokenslist:
29              if len(l) >= 9:
30                  lemma = re.sub('-.*', '', l[8])
31                  wordslist.append(lemma)
32                  if l[1] in ['名詞', '動詞', '形容詞', '形状詞'] and lemma not in stopwordslist:
33                      keywordslist.append(lemma)
34          if wordslist != []:
35              sentencelist.append(wordslist)
36          if keywordslist != []:
37              keywords_sum += keywordslist
38   wordfreqdic = FreqDist(keywords_sum)
39   I1 = 0
40   for word in wordfreqdic:
41       if wordfreqdic[word] == 1:
42           I1 += 1
43   T = (-1 + sqrt(1 + 8 * I1)) / 2
44   hfw_dic = {}
45   for word in wordfreqdic:
46       if wordfreqdic[word] >= T:
47           hfw_dic[word] = wordfreqdic[word]
48       else:
49           break
50   co_occurrence = defaultdict(int)
51   for wl in sentencelist:
52       for i, word1 in enumerate(wl):
53           if word1 in hfw_dic:
54               for j in range(i + 1, len(wl)):
55                   if wl[j] in hfw_dic and word1 != wl[j]:
56                       co_occurrence[tuple(sorted([word1, wl[j]]))] += 1
57   G = nx.Graph()
58   for co_word in co_occurrence:
59       G.add_edge(co_word[0], co_word[1], weight=co_occurrence[co_word])
60   edge_width = [G[u][v]['weight'] for u, v in G.edges()]
```

```
61    node_sizes = [hfw_dic[node] * 20 for node in G.nodes()]
62    node_nums = list(best_partition(G).values())
63    pos = nx.spring_layout(G, k=0.6, iterations=80)
64    nx.draw(G, pos, with_labels=True, width=edge_width, node_
      size=node_sizes, font_size=12, font_color='black', font_
      family='MS Gothic', cmap=plt.cm.Paired, node_color=node_
      nums)
65    plt.show()
```

4.4 基于二八定律选取法和依存关系的词共现网络分析编程实现

4.4.1 所用语料与编程步骤

所用语料为前面使用过的包含10个txt纯文本文件的微型语料库,其绝对路径为"C:\Users\Lenovo\Desktop\语料库数据"。然后,编程时的主要步骤如下:

第一步:读取日语停用词表,并将其转化为词汇素列表;

第二步:读取语料库中的日语语料,并构建句子列表和关键词列表;

第三步:基于关键词列表和二八定律构建高频词字典;

第四步:基于高频词字典、句子列表和依存关系创建高频词共现矩阵;

第五步:基于高频词共现矩阵生成词共现网络。

4.4.2 分步代码

【第一步:读取日语停用词表,并将其转化为词汇素列表】

该步与"4.2 基于前 N 位选取法和窗口跨距的词共现网络分析编程实现"的第一步完全一致,不再赘述。

【第二步:读取语料库中的日语语料,并构建句子列表和关键词列表】

在第一步当中,我们通过21行代码获得了一个日语停用词列表(即stopwordslist),接下来需读取语料库中的日语语料,并构建用于后续处理的句子列表和关键词列表。具体代码如下:

```
22    import os
```

```
23  dirpath = r'C:\Users\Lenovo\Desktop\语料库数据'
24  filenameslist = os.listdir(dirpath)
25  sentencelist = []
26  keywords_sum = []
27  for file in filenameslist:
28      filepath = os.path.join(dirpath, file)
29      with open(filepath, 'r', encoding='utf-8') as f:
30          textdata = f.read()
31      sentences = re.split('[。?!.\n]', textdata)
32      sentencelist = sentencelist + sentences
33      for sentence in sentences:
34          words = tokenizer.parse(sentence)
35          words = words.strip()
36          words = re.split('\n', words)
37          words = words[0:-1]
38          tokenslist = []
39          for word in words:
40              item = re.split('[\t,]', word)
41              tokenslist.append(item)
42          keywordslist = []
43          for l in tokenslist:
44              if len(l) >= 9:
45                  lemma = re.sub('-.*', '', l[8])
46                  if l[1] in ['名詞','動詞','形容詞','形状詞'] and lemma not in stopwordslist:
47                      keywordslist.append(lemma)
48          if keywordslist != []:
49              keywords_sum = keywords_sum + keywordslist
50  print(sentencelist)
51  print(keywords_sum)
```

代码逐行解析：

第22行代码使用"import 库"的代码形式把标准库 os 导入当前 PyCharm 项目中备用。

第23行代码把需要处理的目标语料库的绝对路径(r'C:\Users\Lenovo\Desktop\语料库数据')赋值给变量 dirpath。

第24行代码调用 os 库中的 listdir() 函数获取 dirpath 路径(作为参数值)所指文

件夹(即目标语料库)中的全部文件名称,并将其组合成一个列表赋值给变量filenameslist。

第25行代码构建了一个不含任何元素的空列表,并将其赋值给变量sentencelist。

第26行代码构建了另一个不含任何元素的空列表,并将其赋值给变量keywords_sum。

第27~49行代码组成一个包含多个for循环语句的相对独立的代码块。具体说来,第27行代码是一个for循环语句,依次读取filenameslist列表中的各个元素(即文件名称),每读取一个元素后立即将其赋值给变量file,并自动运行一次有缩进的第28~49行代码。第28行代码调用os库中path工具的join()函数将dirpath中的路径和当前file中的文件名称连接成一个完整的路径(即当前file的绝对路径),并把它赋值给变量filepath。第29~30行代码组成一个相对独立的代码块,实现打开目标文件并读取其中内容的功能。具体说来,第29行代码使用with open()函数打开filepath路径(作为第1个参数值)指向的目标文件,并将其命名为变量f。with open()中的第2个参数值'r'指定了目标文件的打开模式为"只读模式",第3个参数值'utf-8'指定了目标文件的编码方式为utf-8。第30行代码对当前的f对象调用read()方法读取其具体内容,并组合成一个字符串赋值给变量textdata。第31行代码调用re库中的split()函数,以日语句号、日语问号、日语感叹号、半角英文句号和换行符为分隔符,把当前textdata中的字符串分隔成一个一个的句子,并将由这些句子元素组成的列表赋值给变量sentences。第32行代码将sentences列表中的所有元素(即句子)合并到事先构建好的sentencelist列表当中,并将其重新赋值给变量sentencelist,即sentencelist列表中的元素进行了更新。第33行代码是一个for循环语句,依次读取sentences列表中的各个元素(即句子),每读取一个元素后立即将其赋值给变量sentence,并自动运行一次有缩进的第34~49行代码。第34行代码通过调用tokenizer对象的parse()方法对当前sentence中的字符串进行分词处理,并把分词结果赋值给变量words。第35行代码对words对象调用strip()方法移除其储存的字符串头尾两端的空格,并将处理结果重新赋值给变量words。第36行代码从re库中调用split()函数,以换行符为分隔符把words中的字符串分隔成多个元素,并将这些元素组成一个列表重新赋值给变量 words。第 37 行代码把 words 列表中的第 1 个元素到倒数第 2 个元素切片出来构成一个新列表,并将其重新赋值给变量 words,以此删除位于列表最后的"EOS"元素。第 38 行代码构建了一个空列表,并将其赋值给变量 tokenslist。第 39~41 行代码组成一个相对独立的代码块,将 words 列表中的每个元素进一步分隔成列表,并依次把这些列表作为最后一个元素添加到 tokenslist 列表当中。具体说来,第 39 行代码是一个 for 循环语句,该语句依次读取 words 列表中的各个元素,每读取一个元素后立即将其赋值给变量 word,并自动运行一次有缩进的第 40~41 行代码。第 40 行代码调用 re 库中的 split() 函数,以制表符和英文逗号为分隔符把当前 word 中的字符串分隔成多个元素,并将由这些元素组成的列表赋值给变量 item。第 41 行代码对事先构建好的 tokenslist 列表对象调用 append() 方法,将 item 列表作为最后一个元素添加到 tokenslist 列表当中。第 42 行代码构建了一个空列表,并把它赋值给变量 keywordslist。第 43~47 行代码又是一个包含 for 循环语句的相对独立的代码块。其中,第 43 行代码依次读取 tokenslist 列表中的各个元素,每读取一个元素后立即将其赋值给变量 l,并自动运行一次有缩进的第 44~47 行代码。第 44 行代码设置了一个 if 条件:len(l) >= 9。若满足该条件,则说明当前 l 列表的长度大于或等于9,此时会自动运行一次有缩进的第 45~47 行代码。第 45 行代码从 re 库中调用 sub() 函数,把 l[8] 词汇素中由小横杠加任意字符组成的字符串删除后返回剩余的词汇素,并将其赋值给变量 lemma。第 46 行代码设置了两个用 and 连接起来的 if 条件:(1) l[1] in ['名詞','動詞','形容詞','形状詞'];(2) lemma not in stopwordslist。若同时满足这两个条件,则说明当前 lemma 中的词汇素是具有较多实际意义的名词、动词、形容词或形容动词(即关键词),且不属于日语停用词,此时会自动运行一次有缩进的第 47 行代码。该行代码对事先构建好的 keywordslist 列表对象调用 append() 方法,将 lemma 中的词汇素作为最后一个元素添加到 keywordslist 当中。若不能同时满足第 46 行代码中的两个条件,则不运行第 47 行代码。这样一来,当第 43 行代码中的 for 循环语句运行结束之后,keywordslist 列表就以元素的形式包含了当前 sentence 中所有关键词的词汇素。然后,第 48 行代码是一个 if 条件,意思为 keywordslist 列表不为空。若满足该条件,则自动运行一次有缩进的第 49 行代码,即将 keywordslist 列表中的所有元素合并到事先构建好的 keywords_sum 列表当中。最终,当第 27 行代码中的 for 循环语句运行结束之后,sentencelist 列表中就以元素的形式储存了语料库各个日语文本中的所有日语句子,而 keywords_sum 列表中则以元素的形式储存了语料库各个日语文本中的所有关键词。

第 50 行代码通过 print( ) 函数把 sentencelist 列表打印出来查看。

第 51 行代码通过 print( ) 函数把 keywords_sum 列表打印出来查看。

【第三步:基于关键词列表和二八定律构建高频词字典】

在第二步当中,我们获得了一个包含语料库中所有关键词的列表(即 keywords_sum),接下来就可以基于该列表和二八定律来构建一个高频词字典,具体代码如下:

```
52  from nltk import FreqDist
53  wordfreqdic = FreqDist(keywords_sum)
54  keywords_total = len(keywords_sum)
55  Acc_ratio = 0
56  hfw_dic = {}
57  for word in wordfreqdic:
58      Acc_ratio = Acc_ratio + wordfreqdic[word] / keywords_total
59      if Acc_ratio <= 0.2:
60          hfw_dic[word] = wordfreqdic[word]
61      else:
62          break
63  print(hfw_dic)
```

代码逐行解析:

第 52 行代码使用 "from 库 import 函数" 的代码形式把第三方库 nltk 中的 FreqDist( ) 函数导入当前 PyCharm 项目中备用。

第 53 行代码调用 FreqDist( ) 函数统计 keywords_sum 列表中不同关键词的频次信息,并将各关键词(作为键)及其对应频次(作为值)按照频次的降序排列后组成一个可用 for 循环语句读取的字典赋值给变量 wordfreqdic。

第 54 行代码调用 len( ) 函数计算 keywords_sum 列表(作为参数值)的长度,即关键词的总数,并将其赋值给变量 keywords_total。

第 55 行代码将数值 0 赋值给表示累积占比的变量 Acc_ratio。

第 56 行代码将一个空字典赋值给变量 hfw_dic。

第 57~62 行代码组成一个包含 for 循环语句的相对独立的代码块。其中,第 57 行代码是一个 for 循环语句,依次读取 wordfreqdic 字典中的各个键(即关键词),每读取一个键后立即将其赋值给变量 word,并自动运行一次有缩进的第 58~62 行代码。第 58 行代码将 Acc_ratio 中的累积占比加上当前 word 中关键词的占比后重新赋值给变量 Acc_ratio,即 Acc_ratio 中的累积占比进行了更新。第 59 行代码设置了一个 if 条件:Acc_ratio <= 0.2,即当前 Acc_ratio 中的累积占比小于或等于 0.2。若满足该条件,则说明当前 word 中的关键词是一个高频词,此时自动运行一次有缩进的第 60 行代码。该行代码直接将以当前 word 中的关键词为键且以其对应频次为值的新键值对添加到事先构建好的 hfw_dic 字典当中。若不能满足第 59 行代码中的条件,则直接跳转到第 61 行代码,并自动运行一次有缩进的第 62 行代码。第 62 行代码通过一个 break 语句强制结束第 57 行代码中的 for 循环运行。这样一来,当第 57 行代码中的 for 循环语句运行结束之后,hfw_dic 字典中就以键值对的形式储存了所有高频词及其频次信息。

第 63 行代码通过 print() 函数把 hfw_dic 字典中的高频词及其频次信息打印出来查看。

【第四步:基于高频词字典、句子列表和依存关系创建高频词共现矩阵】

在第三步当中,我们获得了一个包含语料库中所有高频词及其频次信息的高频词字典(即 hfw_dic)。接下来就可以运用该字典和第二步当中的句子列表(即 sentencelist)以及依存关系解析来创建一个高频词共现矩阵,具体代码如下:

```
64  from collections import defaultdict
65  import unidic2ud
66  co_occurrence = defaultdict(int)
67  nlp = unidic2ud.load("gendai")
68  sentlist = []
69  for s in sentencelist:
70      s = s.strip()
71      if s != '' and len(s) > 1:
72          sentlist.append(s)
73  for s in sentlist:
```

```
74      udres = nlp(s)
75      for i in range(1, len(udres)):
76          line = udres[i]
77          word1 = line.lemma
78          if word1 in hfw_dic:
79              headid = line.head.id
80              depline = udres[headid]
81              word2 = depline.lemma
82              if word2 in hfw_dic and word1 ! = word2:
83                  co_words = [word1, word2]
84                  co_words.sort()
85                  co_words = tuple(co_words)
86                  co_occurrence[co_words] = co_occurrence[co_words] + 1
87      print(co_occurrence)
```

代码逐行解析：

第64行代码使用"from 库 import 函数"的代码形式把标准库 collections 中的 defaultdict( )函数导入当前 PyCharm 项目中备用。

第65行代码使用"import 库"的代码形式把第三方库 unidic2ud 导入当前 PyCharm 项目中备用。

第66行代码调用 defaultdict( )函数创建了一个特殊的字典,并将其赋值给变量 co_occurrence。该字典与普通字典不同,可为尚未设置的键自动返回一个访问时的默认值。具体说来,defaultdict( )中传递了一个参数值 int(即函数 int( )),说明该字典在访问一个尚未设置的键时会默认返回 int( )函数生成的值(即整数0),而不会像普通字典一样因找不到已有的对应的键而报错。

第67行代码调用 unidic2ud 库中的 load( )函数创建一个依存关系分析器,并将其赋值给变量 nlp。load( )函数中的参数值为"gendai",即在分词时使用 UniDic 系列词典中的《现代书面语词典》①。

第68行代码将一个空列表赋值给变量 sentlist。

第69~72行代码组成一个包含 for 循环语句的相对独立的代码块。具体说来,

---

① 可通过调整该参数来使用其他词典,详情见网址:https://github.com/KoichiYasuoka/UniDic2UD。

第69行代码是一个for循环语句,依次读取sentencelist列表中的各个元素(即日语句子),每读取一个元素后立即将其赋值给变量s,并自动运行一次有缩进的第70~72行代码。第70行代码对当前s中的句子对象调用strip()方法,移除其头尾两端的空格,并将处理结果重新赋值给变量s。第71行代码设置了两个用and连接的if条件:(1) s！= ''；(2) len(s) > 1。如果同时满足这两个条件,说明当前s中的句子不为空,且不是单个文字、数字或符号,即s中是一个可进行依存关系分析的普通句子,此时会自动运行一次有缩进的第72行代码。第72行代码对事先构建好的sentlist列表对象调用append()方法,将当前s中的句子作为最后一个元素添加到sentlist当中。这样一来,当第69行代码中的for循环语句运行结束之后,sentlist列表中就储存了所有适合进行依存关系分析的句子。

第73~86行代码是一个包含for循环语句的相对独立的代码块。其中,第73行代码依次读取sentlist列表中的各个元素(即每个句子),每读取一个元素后立即将其赋值给变量s,并自动运行一次有缩进的第74~86行代码。第74行代码使用依存关系分析器nlp对当前s(作为参数值)中的句子进行依存关系分析,并将分析结果赋值给变量udres。一般说来,依存关系分析结果的基本结构如图4-13所示(钟勇,2023)。

```
# text = 今日はご飯を食べない
1    今日  今日   NOUN  名詞-普通名詞-副詞可能  _   5  nsubj  _  SpaceAfter=No
2    は    は     ADP   助詞-係助詞           _   1  case   _  SpaceAfter=No|Translit=ハ
3    ご飯  御飯   NOUN  名詞-普通名詞-一般    _   5  obj    _  SpaceAfter=No|Tran
4    を    を     ADP   助詞-格助詞           _   3  case   _  SpaceAfter=No|Translit=ヲ
5    食べ  食べる VERB  動詞-一般             _   0  root   _  SpaceAfter=No|Tran
6    ない  ない   AUX   助動詞                _   5  aux    _  SpaceAfter=No|Translit=ナイ
```

图4-13　依存关系分析结果示例

由图4-13可知,第一行为被分析的句子。第二行到最后一行分别为该句子中的各个单词及其相关信息。譬如,第四行当中包含了与单词「ご飯」相关的各种信息。具体说来,「ご飯」所在行的行号(id)为"3",其原始形态(form)为"ご飯",词汇素(lemma)为"御飯",词性(upos)为"NOUN",依存的单词(即「食べ」)所在的行号

(head.id)为"5",与所依存单词的句法关系(deprel)为"obj"。然后,第75~86行代码又是一个包含for循环语句的相对独立的代码块。其中,第75行代码中含有一个range()函数,函数中的第1个参数值为1,第2个参数值为udres的长度(即行数),即可生成udres结果中各个单词所在的行号(参考图4-13)。也就是说,第75行代码的整体意思是,依次读取udres结果中各个单词所在的行号,每读取一个行号后立即将其赋值给变量i,并自动运行一次有缩进的第76~86行代码。第76行代码提取出udres结果中行号为当前i的行,并将其赋值给变量line。第77行代码通过直接访问当前line的属性的方法(即.lemma)获取line中单词的词汇素,并将其赋值给变量word1。第78行代码设置了一个if条件:word1 in hfw_dic,意思是当前word1中的词汇素是高频词字典hfw_dic中的一个键(即一个高频词)。如果满足该条件,则自动运行一次有缩进的第79~86行代码。第79行代码通过直接访问当前line的属性的方法(即.head.id)获取当前line中单词的依存单词所在的行号,并将其赋值给变量headid。第80行代码提取出udres结果中行号为headid的行(即依存单词所在的行),并将其赋值给变量depline。第81行代码通过直接访问当前depline的属性的方法(即.lemma)获取depline中单词的词汇素,并将其赋值给变量word2。第82行代码设置了两个用and连接起来的if条件:(1) word2 in hfw_dic;(2) word1 ! = word2,意思是当前word2中的词是高频词字典hfw_dic中的键(即高频词),且当前word1和word2中的词不是同一个词。如果同时满足这两个条件,则自动运行一次有缩进的第83~86行代码。第83行代码把两个都属于高频词的共现词word1和word2组成一个列表赋值给变量co_words。第84行代码对co_words列表对象调用sort()方法,直接对该列表中的元素进行原地排序。通过排序处理,可以将两个共现词的不同排序(如[word1,word2]和[word2,word1])统一为一种顺序来进行共现次数的统计。第85行代码调用tuple()函数将排序后的co_words列表(作为参数值)转化为元组,并将其重新赋值给变量co_words。第86行代码将co_occurrence字典中co_words键(当前高频词共现对)对应的值(共现次数)加1后重新赋值给co_words键的值,即将当前高频词共现词对的共现次数增加一次。这样一来,当第73行代码中的for循环语句运行结束之后,就基于依存关系分析结果完成了所有日语句子中的高频词共现词对统计,并将我们需要的高频词共现矩阵储存在 co_occurrence 字典当中。

第 87 行代码通过 print( ) 函数把 co_occurrence 字典中的高频词共现矩阵打印出来查看。

【第五步:基于高频词共现矩阵生成词共现网络】

该步与"4.2　基于前 N 位选取法和窗口跨距的词共现网络分析编程实现"的第五步完全一致,不再赘述。最终生成的词共现网络如图 4-14 所示。

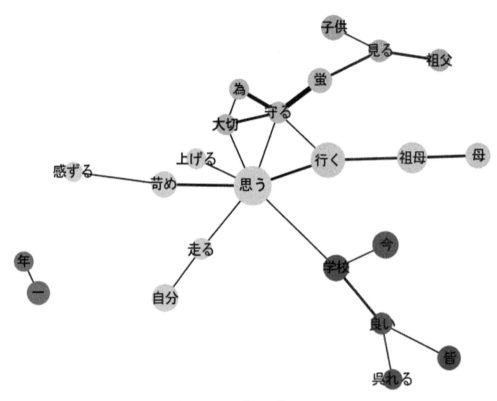

图 4-14　词共现网络图(三)

4.4.3　完整代码

入门版:

#【第一步:读取日语停用词表,并将其转化为词汇素列表】
```
1  import MeCab
2  import re
```

```
3   tokenizer = MeCab.Tagger(r"-d C:\Users\Lenovo\Desktop\unidic
    -cwj-3.1.1")
4   with open(r'C:\Users\Lenovo\Desktop\stopwords-ja.txt', 'r',
    encoding='utf-8') as sw:
5       stopwords = sw.read()
6   stopwords = tokenizer.parse(stopwords)
7   print(stopwords)
8   stopwords = stopwords.strip()
9   stopwords = re.split('\n', stopwords)
10  stopwords = stopwords[0:-1]
11  swtokenslist = []
12  for word in stopwords:
13      word = re.split('[\t,]', word)
14      swtokenslist.append(word)
15  stopwordslist = []
16  for l in swtokenslist:
17      if len(l) >= 9:
18          lemma = re.sub('-.*', '', l[8])
19          stopwordslist.append(lemma)
20  stopwordsset = set(stopwordslist)
21  stopwordslist = list(stopwordsset)
#【第二步:读取语料库中的日语语料,并构建句子列表和关键词列表】
22  import os
23  dirpath = r'C:\Users\Lenovo\Desktop\语料库数据'
24  filenameslist = os.listdir(dirpath)
25  sentencelist = []
26  keywords_sum = []
27  for file in filenameslist:
28      filepath = os.path.join(dirpath, file)
29      with open(filepath, 'r', encoding='utf-8') as f:
30          textdata = f.read()
31      sentences = re.split('[。?!.\n]', textdata)
32      sentencelist = sentencelist + sentences
33      for sentence in sentences:
34          words = tokenizer.parse(sentence)
35          words = words.strip()
36          words = re.split('\n', words)
37          words = words[0:-1]
38          tokenslist = []
```

```
39          for word in words:
40              item = re.split('[\t,]', word)
41              tokenslist.append(item)
42          keywordslist = []
43          for l in tokenslist:
44              if len(l) >= 9:
45                  lemma = re.sub('-.* ', '', l[8])
46                  if l[1] in ['名詞', '動詞', '形容詞', '形状詞'] and lemma not in stopwordslist:
47                      keywordslist.append(lemma)
48          if keywordslist != []:
49              keywords_sum = keywords_sum + keywordslist
50  print(sentencelist)
51  print(keywords_sum)
```
#【第三步：基于关键词列表和二八定律构建高频词字典】
```
52  from nltk import FreqDist
53  wordfreqdic = FreqDist(keywords_sum)
54  keywords_total = len(keywords_sum)
55  Acc_ratio = 0
56  hfw_dic = {}
57  for word in wordfreqdic:
58      Acc_ratio = Acc_ratio + wordfreqdic[word] / keywords_total
59      if Acc_ratio <= 0.2:
60          hfw_dic[word] = wordfreqdic[word]
61      else:
62          break
63  print(hfw_dic)
```
#【第四步：基于高频词字典、句子列表和依存关系创建高频词共现矩阵】
```
64  from collections import defaultdict
65  import unidic2ud
66  co_occurrence = defaultdict(int)
67  nlp = unidic2ud.load("gendai")
68  sentlist = []
69  for s in sentencelist:
70      s = s.strip()
71      if s != '' and len(s) > 1:
72          sentlist.append(s)
73  for s in sentlist:
74      udres = nlp(s)
```

```
75      for i in range(1, len(udres)):
76          line = udres[i]
77          word1 = line.lemma
78          if word1 in hfw_dic:
79              headid = line.head.id
80              depline = udres[headid]
81              word2 = depline.lemma
82              if word2 in hfw_dic and word1 ! = word2:
83                  co_words = [word1, word2]
84                  co_words.sort()
85                  co_words = tuple(co_words)
86                  co_occurrence[co_words] = co_occurrence[co_words] + 1
87  print(co_occurrence)
```
#【第五步:基于高频词共现矩阵生成词共现网络】
```
88  import networkx as nx
89  import matplotlib.pyplot as plt
90  from community.community_louvain import best_partition
91  G = nx.Graph()
92  for co_word in co_occurrence:
93      G.add_edge(co_word[0], co_word[1], weight = co_occurrence[co_word])
94  edges = G.edges()
95  print(edges)
96  edge_width = []
97  for u, v in edges:
98      edge_width.append(G[u][v]['weight'])
99  nodes = G.nodes()
100 node_sizes = []
101 for node in nodes:
102     size = hfw_dic[node] * 20
103     node_sizes.append(size)
104 partition = best_partition(G)
105 print(partition)
106 node_nums = partition.values()
107 node_nums = list(node_nums)
108 cmap = plt.cm.Paired
109 pos = nx.spring_layout(G, k = 0.6, iterations = 80)
110 nx.draw(G, pos, with_labels = True, width = edge_width, node_
```

```
        size = node_sizes, font_size = 12, font_color = 'black', font_
        family = 'MS Gothic', cmap = cmap, node_color = node_nums)
111 plt.show()
```

进阶版：

```
1   import MeCab
2   import re
3   import os
4   from nltk import FreqDist
5   from collections import defaultdict
6   import unidic2ud
7   import networkx as nx
8   import matplotlib.pyplot as plt
9   from community.community_louvain import best_partition
10  tokenizer = MeCab.Tagger(r" -d C:\Users\Lenovo\Desktop\unidic
    -cwj-3.1.1")
11  with open(r'C:\Users\Lenovo\Desktop\stopwords-ja.txt', 'r',
    encoding = 'utf-8') as swf:
12      stopwords = swf.read()
13  stopwords = re.split('\n', tokenizer.parse(stopwords).strip
    ())[0:-1]
14  swtokenslist = [re.split('[\t,]', word) for word in stopwords]
15  stopwordslist = list(set([re.sub('-.*', '', l[8]) for l in
    swtokenslist if len(l) >= 9]))
16  filenameslist = os.listdir(r'C:\Users\Lenovo\Desktop\语料库数
    据')
17  sentencelist = []
18  keywords_sum = []
19  for file in filenameslist:
20      with open(os.path.join(r'C:\Users\Lenovo\Desktop\语料库数
    据', file), 'r', encoding = 'utf-8') as f:
21          textdata = f.read()
22          sentences = re.split('[。?!.\n]', textdata)
23          sentencelist + = sentences
24          for sentence in sentences:
25              words = re.split('\n', tokenizer.parse(sentence).
    strip())[0:-1]
26              tokenslist = [re.split('[\t,]', word) for word in
    words]
```

```python
27          keywordslist = []
28          for l in tokenslist:
29              if len(l) >= 9:
30                  lemma = re.sub('-.*', '', l[8])
31                  if l[1] in ['名詞', '動詞', '形容詞', '形状詞'] and lemma not in stopwordslist:
32                      keywordslist.append(lemma)
33          if keywordslist != []:
34              keywords_sum += keywordslist
35  wordfreqdic = FreqDist(keywords_sum)
36  keywords_total = len(keywords_sum)
37  Acc_ratio = 0
38  hfw_dic = {}
39  for word in wordfreqdic:
40      Acc_ratio += wordfreqdic[word] / keywords_total
41      if Acc_ratio <= 0.2:
42          hfw_dic[word] = wordfreqdic[word]
43      else:
44          break
45  co_occurrence = defaultdict(int)
46  nlp = unidic2ud.load("gendai")
47  sentlist = []
48  for s in sentencelist:
49      if s.strip() != '' and len(s.strip()) > 1:
50          sentlist.append(s.strip())
51  for s in sentlist:
52      udres = nlp(s)
53      for i in range(1, len(udres)):
54          line = udres[i]
55          word1 = line.lemma
56          if word1 in hfw_dic:
57              word2 = udres[line.head.id].lemma
58              if word2 in hfw_dic and word1 != word2:
59                  co_occurrence[tuple(sorted([word1, word2]))] += 1
60  G = nx.Graph()
61  for co_word in co_occurrence:
62      G.add_edge(co_word[0], co_word[1], weight=co_occurrence[co_word])
```

```
63  edge_width = [G[u][v]['weight'] for u, v in G.edges()]
64  node_sizes = [hfw_dic[node] * 20 for node in G.nodes()]
65  node_nums = list(best_partition(G).values())
66  pos = nx.spring_layout(G, k = 0.6, iterations = 80)
67  nx.draw(G, pos, with_labels = True, width = edge_width, node_
    size = node_sizes, font_size = 12, font_color = 'black', font_
    family = 'MS Gothic', cmap = plt.cm.Paired, node_color = node_
    nums)
68  plt.show()
```

参考文献

管新潮,2021. Python语言数据分析[M].上海:上海交通大学出版社.

贾聪聪,2014.二八定律和正态分布对档案文献利用率的贡献[J].山西档案(4):87-89.

雷蕾,刘迪麟,晏胜,2017.基于窗口与基于句法分析的搭配提取:问题与方法[J].语料库与跨文化研究(1):13-36.

刘奕杉,王玉琳,李明鑫,2017.词频分析法中高频词阈值界定方法适用性的实证分析[J].数字图书馆论坛(9):42-49.

毛文伟,2019.论数据挖掘技术在文本分析中的应用[J].日语学习与研究(1):1-9.

孙清兰,1992.高频词与低频词的界分及词频估算法[J].中国图书馆学报,18(2):78-81.

王华伟,曹亚辉,2012.日语教学中基于语料库的词语搭配研究:以一组动词近义词为例[J].解放军外国语学院学报,35(2):71-75.

王慧,陆晓鸣,2023.日本读者对中国科幻文学翻译作品的接受[J].日语学习与研究(2):114-127.

卫乃兴,2002.基于语料库和语料库驱动的词语搭配研究[J].当代语言学,4(2):101-114.

钟勇,2023. Python日语数字人文之语料库语言学技术及其应用[M].南京:东南大学出版社.

第五章
日语主题模型建构技术

5.1 技术概要与编程提示

主题模型被广泛应用于文本主题识别研究,该模型可将文本数据自动转换为潜在的低维特征表示(即使用隐含在其中的少数几个主题(即特征)的分布情况来表示文本数据),从而在无需标注信息的情况下挖掘出文本的主题信息(阮光册 等,2023)。借助主题建模的方法可以轻松地理解大规模文本的内涵意义,更透彻地把握现象的本质(管新潮,2021)。譬如,我们可以从以下文本段落中提取出表5-1中的潜在主题及相关主题词(宗成庆 等,2022)。通过表5-1中的几个主题可以较好地理解文本段落的核心意义①。

> 不逢北国之秋,已将近十余年了。在南方每年到了秋天,总要想起陶然亭的芦花,钓鱼台的柳影,西山的虫唱,玉泉的夜月,潭柘寺的钟声。在北平即使不出门去吧,就是在皇城人海之中,租人家一椽破屋来住着,早晨起来,泡一碗浓茶、向院子一坐,你也能看得到很高很高的碧绿的天色,听得到青天下驯鸽的飞声。从槐树叶底,朝东细数着一丝一丝漏下来的日光,或在破壁腰中,静对着像喇叭似的牵牛花(朝荣)的蓝朵,自然而然地也能够感觉到十分的秋意。说到了牵牛花,我以为以蓝色或白色者为佳,紫黑色次之,淡红色最下。最好,还要在牵牛花底,教长着几根疏疏落落的尖细且长的秋

---

① 需要补充说明的是,表5-1中只是为了直观理解主题模型而展示了一些可能的主题例子,并不是真正的主题模型分析结果。

草,使作陪衬。

　　北国的槐树,也是一种能使人联想起秋来的点缀。像花而又不是花的那一种落蕊,早晨起来,会铺得满地。脚踏上去,声音也没有,气味也没有,只能感出一点点极微细极柔软的触觉。扫街的在树影下一阵扫后,灰土上留下来的一条条扫帚的丝纹,看起来既觉得细腻,又觉得清闲,潜意识下并且还觉得有点儿落寞,古人所说的梧桐一叶而天下知秋的遥想,大约也就在这些深沉的地方。

　　秋蝉的衰弱的残声,更是北国的特产;因为北平处处全长着树,屋子又低,所以无论在什么地方,都听得见它们的啼唱。在南方是非要上郊外或山上去才听得到的。这秋蝉的嘶叫,在北平可和蟋蟀耗子一样,简直像是家家户户都养在家里的家虫。

(出自郁达夫的散文《故都的秋》)

表 5-1　文本中的主题示例

主题1(地名)	主题2(植物)	主题3(动物)	主题4(色彩)
陶然亭	芦花	驯鸽	碧绿
钓鱼台	槐树	秋蝉	蓝色
西山	牵牛花	蟋蟀	白色
玉泉	秋草	耗子	紫黑
潭柘寺	梧桐	虫唱	淡红

(引自宗成庆 等,2022)

　　现有的主题模型种类多样。其中,LDA(Latent Dirichlet Allocation,潜在狄利克雷分配)模型是一种十分经典的基于词袋(Bag of Words)①的主题模型,在诸多文本挖掘任务和人文社科研究中得到广泛而成功的应用(管新潮,2021;宗成庆 等,2022)。具体说来,该模型可在事先未定义任何主题的情况下,帮助我们自动挖掘文档集中的

---

① 所谓基于词袋的做法,简单说来就是把一篇文章中的每个单词都看成一个小球,然后把它们一股脑地全部扔进一个袋子里。但在遇到相同小球时会进行合并处理,即最终词袋中的每个单词都是不同的,都具有唯一性。基于词袋的主题模型就是用这种方式来表示文本,它不考虑单词在文本中的先后顺序,而只关心单词是否在文本中出现。

隐藏主题,并通过将各个文本表示为主题分布的方式来降低文本数据的特征数量(即特征维度),使得文本分析变得更加便捷和高效。衡量一个 LDA 模型的好坏时,主要可以使用困惑度和一致性这两个指标。一般说来,一个模型的困惑度分数[①]越低,表示该模型越能够准确地捕捉到文档中的主题结构,即模型质量越好。而一致性分数(取值范围为 0 到 1)则可反映模型生成的各个主题下的主题词之间的语义相关性,一个模型的一致性分数越高,意味着生成的主题在语义上越是紧密和有意义,即模型质量越好。需要注意的是,尽管 LDA 模型可以十分方便地识别和分析文本主题,但也有一些固有缺点,即不能保留原始文本中的词序和语法信息,无法捕捉到单词之间的语义关系,这会使我们丢失一些对理解文本含义至关重要的信息,从而无法准确识别出文本中的隐含意义和上下文关系。此外,训练 LDA 模型时必须事先指定主题数量,往往需要训练多个主题数量不同的模型,并通过仔细比较这些模型的困惑度和一致性分数,才能最终找到质量最高的模型及最佳主题数量。

令人振奋的是,近年关注度不断攀升的一类基于预训练向量(即由预训练模型生成的向量表示)的主题模型有效缓解了经典 LDA 模型的不足之处。这类模型可通过生成单词、句子、文档等层面的预训练向量来捕获单词、句子和文档之间的语义关系,从而更好地实现文本数据中语义信息的理解和解释。并且,这类模型还可以自动识别出文本数据中的主题数量和主题内容,而无需像 LDA 模型一样预先指定好主题数量。其中,最新出现的基于 BERT 等预训练语言表示模型的 BERTopic 就是一种强大的基于预训练向量的主题模型。该模型的主要建模步骤如下[②]:

(1)基于预训练语言表示模型等将文档转化为向量表示。

(2)使用降维技术降低文档向量的维度。

(3)将降维后的文档向量聚类成不同主题(即将各个文档分配到不同主题当中去)。

(4)将聚类得到的各个主题中的相关文档转换为单词或短语的集合。

(5)计算每个主题中每个单词或短语的重要性分数(即提取主题词或短语)。

---

① 困惑度分数没有一个比较固定的取值范围。
② BERTopic 的详情见以下网页:https://maartengr.github.io/BERTopic/index.html。

(6) 使用代表性的主题词或短语等来表示各个主题。

从下一小节开始,我们依次介绍两个编程案例:(1) 基于 LDA 的主题模型建构编程实现;(2) 基于 BERTopic 的主题模型建构编程实现。开始编程前,需事先下载好 UniDic 词典(即 unidic-cwj-3.1.1)、日语停用词表(即 stopwords-ja.txt)以及 BERTopic 建模所需的日语 BERT 模型。关于日语 BERT,本书选择使用日本东北大学自然语言处理小组(Tohoku NLP Group)最新开发的预训练模型 bert-base-japanese-v3。该模型使用 UniDic 词典为日语单词创建向量表示,是目前性能优秀且体积较小的日语 BERT 模型之一[1],其国内下载地址为 https://hf-mirror.com/tohoku-nlp/bert-base-japanese-v3/tree/main。另一方面,我们在编程前还需安装好 MeCab 软件及 mecab、sklearn、matplotlib、numpy、gensim、transformers、bertopic 等第三方库。其中,前面尚未介绍过的 numpy 是一个用于科学计算的基础库,提供了许多有用的数学函数集。gensim 是一个用于语义建模和自然语言处理的库,该库提供了多种算法来分析和理解文本数据。transformers 是一个由 Hugging Face 公司开发的库,为自然语言处理任务提供了大量预训练模型和工具,以此简化模型训练、微调和部署过程。最后,bertopic 是一个自然语言处理库,主要使用 BERT 等预训练语言表示模型来建构 BERTopic 主题模型,能够为文本数据生成可解释性强的比较直观的主题表示[2]。

5.2 基于 LDA 的主题模型建构编程实现

5.2.1 所用语料与编程步骤

所用语料为前文使用过的包含 10 个 txt 纯文本文件的微型语料库,其绝对路径为"C:\Users\Lenovo\Desktop\语料库数据"。然后,编程时的主要步骤如下:

---

[1] 详情见以下两个网页:https://hf-mirror.com/tohoku-nlp/bert-base-japanese-v3、https://github.com/cl-tohoku/bert-japanese。

[2] 需要注意的是,部分电脑在安装 bertopic 库之前需先装好适用于 Visual Studio 的 C++构建工具(下载地址:https://visualstudio.microsoft.com/zh-hans/visual-cpp-build-tools/),且安装该工具时必须勾选安装 C++编译器和 Windows 10 SDK 这两项内容。C++构建工具安装结束之后,还需将装好的 cl.exe(即 C/C++编译器)的绝对路径添加到电脑系统的 PATH 环境变量中去。PATH 环境变量的添加方法可参考以下网页:https://blog.csdn.net/qq_57663276/article/details/128385465。

第一步:读取日语停用词表,并将其转化为词汇素列表;
第二步:依次处理语料库中的每个日语文本,并创建文档集列表;
第三步:基于文档集列表训练多个模型,并计算其困惑度和一致性;
第四步:基于困惑度和一致性变化图确定最佳模型及主题数量。

5.2.2 分步代码

【第一步:读取日语停用词表,并将其转化为词汇素列表】

该步与"4.2 基于前 N 位选取法和窗口跨距的词共现网络分析编程实现"的第一步完全一致,不再赘述。

【第二步:依次处理语料库中的每个日语文本,并创建文档集列表】

在第一步当中,我们通过 21 行代码获得了一个日语停用词列表(即 stopwordslist),接下来需依次处理语料库中的每个日语文本,并创建一个文档集列表,具体代码如下:

```
22  import os
23  dirpath = r'C:\Users\Lenovo\Desktop\语料库数据'
24  filenameslist = os.listdir(dirpath)
25  print(filenameslist)
26  docs = []
27  for file in filenameslist:
28      filepath = os.path.join(dirpath, file)
29      with open(filepath, 'r', encoding='utf-8') as f:
30          textdata = f.read()
31      words = tokenizer.parse(textdata)
32      words = words.strip()
33      words = re.split('\n', words)
34      words = words[0:-1]
35      tokenslist = []
36      for word in words:
37          item = re.split('[\t,]', word)
38          tokenslist.append(item)
39      wordslist = []
40      for l in tokenslist:
41          if re.match('[\u3040-\u309F\u30A0-\u30FF\u4E00-\
```

```
                u9FFF]+', l[0]) and len(l) >= 9 and l[1] in ['名詞','動詞','形
                容詞','形狀詞']:
42                  lemma = re.sub('-.*','',l[8])
43                  if lemma not in stopwordslist:
44                      wordslist.append(lemma)
45      docs.append(wordslist)
46  print(docs)
```

代码逐行解析：

第22行代码使用"import 库"的代码形式把标准库 os 导入当前 PyCharm 项目中，以供后续使用。

第23行代码把需要处理的目标语料库的绝对路径(r'C:\Users\Lenovo\Desktop\语料库数据')赋值给变量 dirpath。

第24行代码调用 os 库中的 listdir()函数获取 dirpath 路径(作为参数值)所指文件夹(即目标语料库)中的全部文件名称，并将其组合成一个列表赋值给变量 filenameslist。

第25行代码通过 print()函数把 filenameslist 列表打印出来查看。

第26行代码构建了一个空列表，并将其赋值给变量 docs。

第27~45行代码组成一个包含多个 for 循环语句的相对独立的代码块。具体说来，第27行代码是一个 for 循环语句，依次读取 filenameslist 列表中的各个元素(即文件名称)，每读取一个元素后立即将其赋值给变量 file，并自动运行一次有缩进的第28~45行代码。第28行代码调用 os 库中 path 工具的 join()函数将 dirpath 中的路径和当前 file 中的文件名称连接成一个完整的路径(即当前 file 的绝对路径)，并把它赋值给变量 filepath。第29~30行代码组成一个相对独立的代码块，实现打开目标文件并读取其中内容的功能。具体说来，第29行代码使用 with open()函数打开 filepath 路径(作为第1个参数值)指向的目标文件，并将其命名为变量 f。with open()中的第2个参数值'r'指定了目标文件的打开模式为"只读模式"，第3个参数值'utf-8'指定了目标文件的编码方式为 utf-8。第30行代码对当前的 f 对象调用 read()方法读取其具体内容，并组合成一个字符串赋值给变量 textdata。第31行代码通过调用 tokenizer 对象的 parse()方法对 textdata 中的字符串进行分词处理，并把分词结果赋

值给变量words。第32行代码对words对象调用strip()方法移除其储存的字符串头尾两端的空格,并将处理结果重新赋值给变量words。第33行代码从re库中调用split()函数,以换行符为分隔符把words中的字符串分隔成多个元素,并将这些元素组成一个列表重新赋值给变量words。第34行代码把words列表中的第1个元素到倒数第2个元素切片出来构成一个新列表,并将其重新赋值给变量words,以此删除位于列表最后的"EOS"元素。第35行代码构建了一个空列表,并将其赋值给变量tokenslist。第36~38行代码组成一个相对独立的代码块,将words列表中的每个元素进一步分隔成列表,并依次把这些列表作为最后一个元素添加到tokenslist列表当中。具体说来,第36行代码是一个for循环语句,该语句依次读取words列表中的各个元素,每读取一个元素后立即将其赋值给变量word,并自动运行一次有缩进的第37~38行代码。第37行代码调用re库中的split()函数,以制表符和英文逗号为分隔符把当前word中的字符串分隔成多个元素,并将由这些元素组成的列表赋值给变量item。第38行代码对事先构建好的tokenslist列表对象调用append()方法,将item列表作为最后一个元素添加到tokenslist列表当中。第39行代码构建了一个空列表,并把它赋值给变量wordslist。第40~44行代码又是一个包含for循环语句的相对独立的代码块。其中,第40行代码依次读取tokenslist列表中的各个元素,每读取一个元素后立即将其赋值给变量l,并自动运行一次有缩进的第41~44行代码。第41行代码设置了三个用and连接起来的if条件。若同时满足这些条件,则说明当前l[0]是日语字符串,当前l列表的长度大于或等于9,且列表中涉及的单词为名词、动词、形容词或形容动词(即实词),此时会自动运行一次有缩进的第42~44行代码。第42行代码从re库中调用sub()函数,把l[8]词汇素中由小横杠加任意字符组成的字符串删除后返回剩余的词汇素,并将其赋值给变量lemma。第43行代码设置了一个if条件:lemma not in stopwordslist,意思是当前lemma中的词汇素不在停用词列表当中,即不是一个停用词。若满足该条件,则自动运行一次有缩进的第44行代码。该行代码对事先构建好的wordslist列表对象调用append()方法,将lemma中的词汇素作为最后一个元素添加到wordslist当中。若不能同时满足第41行代码中的三个条件,则不运行第42~44行代码。这样一来,当第40行代码中的for循环语句运行结束之后,wordslist列表就以元素的形式包含了当前file文档中所有日语实词单词的词汇素。第45行代码对事先构建好的docs列表对象调用append()方法,将wordslist列表作为最后一个元素添加到docs当中。这样一来,当第27行代码中的for循环语句运行结束之后,docs列表就以嵌套列表的形式包含了目标语料库各个文档中的所有实词。也就是说,docs即是我们需要的文档集列表。

第46行代码通过print()函数把docs文档集列表打印出来查看。

【第三步:基于文档集列表训练多个模型,并计算其困惑度和一致性】

在第二步当中,我们成功获得了一个由目标语料库中各个文档转化而来的文档集列表(即docs),接下来就可以基于该列表来训练多个主题个数不同的LDA模型,并计算每个模型的困惑度和一致性。具体代码如下:

```
47  from gensim import corpora, models
48  from gensim.models.coherencemodel import CoherenceModel
49  import numpy as np
50  dictionary = corpora.Dictionary(docs)
51  print(dictionary)
52  corpus = []
53  for doc in docs:
54      doc_bow = dictionary.doc2bow(doc)
55      corpus.append(doc_bow)
56  print(corpus)
57  perplexities = []
58  coherences = []
59  num_topics_range = range(2, 10)
60  num_topics_range = list(num_topics_range)
61  for num_topic in num_topics_range:
62      lda_model = models.LdaModel(corpus, num_topics = num_topic, id2word=dictionary, passes=50)
63      topics = lda_model.print_topics(num_words=5)
64      print("主题个数指定为", num_topic, "时的主题分布:")
65      for topic in topics:
66          print(topic)
67      perplexity = lda_model.log_perplexity(corpus)
68      perplexity = np.exp(perplexity)
69      perplexities.append(perplexity)
```

```
70      coherence_model = CoherenceModel(model = lda_model,
        coherence='c_v', texts=docs, processes=1)
71      coherence_score = coherence_model.get_coherence()
72      coherences.append(coherence_score)
```

代码逐行解析：

第47行代码使用"from 库 import 工具1, 工具2"的代码形式把第三方库 gensim 中的 corpora 和 models 工具导入当前 PyCharm 项目中备用。

第48行代码使用"from 库中工具 import 函数"的代码形式把第三方库 gensim 中 models 工具的下位工具 coherencemodel 中的 CoherenceModel( ) 函数导入当前 PyCharm 项目中备用。

第49行代码使用"import 库 as 临时名称"的代码形式把第三方库 numpy 导入当前 PyCharm 项目中，并临时命名为 np 以供后续使用。

第50行代码调用 corpora 工具中的 Dictionary( ) 函数将 docs 文档集列表（作为参数值）转化为一个给文档集中每个不同单词分配一个唯一整数 ID 的词典，并将其赋值给变量 dictionary。

第51行代码通过 print( ) 函数把 dictionary 词典打印出来查看（见图5-1）。

```
D:\我的科研\当前研究\基于Python的日语数字人文\文本挖掘技术及其应用\技术代码\venv\Scripts\python.exe D:\我的
Dictionary<1049 unique tokens: ['こませ', 'スポンジ', 'バーミキュライト', 'プランクトン', 'ポリ袋']...>
Process finished with exit code 0
```

图 5-1 dictionary 词典

第52行代码创建了一个空列表，并将其赋值给变量 corpus。

第53~55行代码组成一个包含 for 循环语句的相对独立的代码块。具体说来，第53行代码是一个 for 循环语句，依次读取 docs 文档集列表中的各个元素（即文档列表），每读取一个元素后立即将其赋值给变量 doc，并自动运行一次有缩进的第54~55行代码。第54行代码对 dictionary 词典对象调用 doc2bow( ) 方法，基于该词典将当前 doc 中的文档列表转化为一个词袋，并将其赋值给变量 doc_bow。第55行代码对事先构建好的 corpus 列表对象调用 append( ) 方法，将 doc_bow 词袋作为最后一个元素添加到 corpus 当中。这样一来，当第53行代码中的 for 循环语句运行结束之后，

corpus 列表中就以元素(即词袋)的形式储存了文档集中的各个文档,即 corpus 列表构成了一个语料库。

第 56 行代码通过 print()函数把 corpus 语料库列表打印出来查看(见图 5-2)。由图 5-2 可知,corpus 中的词袋(即元素)也是一个列表,词袋列表中的每个元素都由一个元组构成,每个元组的第 1 个元素为单词 ID,第 2 个元素为该单词在文档中的出现次数。

图 5-2　corpus 语料库列表中的部分元素(词袋)

第 57 行代码创建了一个空列表,并将其赋值给变量 perplexities。

第 58 行代码创建了一个空列表,并将其赋值给变量 coherences。

第 59 行代码调用 range()函数生成一个 2 到 9 的整数序列(即主题个数范围),并将其赋值给变量 num_topics_range。

第 60 行代码调用 list()函数将 num_topics_range 整数序列(作为参数值)转化为一个列表,并再次赋值给变量 num_topics_range。

第 61~72 行代码组成一个包含 for 循环语句的相对独立的代码块。具体说来,第 61 行代码是一个 for 循环语句,依次读取 num_topics_range 列表中的各个整数,每读取一个整数后立即将其赋值给变量 num_topic,并自动运行一次有缩进的第 62~72 行代码。第 62 行代码调用 models 工具中的 LdaModel()函数建构了一个 LDA 主题模型,并将其赋值给变量 lda_model。LdaModel()中一共传递了 4 个参数,第 1 个参数值 corpus 指定了建模所用的语料库,第 2 个参数值 num_topic 指定了模型的主题数量,第 3 个参数值 dictionary 指定了建模所用的词典,第 4 个参数值 50 指定了建模算法在训练数据(即语料库)上的迭代次数①。第 63 行代码对 lda_model 模型对象调用 print_

---

① 迭代次数会影响主题质量和训练时间,但并不是迭代次数越多,识别出来的主题质量就越好,需要反复尝试各种迭代次数才能找到最佳主题模型。

topics()方法,提取出模型中的所有主题组成一个列表赋值给变量 topics。print_topics()中传递了一个参数,通过参数值5指定了每个主题下附带最重要的前5个主题词。第64行代码通过 print()函数在终端打印出"主题个数指定为 num_topic[①] 时的主题分布:"这样的提示文字。第65~66行代码是另一个包含 for 循环语句的相对独立的代码块。其中,第65行代码是一个 for 循环语句,依次读取 topics 列表中的各个主题,每读取一个主题后立即将其赋值给变量 topic,并自动运行一次有缩进的第66行代码。该行代码通过 print()函数把当前 topic 中的主题打印出来查看(见图5-3)。

```
D:\我的科研\当前研究\基于Python的日语数字人文\文本挖掘技术及其应用\技术代码\venv\Script
主题个数指定为 2 时的主题分布:
(0, '0.016*"思う" + 0.011*"苛め" + 0.010*"蛍" + 0.009*"学校" + 0.009*"バレエ"')
(1, '0.017*"祖母" + 0.014*"行く" + 0.011*"思う" + 0.010*"海" + 0.008*"走る"')
```

图 5-3　topic 中的主题示例

由图5-3可知,每个主题占一行,形式上都是一个元组,元组中的第1个元素为相关主题的编号,第2个元素罗列了该主题下最为重要的5个主题词,且在每个主题词前面都附有其重要性分数。通常需要根据元组第2个元素中的所有主题词来自行归纳相关主题的内容。这样一来,当第65行代码中的 for 循环语句运行结束之后,当前 lda_model 中主题模型的所有主题就全部打印在终端了(参考图5-3)。第67行代码对 lda_model 模型对象调用 log_perplexity()方法,以 corpus 语料库为该方法的参数值来计算当前模型的困惑度分数,并将计算结果赋值给变量 perplexity。但由于第67行代码中的困惑度计算结果一般为负数,不利于后续通过绘图来进行直观观察,所以第68行代码调用 np 库中的 exp()函数计算了自然常数 e 的 perplexity(作为参数值)次方的结果,并将其再次赋值给变量 perplexity,即将 perplexity 中的困惑度分数转换成了一个正数。第69行代码对事先构建好的 perplexities 列表对象调用append()方法,将 perplexity 中的困惑度分数作为最后一个元素添加到 perplexities 当中。第70行代码调用 CoherenceModel()函数创建了一个一致性分数计算对象,并将其赋值给变

[①] 由于 num_topic 是一个变量,在终端打印时会转化为其当前所储存的整数。

量 coherence_model。CoherenceModel( )中一共传递了 4 个参数,第 1 个参数值 lda_model 指定了待评估的主题模型,第 2 个参数值 'c_v' 指定了一致性计算方法,第 3 个参数值 docs 指定了计算所用的原始文档集列表,第 4 个参数值 1 则指定了计算时的并行进程数为 1,即只使用单个 CPU 核心来进行计算[①]。第 71 行代码对 coherence_model 对象调用 get_coherence( ) 方法,获取其算出的一致性分数,并将该分数赋值给变量 coherence_score。第 72 行代码对事先构建好的 coherences 列表对象调用 append( ) 方法,将 coherence_score 中的一致性分数作为最后一个元素添加到 coherences 当中。这样一来,当第 61 行代码中的 for 循环语句运行结束之后,perplexities 和 coherences 列表中就以元素的形式分别储存了各个 LDA 模型的困惑度和一致性分数。

【第四步:基于困惑度和一致性变化图确定最佳模型及主题数量】

在第三步当中,我们训练了多个 LDA 模型,并获得了由每个模型的困惑度和一致性组成的困惑度列表(即 perplexities)和一致性列表(即 coherences)。接下来,需要基于这两个列表分别绘制出困惑度和一致性随模型主题个数的变化而变化的图片,并根据两个变化图挑选出效果最好的模型。具体代码如下:

```
73  import matplotlib
74  import matplotlib.pyplot as plt
75  matplotlib.rcParams['font.sans-serif'] = ['SimHei']
76  plt.figure(figsize=(10,5))
77  plt.subplot(1,2,1)
78  plt.plot(num_topics_range, perplexities, marker='o',
        markersize=6)
79  plt.title('困惑度变化图')
80  plt.xlabel('主题个数')
81  plt.ylabel('困惑度')
82  plt.subplot(1,2,2)
83  plt.plot(num_topics_range, coherences, marker='o',
        markersize=6)
```

[①] 第 4 个参数 processes 的默认值为 -1,表示使用所有可用的 CPU 核心来进行并行计算,以此提高计算速度。但笔者使用默认值时,一直因无法正常进行并行计算而报错,故退而求其次,将此处参数值更改为 1。

```
84    plt.title('一致性变化图')
85    plt.xlabel('主题个数')
86    plt.ylabel('一致性')
87    plt.tight_layout()
88    plt.show()
```

代码逐行解析：

第 73 行代码使用"import 库"的代码形式把第三方库 matplotlib 导入当前 PyCharm 项目中备用。

第 74 行代码使用"import 库中工具 as 临时名称"的代码形式把第三方库 matplotlib 中的工具 pyplot 导入当前 PyCharm 项目中，并临时命名为 plt 以供后续使用。

第 75 行代码从 matplotlib 库中调用全局配置字典 rcParams（即用于设置全局参数的字典），并将['SimHei']（即"黑体"）作为值赋值给字典中的键'font.sans-serif'，即将后续绘制的所有图片中的默认字体都设置为黑体①。

第 76 行代码调用 plt 工具中的 figure() 函数创建一块用于绘制图形的画布，并通过参数值(10,5)将画布的长度设置为 10 英寸（1 英寸=0.0254 米），高度设置为 5 英寸。

第 77 行代码调用 plt 工具中的 subplot() 函数在当前画布指定位置创建一个带有横坐标和纵坐标的子图。subplot() 中的参数值(1,2,1)表示将画布分割成 1 行 2 列，然后指定第 1 列作为绘制子图的位置。

第 78 行代码调用 plt 工具中的 plot() 函数，根据参数中指定的横坐标和纵坐标变量取值范围自动调节当前子图的坐标刻度，并基于横坐标和纵坐标的取值对应关系在子图中绘制一条连接各个数据点的折线。具体说来，plot() 中输入了 4 个参数，第 1 个参数值 num_topics_range（即主题个数）列表指定了横坐标变量 x 的取值范围，第 2 个参数值 perplexities（即困惑度分数）列表指定了纵坐标变量 y 的取值范围，第 3 个参数值'o'指定了使用圆形标记来表示每个数据点，第 4 个参数值 6 则指定了圆形标记的大小②。

---

① 如果不进行字体设置，后续图片中将无法正常显示中文。

② 除此之外，我们还可以使用 color='red'、linestyle='--'、linewidth=6 等参数形式来分别指定折线的颜色、样式和宽度等。

第79行代码调用plt工具中的title()函数把当前子图的标题设置为"困惑度变化图"(作为参数值)。

第80行代码调用plt工具中的xlabel()函数把当前子图的横坐标标签设置为"主题个数"(作为参数值)。

第81行代码调用plt工具中的ylabel()函数把当前子图的纵坐标标签设置为"困惑度"(作为参数值)。

第82~86行代码与第77~81行代码十分类似,在当前图形对象的第2列位置绘制了一个用来显示一致性分数根据主题个数进行变化的子图。

第87行代码调用plt工具中的tight_layout()函数自动调整子图参数值,使之合理填充整个图形区域。

第88行代码调用plt工具中的show()函数展示出上面绘制的处于激活状态的所有图形(见图5-4)。

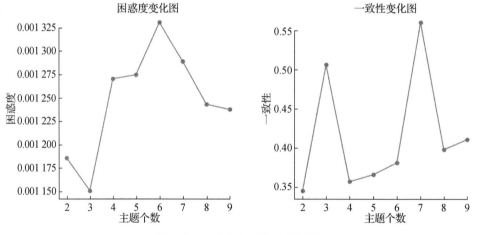

图5-4 困惑度和一致性变化图

由图5-4可知,当主题个数指定为3时,模型的困惑度分数最低,同时一致性分数较高,可以认为此时的模型质量最佳。需要注意的是,每次运行代码时所生成的各个LDA模型及其困惑度和一致性分数都会与之前的模型不一样,所以可通过多次运行代码的方式来找到最理想的主题模型和主题个数。

5.2.3 完整代码

入门版:

#【第一步:读取日语停用词表,并将其转化为词汇素列表】
```
1   import MeCab
2   import re
3   tokenizer = MeCab.Tagger(r"-d C:\Users\Lenovo\Desktop\unidic
    -cwj-3.1.1")
4   with open(r'C:\Users\Lenovo\Desktop\stopwords-ja.txt', 'r',
    encoding='utf-8') as sw:
5       stopwords = sw.read()
6   stopwords = tokenizer.parse(stopwords)
7   print(stopwords)
8   stopwords = stopwords.strip()
9   stopwords = re.split('\n', stopwords)
10  stopwords = stopwords[0:-1]
11  swtokenslist = []
12  for word in stopwords:
13      word = re.split('[\t,]', word)
14      swtokenslist.append(word)
15  stopwordslist = []
16  for l in swtokenslist:
17      if len(l) >= 9:
18          lemma = re.sub('-.*', '', l[8])
19          stopwordslist.append(lemma)
20  stopwordsset = set(stopwordslist)
21  stopwordslist = list(stopwordsset)
```
#【第二步:依次处理语料库中的每个日语文本,并创建文档集列表】
```
22  import os
23  dirpath = r'C:\Users\Lenovo\Desktop\语料库数据'
24  filenameslist = os.listdir(dirpath)
25  print(filenameslist)
26  docs = []
27  for file in filenameslist:
28      filepath = os.path.join(dirpath, file)
29      with open(filepath, 'r', encoding='utf-8') as f:
30          textdata = f.read()
31      words = tokenizer.parse(textdata)
```

```
32        words = words.strip()
33        words = re.split('\n', words)
34        words = words[0:-1]
35        tokenslist = []
36        for word in words:
37            item = re.split('[\t,]', word)
38            tokenslist.append(item)
39        wordslist = []
40        for l in tokenslist:
41            if re.match('[\u3040-\u309F\u30A0-\u30FF\u4E00-\u9FFF]+', l[0]) and len(l) >= 9 and l[1] in ['名詞', '動詞', '形容詞', '形状詞']:
42                lemma = re.sub('-.*', '', l[8])
43                if lemma not in stopwordslist:
44                    wordslist.append(lemma)
45        docs.append(wordslist)
46 print(docs)
```
#【第三步:基于文档集列表训练多个模型,并计算其困惑度和一致性】
```
47 from gensim import corpora, models
48 from gensim.models.coherencemodel import CoherenceModel
49 import numpy as np
50 dictionary = corpora.Dictionary(docs)
51 print(dictionary)
52 corpus = []
53 for doc in docs:
54     doc_bow = dictionary.doc2bow(doc)
55     corpus.append(doc_bow)
56 print(corpus)
57 perplexities = []
58 coherences = []
59 num_topics_range = range(2, 10)
60 num_topics_range = list(num_topics_range)
61 for num_topic in num_topics_range:
62     lda_model = models.LdaModel(corpus, num_topics=num_topic, id2word=dictionary, passes=50)
63     topics = lda_model.print_topics(num_words=5)
64     print("主题个数指定为", num_topic, "时的主题分布:")
65     for topic in topics:
66         print(topic)
```

```
67      perplexity = lda_model.log_perplexity(corpus)
68      perplexity = np.exp(perplexity)
69      perplexities.append(perplexity)
70      coherence_model = CoherenceModel(model=lda_model, coherence='c_v', texts=docs, processes=1)
71      coherence_score = coherence_model.get_coherence()
72      coherences.append(coherence_score)
#【第四步：基于困惑度和一致性变化图确定最佳模型及主题数量】
73   import matplotlib
74   import matplotlib.pyplot as plt
75   matplotlib.rcParams['font.sans-serif'] = ['SimHei']
76   plt.figure(figsize=(10,5))
77   plt.subplot(1,2,1)
78   plt.plot(num_topics_range, perplexities, marker='o', markersize=6)
79   plt.title('困惑度变化图')
80   plt.xlabel('主题个数')
81   plt.ylabel('困惑度')
82   plt.subplot(1,2,2)
83   plt.plot(num_topics_range, coherences, marker='o', markersize=6)
84   plt.title('一致性变化图')
85   plt.xlabel('主题个数')
86   plt.ylabel('一致性')
87   plt.tight_layout()
88   plt.show()
```

进阶版：

```
1   import MeCab
2   import re
3   import os
4   from gensim import corpora, models
5   from gensim.models.coherencemodel import CoherenceModel
6   import numpy as np
7   import matplotlib
8   import matplotlib.pyplot as plt
9   tokenizer = MeCab.Tagger(r"-d C:\Users\Lenovo\Desktop\unidic-cwj-3.1.1")
10  with open(r'C:\Users\Lenovo\Desktop\stopwords-ja.txt', 'r',
```

```
         encoding='utf-8') as swf:
11           stopwords = swf.read()
12       stopwords = re.split('\n', tokenizer.parse(stopwords).strip())[0:-1]
13       swtokenslist = [re.split('[\t,]', word) for word in stopwords]
14       stopwordslist = list(set([re.sub('-.*', '', l[8]) for l in swtokenslist if len(l) >= 9]))
15       filenameslist = os.listdir(r'C:\Users\Lenovo\Desktop\语料库数据')
16       docs = []
17       for file in filenameslist:
18           with open(os.path.join(r'C:\Users\Lenovo\Desktop\语料库数据', file), 'r', encoding='utf-8') as f:
19               words = re.split('\n', tokenizer.parse(f.read()).strip())[0:-1]
20               tokenslist = [re.split('[\t,]', word) for word in words]
21               wordslist = [re.sub('-.*', '', l[8]) for l in tokenslist if re.match('[\u3040-\u309F\u30A0-\u30FF\u4E00-\u9FFF]+', l[0]) and len(l) >= 9 and l[1] in ['名詞', '動詞', '形容詞', '形状詞']]
22               wordslist = [word for word in wordslist if word not in stopwordslist]
23               docs.append(wordslist)
24       dictionary = corpora.Dictionary(docs)
25       corpus = [dictionary.doc2bow(doc) for doc in docs]
26       perplexities, coherences = [], []
27       num_topics_range = list(range(2, 10))
28       for num_topic in num_topics_range:
29           lda_model = models.LdaModel(corpus, num_topics=num_topic, id2word=dictionary, passes=50)
30           print(f"主题个数指定为{num_topic}时的主题分布:")
31           for topic in lda_model.print_topics(num_words=5):
32               print(topic)
33           perplexities.append(np.exp(lda_model.log_perplexity(corpus)))
34           coherences.append(CoherenceModel(model=lda_model, coherence='c_v', texts=docs, processes=1).get_coherence())
35       matplotlib.rcParams['font.sans-serif'] = ['SimHei']
```

```
36    plt.figure(figsize = (10, 5))
37    plt.subplot(1, 2, 1)
38    plt.plot(num_topics_range, perplexities, marker = 'o',
      markersize = 6)
39    plt.title('困惑度变化图')
40    plt.xlabel('主题个数')
41    plt.ylabel('困惑度')
42    plt.subplot(1, 2, 2)
43    plt.plot(num_topics_range, coherences, marker = 'o',
      markersize = 6)
44    plt.title('一致性变化图')
45    plt.xlabel('主题个数')
46    plt.ylabel('一致性')
47    plt.tight_layout()
48    plt.show()
```

5.3 基于 BERTopic 的主题模型建构编程实现

5.3.1 所用语料与编程步骤

所用语料为一个包含 260 行日语语料的名为"docs.txt"的 txt 纯文本文件,文件中的每行语料均为一个经由 MeCab 分词(搭载 UniDic 词典)和停用词过滤处理且仅保留名词、动词、形容词和形容动词的类英语结构日语文档。该 txt 文件的绝对路径为"C:\Users\Lenovo\Desktop\docs.txt"。本小节编程中之所以使用预先处理好的日语分词语料,而不像前面一样使用原始的日语语料库数据,主要是因为我们在实践中发现,若在前面的代码中导入用于分词的 MeCab 库,则在后续代码中无法正常使用 BERTopic 模型建模时所需的日语 BERT 预训练语言表示模型。为了解决该问题,我们提前对原始的日语语料库数据进行分词处理等,并将处理好的数据(即"docs.txt")预先保存到本地,然后再在此基础上通过编程来建构 BERTopic 模型。建模的主要步骤如下:

第一步:基于日语分词语料和日语 BERT 建构 BERTopic 主题模型;
第二步:查看模型中的主题分布,并将详细信息保存到本地。

5.3.2 分步代码

【第一步:基于日语分词语料和日语 BERT 建构 BERTopic 主题模型】

日语分词语料和日语 BERT 预训练模型是建构 BERTopic 主题模型的基础材料,所以编程的第一步为读取目标文件中的日语分词语料,并调用一个日语 BERT 预训练模型,然后在此基础上创建和训练一个 BERTopic 主题模型。具体代码如下:

```
1   from bertopic import BERTopic
2   from transformers import pipeline
3   from sklearn.feature_extraction.text import CountVectorizer
4   with open(r'C:\Users\Lenovo\Desktop\docs.txt', 'r', encoding = 'utf-8') as ds:
5       docs = ds.read()
6   docs = docs.split('\n')
7   vectorizer_model = CountVectorizer(ngram_range = (1, 2), stop_words = ['思う', '呉れる', '行く'])
8   modelpath = r'D:\我的科研\当前研究\基于 Python 的日语数字人文\文本挖掘技术及其应用\tohoku-nlp-bert-base-japanese-v3'
9   embedding_model = pipeline('feature-extraction', model = modelpath)
10  topic_model = BERTopic(language = "japanese", embedding_model = embedding_model, vectorizer_model = vectorizer_model, verbose = True)
11  topic_model.fit_transform(docs)
```

代码逐行解析:

第 1 行代码使用"from 库 import 函数"的代码形式把第三方库 bertopic 中的 BERTopic 函数导入当前 PyCharm 项目中备用。

第 2 行代码使用"from 库 import 函数"的代码形式把第三方库 transformers 中的 pipeline 函数导入当前 PyCharm 项目中备用。

第 3 行代码使用"from 库中工具 import 函数"的代码形式把第三方库 sklearn 中 feature_extraction.text 工具的 CountVectorizer( )函数导入当前 PyCharm 项目中备用。

第 4~5 行代码组成一个相对独立的代码块,实现打开目标文件并读取其中内容的功能。具体说来,第 4 行代码使用 with open( )函数打开第 1 个参数值中绝对路径所指的目标文件,并将其命名为变量 ds。与此同时,还通过函数参数值'r'指定了目标文件的打开模式为只读模式,编码方式为'utf-8'。第 5 行代码对 ds 对象调用 read( )方法读取其具体内容,并组合成一个字符串赋值给变量 docs。

第 6 行代码对 docs 字符串对象调用 split( )函数,以换行符(作为参数值)为分隔符把 docs 中的字符串分隔成多个元素(即文档),并将这些元素组成一个列表重新赋值给变量 docs。docs 列表就是我们后续建模所需的类英语结构日语文档集。

第 7 行代码调用 CountVectorizer( )函数创建一个可用于统计每个单词或短语在每个类英语结构日语文档中的出现次数的模型(后续建模所需模型之一),并将其赋值给变量 vectorizer_model。CountVectorizer( )中传递了两个参数,第 1 个参数值(1, 2)指定了所统计的单词组合的范围,即统计单个词或两个相邻单词的组合,第 2 个参数值['思う','呉れる','行く']指定了统计时需要临时过滤掉的日语停用词。

第 8 行代码将后续建模所需的日语 BERT 模型的绝对路径赋值给变量 modelpath。

第 9 行代码调用 pipeline( )函数创建一个用于特征提取(即单词向量化)的管道,并将其赋值给变量 embedding_model。pipeline( )中输入了两个参数,第 1 个参数值'feature-extraction'指定了所执行的任务是特征提取,第 2 个参数值 modelpath 指定了所用模型(即日语 BERT 模型)的绝对路径。

第 10 行代码调用 BERTopic( )函数创建一个 BERTopic 主题模型,并将其赋值给变量 topic_model。BERTopic( )中传递了 4 个参数,第 1 个参数值"japanese"指定了所处理的文本语言为日语,第 2 个参数值 embedding_model 指定了将日语单词向量化的管道,第 3 个参数值 vectorizer_model 指定了用于类英语结构日语文档词频统计的模型,第 4 个参数值 True 指定了需在建模过程中打印详细信息[①]。

第 11 行代码对 topic_model 模型对象调用 fit_transform( )方法,以此自动识别类英语结构日语文档集 docs 列表(作为参数值)中的所有主题。

---

① 此外,还可以通过设置 nr_topics 参数的值来强制指定生成的主题个数。

【第二步：查看模型中的主题分布，并将详细信息保存到本地】

在第一步当中，我们成功建构了一个 BERTopic 主题模型，接下来就可以查看模型中的主题分布情况，并以 csv 文件形式将详细信息保存到本地。

```
12  stattopics = topic_model.get_topic_freq()
13  print(stattopics)
14  printtopics = topic_model.get_topics()
15  for n in printtopics:
16      print("Topic", n, ":", printtopics[n])
17  topicdocs = topic_model.get_document_info(docs)
18  topicdocs.to_csv(r'D:\我的科研\当前研究\基于 Python 的日语数字人文
    \文本挖掘技术及其应用\topicdocs.csv')
```

代码逐行解析：

第 12 行代码对 topic_model 模型对象调用 get_topic_freq( )方法统计每个主题下面包含的文档数量，并将统计结果整理成一个数据框赋值给变量 stattopics。

第 13 行代码使用 print( )函数把 stattopics 数据框的具体内容打印出来查看(见图 5-5)。其中，图 5-5 中的序号 0～5 代表识别出来的 6 个核心主题，各序号后面所对应的数值表示该主题下面所涵盖的文档数量；剩下的序号 -1 不代表任何主题，其后数值表示的是没被分配到核心主题下的剩余文档数量。

```
2024-05-21 13:17:56,002 - BERTopic - Representation - Completed ✓
   Topic  Count
1    0     69
2    1     68
0    2     38
4    3     32
3    4     30
6    5     21
5   -1      2

Process finished with exit code 0
```

图 5-5　stattopics 数据框

第 14 行代码对 topic_model 模型对象调用 get_topics( )方法获取模型中识别出来的主题序号及相关主题词和短语(含重要性分数),并将其整理成一个以主题序号为键,以相关主题词和短语列表为值的字典赋值给变量 printtopics。

第 15~16 行代码组成一个包含 for 循环语句的相对独立的代码块。其中,第 15 行代码是一个 for 循环语句,依次读取 printtopics 字典中的各个键(即主题序号),每读取一个键后立即将其赋值给变量 n,并自动运行一次有缩进的第 16 行代码。第 16 行代码使用 print( )函数把当前 n 中的主题序号及其对应的主题词和短语列表(即 printtopics[n])打印出来查看①。这样一来,当第 15 行代码中的 for 循环语句运行结束之后,模型中所有的主题序号及相关主题词和短语就都被打印出来了(见图 5-6)。

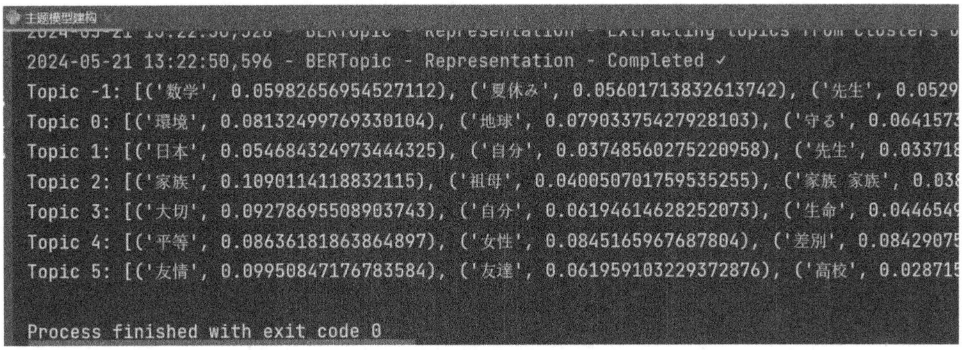

图 5-6　printtopics 字典中打印出来的主题信息

第 17 行代码对 topic_model 模型对象调用 get_document_info( )方法,获取与模型中的主题及日语文档集 docs 列表(作为参数值)相关的详细信息,并将其整合成一个数据框赋值给变量 topicdocs。

第 18 行代码对 topicdocs 数据框对象调用 to_csv( )方法,将其转化为 csv 文件后保存到参数值'D:\我的科研\当前研究\基于 Python 的日语数字人文\文本挖掘技术及其应用\topicdocs.csv'指定的位置(见图 5-7)。

---

① 在主题序号的前面和后面还分别打印了字符串"Topic"和":"。

图 5-7　topicdocs.csv 文件中的部分内容

5.3.3　完整代码

入门版：

#【第一步：基于日语分词语料和日语 BERT 建构 BERTopic 主题模型】
```
1   from bertopic import BERTopic
2   from transformers import pipeline
3   from sklearn.feature_extraction.text import CountVectorizer
4   with open(r'C:\Users\Lenovo\Desktop\docs.txt', 'r', encoding
    ='utf-8') as ds:
5       docs = ds.read()
6   docs = docs.split('\n')
7   vectorizer_model = CountVectorizer(ngram_range=(1, 2), stop_
    words=['思う', '呉れる', '行く'])
8   modelpath = r'D:\我的科研\当前研究\基于 Python 的日语数字人文\文本挖
    掘技术及其应用\tohoku-nlp-bert-base-japanese-v3'
9   embedding_model = pipeline('feature-extraction', model=
    modelpath)
10  topic_model = BERTopic(language="japanese", embedding_model
    =embedding_model, vectorizer_model=vectorizer_model,
    verbose=True)
11  topic_model.fit_transform(docs)
```
#【第二步：查看模型中的主题分布，并将详细信息保存到本地】
```
12  stattopics = topic_model.get_topic_freq()
```

```
13  print(stattopics)
14  printtopics = topic_model.get_topics()
15  for n in printtopics:
16      print("Topic", n, ":", printtopics[n])
17  topicdocs = topic_model.get_document_info(docs)
18  topicdocs.to_csv(r'D:\我的科研\当前研究\基于Python的日语数字人文\文本挖掘技术及其应用\topicdocs.csv')
```

进阶版：

```
1   from bertopic import BERTopic
2   from transformers import pipeline
3   from sklearn.feature_extraction.text import CountVectorizer
4   with open(r'C:\Users\Lenovo\Desktop\docs.txt', 'r', encoding='utf-8') as ds:
5       docs = ds.read().split('\n')
6   vectorizer_model = CountVectorizer(ngram_range=(1, 2), stop_words=['思う','呉れる','行く'])
7   modelpath = r'D:\我的科研\当前研究\基于Python的日语数字人文\文本挖掘技术及其应用\tohoku-nlp-bert-base-japanese-v3'
8   topic_model = BERTopic(language="japanese", embedding_model=pipeline('feature-extraction', model=modelpath), vectorizer_model=vectorizer_model, verbose=True)
9   topic_model.fit_transform(docs)
10  print(topic_model.get_topic_freq())
11  printtopics = topic_model.get_topics()
12  for n in printtopics:
13      print(f"Topic {n}: {printtopics[n]}")
14  topic_model.get_document_info(docs).to_csv(r'D:\我的科研\当前研究\基于Python的日语数字人文\文本挖掘技术及其应用\topicdocs.csv')
```

参考文献

管新潮,2021.Python语言数据分析[M].上海:上海交通大学出版社.

阮光册,黄韵莹,2023.融合Sentence-BERT和LDA的评论文本主题识别[J].现代情报,43(5):46-53.

宗成庆,夏睿,张家俊,2022.文本数据挖掘(第2版)[M].北京:清华大学出版社.

第六章
日语文本向量化技术

6.1 技术概要与编程提示

文本的本质是由字符构成的具有语法和丰富含义的非结构化字符串,所以文本中的含义无法被机器(即计算机)直接理解,处理文本信息时需先将真实文本转化为机器易于理解的数学形式,即将输入的信息进行文本表示(刘金花,2021;宗成庆 等,2022)。文本表示经常使用向量来实现,文本向量化可将文本数据(如单词、短语、句子、文章等)较为便捷地转换为能够表示语言意义的数值形式。譬如,前面提及的预训练语言表示模型 BERT 就能够同时考虑单词前文和后文的信息,精细地理解单词在不同上下文中的复杂含义,从而生成十分全面和深入的数值形式的词向量。除了词向量之外,文本挖掘中通常还会使用句子向量和文档向量。句子和文档是许多文本挖掘任务的直接处理对象,对其语义的深度理解是有效实现这些任务的关键,即句子和文档的向量化是至关重要的(宗成庆 等,2022)。

文本向量化技术会随着文本挖掘的范式迁移得到不断发展。在此之前,文本向量化大多使用相对简单的向量空间模型,即将单词、句子和文档等都表示为词表规模的高维向量,如前面所述的 TF-IDF 模型就是比较常用的将文档进行向量化的高维向量空间模型。近年来,随着基于深度神经网络①的深度学习技术逐渐占据主导地位,单词、句子和文档层面的向量化方法也从高维向量空间模型全面过渡到基于相对低

---

① 简而言之,神经网络是一种试图模拟人脑中神经元的连接和信息传递方式的计算模型,深度神经网络则是一种由多层神经网络(一般每层有多个神经元)组成的相对复杂的神经网络。

维的连续实数向量空间的分布式表示模型(如前面提及的 BERT 模型等)。

实际上,分布式表示模型的提出时间很早。早在 1954 年和 1957 年,Harris 和 Firth 就分别提出和明确了单词的分布式假说:一个单词的语义由其上下文决定,上下文相似的单词,语义也会相似(Harris,1954;Firth,1957)。也就是说,单词向量化的核心思想是,利用低维连续的实数向量来表示单词,使得语义相近的单词在实数向量空间中也处于相邻位置(刘金花,2021)。目前,主要用于单词向量化的分布式表示模型既有 Mikolov 等(2013)提出的经典的 Word2vec 模型(包括 CBOW(continuous bag-of-words)和 Skip-gram 两种架构算法)①等,也有最新的性能强大的预训练语言表示模型 BERT。这两种模型的主要区别在于,Word2vec 训练简单,可快速生成词向量,但生成的是静态词向量,即每个单词的词向量是固定的,与上下文无关。这意味着无论单词出现在哪种上下文中,它的词向量表示都是相同的。与此相对,BERT 的训练过程相对复杂和缓慢,但生成的是动态词向量,即每个单词的词向量会根据它所处的上下文而变化。具体说来,BERT 通过实时考虑左右两侧的单词来生成目标单词的词向量,所以同一个单词(尤其是多义词)在不同的上下文中可以拥有不同的表示,即 BERT 能够生成更加精细的与上下文语境密切相关的词向量。然后,可将句子和文档向量化的分布式表示模型则既有从经典的 Word2vec 模型扩展而来的 Doc2Vec 模型等,也有最新的 BERT 变种模型 Sentence-BERT(Le et al,2014;Reimers et al,2019)。其中,Doc2Vec 也叫 Paragraph Vector 模型,主要用于文档的向量化,也可将文档中的每个句子都视为一个独立的"微型文档",以此生成各个句子的向量表示②。然后,Doc2Vec 与 Word2vec 模型一样,也包含两种架构:(1) PV-DM(Distributed Memory Model of Paragraph Vectors),类似于 Word2vec 中的 CBOW 模型;(2) PV-DBOW(Distributed Bag of Words of Paragraph Vector),类似于 Word2vec 中的 Skip-gram 模型。另一方面,Sentence-BERT 则是一个主要用于句子向量化的模型,但通过适当的方法和策略,也可生成文档向量。Doc2Vec 和 Sentence-BERT 的主要区别类似于 Word2vec 和 BERT

---

① CBOW 和 Skip-gram 架构的主要不同点在于,前者根据输入的上下文单词来预测位于中心的目标单词,而后者则相反,根据位于中心的目标单词来预测上下文单词(宗成庆 等,2022)。

② 但需注意的是,由于 Doc2Vec 的优化目标是捕捉整个文档的语义信息,而不是单个句子,所以通过该模型获得的句子向量可能会不够精确。

的区别,不再赘述。最后,需补充说明的是,用于单词向量化的 BERT 模型其实也可通过求均值(即平均池化)等方法十分便捷地生成句子和文档向量。

从下一小节开始,我们主要聚焦于常用于日语文本向量化的主流分布式表示模型,依次介绍五个编程案例:(1) 基于 Word2vec 的单词向量化编程实现;(2) 基于 BERT 的单词向量化编程实现;(3) 基于 Sentence–BERT 的句子向量化编程实现;(4) 基于 BERT 的句子和文档向量化编程实现;(5) 基于 Doc2Vec 的文档向量化编程实现[1]。开始编程前,需事先下载好 UniDic 词典(即 unidic-cwj-3.1.1)、日语停用词表(即 stopwords-ja.txt)以及适合用于处理日语文本的 BERT 类模型(即 stsb-xlm-r-multilingual 和 bert-base-japanese-v3)。另一方面,我们在编程前还需安装好 MeCab 软件及 mecab、gensim、transformers、sentence-transformers 等第三方库。其中,前面尚未介绍过的 sentence-transformers 主要用于访问、使用和训练最先进的文本和图像表示模型,如可使用 Sentence-BERT 模型来计算句子向量表示等[2]。需要注意的是,在代码中调用 sentence-transformers 库时需使用 sentence_transformers 的形式。

6.2 基于 Word2vec 的单词向量化编程实现

6.2.1 所用语料与编程步骤

所用语料为前文使用过的包含 10 个 txt 纯文本文件的微型语料库,其绝对路径为"C:\Users\Lenovo\Desktop\语料库数据"。然后,编程时的主要步骤如下:

第一步:读取日语停用词表,并将其转化为词汇索列表;

第二步:依次处理语料库中的每个日语文本,并构建句子列表;

第三步:基于句子列表训练 Word2vec 模型,并提取单词向量及评估模型性能;

第四步:将 Word2vec 模型保存到本地,然后加载并使用模型。

---

[1] 基于传统的 TF-IDF 模型的文档向量化编程实现可参考 3.2 小节。
[2] 详情见以下网页:https://www.sbert.net/index.html。

6.2.2 分步代码

【第一步:读取日语停用词表,并将其转化为词汇素列表】

该步与"4.2 基于前 N 位选取法和窗口跨距的词共现网络分析编程实现"的第一步完全一致,不再赘述。

【第二步:依次处理语料库中的每个日语文本,并构建句子列表】

在第一步当中,我们通过 21 行代码获得了一个日语停用词列表(即 stopwordslist),接下来需依次处理语料库中的每个日语文本,并创建一个句子列表,具体代码如下:

```
22  import os
23  dirpath = r'C:\Users\Lenovo\Desktop\语料库数据'
24  filenameslist = os.listdir(dirpath)
25  sentencelist = []
26  for file in filenameslist:
27      filepath = os.path.join(dirpath, file)
28      with open(filepath, 'r', encoding = 'utf-8') as f:
29          textdata = f.read()
30      sentences = re.split('[。?!.\n]', textdata)
31      for sentence in sentences:
32          words = tokenizer.parse(sentence)
33          words = words.strip()
34          words = re.split('\n', words)
35          words = words[0:-1]
36          tokenslist = []
37          for word in words:
38              item = re.split('[\t,]', word)
39              tokenslist.append(item)
40          keywordslist = []
41          for l in tokenslist:
42              if len(l) >= 9:
43                  lemma = re.sub('-.*', '', l[8])
44                  if l[1] in ['名詞', '動詞', '形容詞', '形状詞'] and lemma not in stopwordslist:
45                      keywordslist.append(lemma)
46          if keywordslist != []:
```

```
47              sentencelist.append(keywordslist)
48       print(sentencelist)
```

代码逐行解析：

第 22 行代码使用"import 库"的代码形式把标准库 os 导入当前 PyCharm 项目中备用。

第 23 行代码把需要处理的目标语料库的绝对路径(r'C:\Users\Lenovo\Desktop\语料库数据')赋值给变量 dirpath。

第 24 行代码调用 os 库中的 listdir( )函数获取 dirpath 路径(作为参数值)所指文件夹(即目标语料库)中的全部文件名称,并将其组合成一个列表赋值给变量 filenameslist。

第 25 行代码构建了一个不含任何元素的空列表,并将其赋值给变量 sentencelist。

第 26～47 行代码组成一个包含多个 for 循环语句的相对独立的代码块。具体说来,第 26 行代码是一个 for 循环语句,依次读取 filenameslist 列表中的各个元素(即文件名称),每读取一个元素后立即将其赋值给变量 file,并自动运行一次有缩进的第 27～47 行代码。第 27 行代码调用 os 库中 path 工具的 join( )函数将 dirpath 中的路径和当前 file 中的文件名称连接成一个完整的路径(即当前 file 的绝对路径),并把它赋值给变量 filepath。第 28～29 行代码组成一个相对独立的代码块,实现打开目标文件并读取其中内容的功能。具体说来,第 28 行代码使用 with open( )函数打开 filepath 路径(作为第 1 个参数值)指向的目标文件,并将其命名为变量 f。with open( )中的第 2 个参数值'r'指定了目标文件的打开模式为"只读模式",第 3 个参数值'utf-8'指定了目标文件的编码方式为 utf-8。第 29 行代码对当前的 f 对象调用 read( )方法读取其具体内容,并组合成一个字符串赋值给变量 textdata。第 30 行代码调用 re 库中的 split( )函数,以日语句号、日语问号、日语感叹号、半角英文句号和换行符为分隔符,把当前 textdata 中的字符串分隔成一个一个的句子,并将由这些句子元素组成的列表赋值给变量 sentences。第 31 行代码是一个 for 循环语句,依次读取 sentences 列表中的各个元素(即句子),每读取一个元素后立即将其赋值给变量 sentence,并自动运行一次有缩进的第 32～47 行代码。第 32 行代码通过调用 tokenizer 对象的 parse( )方法对当前 sentence 中的字符串进行分词处理,并把分词结果赋值给变量 words。

第33行代码对words对象调用strip()方法移除其储存的字符串头尾两端的空格,并将处理结果重新赋值给变量words。第34行代码从re库中调用split()函数,以换行符为分隔符把words中的字符串分隔成多个元素,并将这些元素组成一个列表重新赋值给变量words。第35行代码把words列表中的第1个元素到倒数第2个元素切片出来构成一个新列表,并将其重新赋值给变量words,以此删除位于列表最后的"EOS"元素。第36行代码构建了一个空列表,并将其赋值给变量tokenslist。第37~39行代码组成一个相对独立的代码块,将words列表中的每个元素进一步分隔成列表,并依次把这些列表作为最后一个元素添加到tokenslist列表当中。具体说来,第37行代码是一个for循环语句,该语句依次读取words列表中的各个元素,每读取一个元素后立即将其赋值给变量word,并自动运行一次有缩进的第38~39行代码。第38行代码调用re库中的split()函数,以制表符和英文逗号为分隔符把当前word中的字符串分隔成多个元素,并将由这些元素组成的列表赋值给变量item。第39行代码对事先构建好的tokenslist列表对象调用append()方法,将item列表作为最后一个元素添加到tokenslist列表当中。第40行代码构建了一个空列表,并把它赋值给变量keywordslist。第41~45行代码又是一个包含for循环语句的相对独立的代码块。其中,第41行代码依次读取tokenslist列表中的各个元素,每读取一个元素后立即将其赋值给变量l,并自动运行一次有缩进的第42~45行代码。第42行代码设置了一个if条件:len(l) > = 9。若满足该条件,则说明当前l列表的长度大于或等于9,此时会自动运行一次有缩进的第43~45行代码。第43行代码从re库中调用sub()函数,把l[8]词汇素中由小横杠加任意字符组成的字符串删除后返回剩余的词汇素,并将其赋值给变量lemma。第44行代码设置了两个用and连接起来的if条件:(1) l[1] in ['名詞','動詞','形容詞','形状詞'];(2) lemma not in stopwordslist。若同时满足这两个条件,则说明当前lemma中的词汇素是具有较多实际意义的名词、动词、形容词或形容动词(即关键词),且不属于日语停用词,此时会自动运行一次有缩进的第45行代码。该行代码对事先构建好的keywordslist列表对象调用append()方法,将lemma中的词汇素作为最后一个元素添加到keywordslist当中。这样一来,当第41行代码中的for循环语句运行结束之后,keywordslist列表就以元素的形式包含了当前

sentence 中所有关键词的词汇素。然后,第 46 行代码是一个 if 条件,意思为 keywordslist 列表不为空。若满足该条件,则自动运行一次有缩进的第 47 行代码,即对事先构建好的 sentencelist 列表对象调用 append( )方法,将 keywordslist 列表作为最后一个元素添加到 sentencelist 当中。最终,当第 26 行代码中的 for 循环语句运行结束之后,sentencelist 列表中就以嵌套列表(即以列表为元素)的形式储存了语料库各个日语文本中的所有日语句子。

第 48 行代码通过 print( )函数把 sentencelist 嵌套列表打印出来查看。

【第三步:基于句子列表训练 Word2vec 模型,并提取单词向量及评估模型性能】

在第二步当中,我们获得了一个包含语料库中所有日语句子的嵌套列表(即 sentencelist),接下来就可以基于该句子列表来训练一个 Word2vec 模型,并通过该模型来提取单词向量及评估模型性能。具体代码如下:

```
49  from gensim.models import Word2Vec
50  model = Word2Vec(sentencelist, vector_size =100, min_count =
    3, window =3, sg =1, epochs =50, compute_loss =True)
51  vector = model.wv['山']
52  print(vector)
53  sims = model.wv.most_similar(positive ='山', topn =10)
54  print(sims)
55  loss_value = model.get_latest_training_loss()
56  print(loss_value)
```

代码逐行解析:

第 49 行代码使用"from 库中工具 import 函数"的代码形式把第三方库 gensim 的 models 工具中的 Word2Vec( )函数导入当前 PyCharm 项目中备用。

第 50 行代码调用 Word2Vec( )函数建构了一个 Word2vec 模型,并将其赋值给变量 model。Word2Vec( )中共传递了 7 个参数。其中,第 1 个参数值 sentencelist 指定了建模所用的日语句子语料;第 2 个参数值 100 指定了模型生成的词向量的维度数量;第 3 个参数值 3 指定了建模时不考虑词频小于 3 的单词;第 4 个参数值 3 指定了同一句子中的当前单词与预测单词之间的最大距离,即将当前单词前后各 3 个单词作为上下文；第 5 个参数值 1 指定了使用 Skip – gram 架构算法来开展计算①；第 6 个参数值 50 指定了建模算法在训练数据（即语料库）上的迭代次数；第 7 个参数值 True 指定了在模型训练过程中计算并储存损失函数的值（即损失值）。损失函数是一个衡量模型预测值与真实值之间差异程度的函数，损失值越小，意味着模型性能越好。因此，计算损失值对于监控模型训练过程和评估模型性能是非常重要的。此外，通过调节第 2~6 个参数的数值可以改变模型的性能，即可通过参数调节来找出损失值较小而性能较好的模型。

第 51 行代码首先调用 model 模型的词向量属性 wv，然后从中提取出单词 '山' 所对应的 100 维的向量表示，并将其赋值给变量 vector。具体说来，wv 属性相当于一个包含训练得到的所有词向量的字典，字典中的键是各个单词，值是相关单词所对应的 100 维的词向量，所以 wv['山'] 表示从属性字典 wv 中提取出单词 '山' 这个键所对应的值，即其向量表示。

第 52 行代码通过 print( ) 函数把变量 vector 中的词向量打印出来查看（见图 6-1）。由图 6-1 可知，该词向量是一个一维数组（长度为 100），其中每个元素都是一个小数（又叫浮点数）。

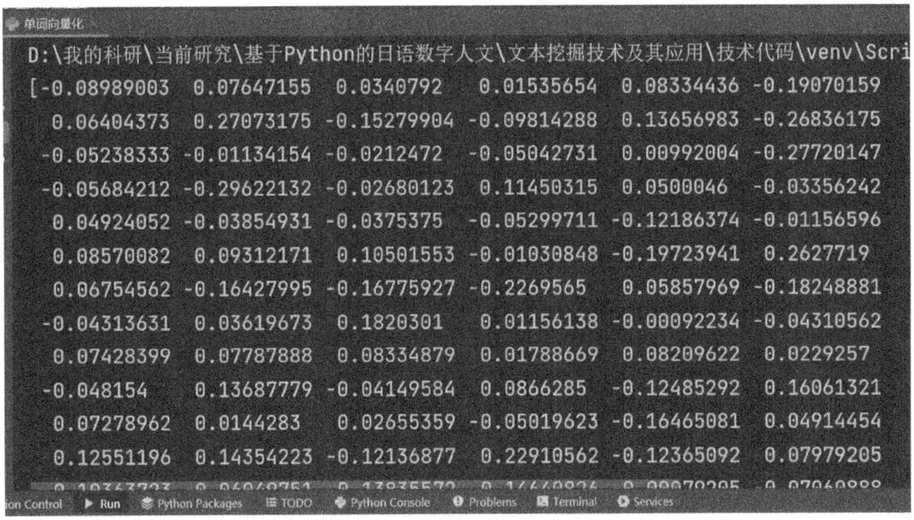

图 6-1　vector 中的词向量

---

① 参数值设定为 1 以外的任何值时，都意味着使用 CBOW 架构算法来开展计算。

第 53 行代码对 model 模型的词向量属性 wv 对象调用 most_similar( )方法,基于词向量计算并提取与单词'山'最相似的前 10 个单词,并将提取结果赋值给变量 sims。most_similar( )中输入了两个参数,第 1 个参数值'山'指定了参照单词,第 2 个参数值 10 指定了与参照单词最相似的单词的提取数量。

第 54 行代码通过 print( )函数把变量 sims 中的相似单词打印出来查看(见图 6-2)。由图 6-2 可知,每个相似单词后面都附有一个表示相似程度的数值。通过观察和判断这些相似单词的合理性,可初步评估模型的性能情况。如果提取出来的相似单词比较合理,则说明模型的性能较好。

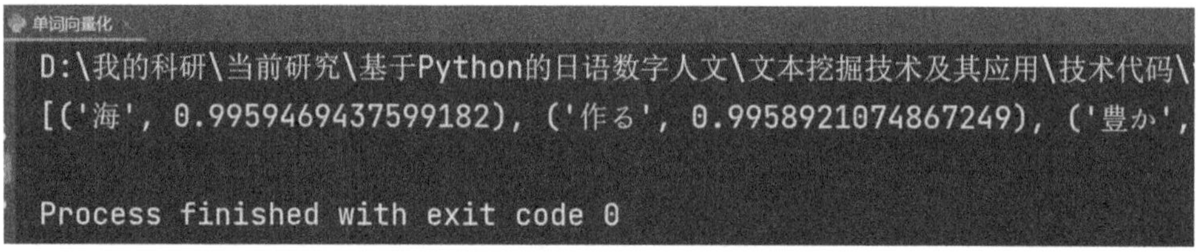

图 6-2 sims 中的相似单词

第 55 行代码对 model 模型对象调用 get_latest_training_loss( )方法获取最后一次训练迭代的损失值,并将其赋值给变量 loss_value。

第 56 行代码通过 print( )函数把变量 loss_value 中的损失值打印出来查看。基于该值也可评估模型的性能情况,如果数值较小,则说明模型性能较好。但需注意的是,最终评定模型性能时不能完全依靠单个指标或方法,需综合考虑相似单词的合理性和损失值等。

【第四步:将 Word2vec 模型保存到本地,然后加载并使用模型】

在第三步当中,我们训练了一个 Word2vec 模型,并对其进行了性能评估。接下来就可以将该模型保存到本地电脑当中,并随时加载和使用其来查询单词向量及相似单词等。具体代码如下:

```
57    model.save('word2vec.model')
58    model = Word2Vec.load('word2vec.model')
59    vector = model.wv['山']
60    print(vector)
61    sims = model.wv.most_similar(positive='山', topn=10)
```

```
62    print(sims)
```

代码逐行解析:

第57行代码对model模型对象调用save()方法,将其命名后保存到当前工作目录,即当前Python文件所在目录①。具体说来,save()中传递了一个参数值'word2vec.model',该值指定了待保存的模型的名称及其路径,即将模型命名为"word2vec.model",并保存到当前Python文件所在的工作目录。这样一来,之后任何时候都可以在本地调用该模型来快捷查询某个单词的词向量,而不再需要从零开始训练一个新模型。

第58行代码从Word2Vec函数中调用load函数加载本地保存的Word2vec模型(即参数值'word2vec.model'中的模型)备用②。

第59~62行代码与第51~54行代码完全一样,即使用加载好的Word2vec模型提取和打印了单词'山'的词向量,并计算和打印了与其最相似的10个单词。

6.2.3 完整代码

入门版:

```
#【第一步:读取日语停用词表,并将其转化为词汇素列表】
1   import MeCab
2   import re
3   tokenizer = MeCab.Tagger(r"-d C:\Users\Lenovo\Desktop\unidic
    -cwj-3.1.1")
4   with open(r'C:\Users\Lenovo\Desktop\stopwords-ja.txt','r',
    encoding='utf-8') as sw:
5       stopwords = sw.read()
6   stopwords = tokenizer.parse(stopwords)
7   print(stopwords)
8   stopwords = stopwords.strip()
9   stopwords = re.split('\n', stopwords)
10  stopwords = stopwords[0:-1]
```

---

① 如果之后不需要再次使用训练好的model模型,则该保存步骤可以省略。
② 可以方便地加载已训练好的模型意味着我们也可以自由地加载和使用其他人训练好的优质模型来提取词向量。

```
11  swtokenslist = []
12  for word in stopwords:
13      word = re.split('[\t,]', word)
14      swtokenslist.append(word)
15  stopwordslist = []
16  for l in swtokenslist:
17      if len(l) >= 9:
18          lemma = re.sub('-.*', '', l[8])
19          stopwordslist.append(lemma)
20  stopwordsset = set(stopwordslist)
21  stopwordslist = list(stopwordsset)
```
#【第二步:依次处理语料库中的每个日语文本,并构建句子列表】
```
22  import os
23  dirpath = r'C:\Users\Lenovo\Desktop\语料库数据'
24  filenameslist = os.listdir(dirpath)
25  sentencelist = []
26  for file in filenameslist:
27      filepath = os.path.join(dirpath, file)
28      with open(filepath, 'r', encoding = 'utf-8') as f:
29          textdata = f.read()
30      sentences = re.split('[。?!.\n]', textdata)
31      for sentence in sentences:
32          words = tokenizer.parse(sentence)
33          words = words.strip()
34          words = re.split('\n', words)
35          words = words[0:-1]
36          tokenslist = []
37          for word in words:
38              item = re.split('[\t,]', word)
39              tokenslist.append(item)
40          keywordslist = []
41          for l in tokenslist:
42              if len(l) >= 9:
43                  lemma = re.sub('-.*', '', l[8])
44                  if l[1] in ['名詞', '動詞', '形容詞', '形状詞'] and lemma not in stopwordslist:
45                      keywordslist.append(lemma)
46          if keywordslist != []:
47              sentencelist.append(keywordslist)
```

```
48  print(sentencelist)
```
#【第三步：基于句子列表训练 Word2vec 模型，并提取单词向量及评估模型性能】
```
49  from gensim.models import Word2Vec
50  model = Word2Vec(sentencelist, vector_size=100, min_count=
    3, window=3, sg=1, epochs=50, compute_loss=True)
51  vector = model.wv['山']
52  print(vector)
53  sims = model.wv.most_similar(positive='山', topn=10)
54  print(sims)
55  loss_value = model.get_latest_training_loss()
56  print(loss_value)
```
#【第四步：将 Word2vec 模型保存到本地，然后加载并使用模型】
```
57  model.save('word2vec.model')
58  model = Word2Vec.load('word2vec.model')
59  vector = model.wv['山']
60  print(vector)
61  sims = model.wv.most_similar(positive='山', topn=10)
62  print(sims)
```

进阶版：

```
1   import MeCab
2   import re
3   import os
4   from gensim.models import Word2Vec
5   tokenizer = MeCab.Tagger(r"-d C:\Users\Lenovo\Desktop\unidic
    -cwj-3.1.1")
6   with open(r'C:\Users\Lenovo\Desktop\stopwords-ja.txt', 'r',
    encoding='utf-8') as swf:
7       stopwords = swf.read()
8   stopwords = re.split('\n', tokenizer.parse(stopwords).strip
    ())[0:-1]
9   swtokenslist = [re.split('[\t,]', word) for word in stopwords]
10  stopwordslist = list(set([re.sub('-.*', '', l[8]) for l in
    swtokenslist if len(l) >= 9]))
11  filenameslist = os.listdir(r'C:\Users\Lenovo\Desktop\语料库数
    据')
12  sentencelist = []
13  for file in filenameslist:
14      with open(os.path.join(r'C:\Users\Lenovo\Desktop\语料库数
```

```
据',file),'r',encoding='utf-8') as f:
15        textdata = f.read()
16    sentences = re.split('[。?!.\n]', textdata)
17    for sentence in sentences:
18        words = re.split ('\n', tokenizer.parse (sentence).strip())[0:-1]
19        tokenslist = [re.split ('[\t,]', word) for word in words]
20        keywordslist = []
21        for l in tokenslist:
22            if len(l) > = 9:
23                lemma = re.sub('-.*', '', l[8])
24                if l[1] in ['名詞','動詞','形容詞','形状詞'] and lemma not in stopwordslist:
25                    keywordslist.append(lemma)
26        if keywordslist ! = []:
27            sentencelist.append(keywordslist)
28 model = Word2Vec(sentencelist, vector_size =100, min_count =3, window =3, sg =1, epochs =50, compute_loss =True)
29 print(model.wv['山'])
30 print(model.wv.most_similar(positive ='山', topn =10))
31 print(model.get_latest_training_loss())
32 model.save('word2vec.model')
33 model = Word2Vec.load('word2vec.model')
34 print(model.wv['山'])
35 print(model.wv.most_similar(positive ='山', topn =10))
```

6.3 基于 BERT 的单词向量化编程实现

6.3.1 所用语料与编程步骤

所用语料为前文使用过的微型语料库中的第一个日语文本,其绝对路径为"C:\Users\Lenovo\Desktop\语料库数据\1.txt"。然后,编程时的主要步骤如下:

第一步:读取单个文本中的日语语料,并构建句子列表;

第二步:基于 BERT 依次生成句子列表各个句子中每个单词的向量。

6.3.2 分步代码

【第一步:读取单个文本中的日语语料,并构建句子列表】

编程的第一步为读取单个文本文件中的日语语料数据,并进行分句处理和构建句子列表。具体代码如下:

```
1  import re
2  filepath = r'C:\Users\Lenovo\Desktop\语料库数据\1.txt'
3  with open(filepath, 'r', encoding = 'utf-8') as f:
4      textdata = f.read()
5  print(textdata)
6  sentencelist = re.split('[。?!.\n]', textdata)
```

代码逐行解析:

第1行代码使用"import 库"的代码形式把标准库 re 导入当前 PyCharm 项目中备用。

第2行代码把待读取的文本文件的绝对路径(r'C:\Users\Lenovo\Desktop\语料库数据\1.txt')赋值给变量 filepath。

第3~4行代码组成一个相对独立的代码块。其中,第3行代码使用 with open()函数打开 filepath 路径(作为第1个参数值)指向的目标文件,并将其命名为变量 f。with open()中的第2个参数值'r'指定了目标文件的打开模式为"只读模式",第3个参数值'utf-8'指定了目标文件的编码方式为 utf-8。第4行代码对 f 对象调用 read()方法读取其具体内容,并组合成一个字符串赋值给变量 textdata。

第5行代码通过 print()函数把 textdata 中的字符串打印出来查看。

第6行代码调用 re 库中的 split()函数,以日语句号、日语问号、日语感叹号、半角英文句号和换行符为分隔符,把当前 textdata 中的字符串分隔成一个一个的句子,并将由这些句子元素组成的列表赋值给变量 sentencelist。

【第二步:基于 BERT 依次生成句子列表各个句子中每个单词的向量】

在第一步当中,我们成功获得了一个包含所有日语句子的列表(即 sentencelist),接下来需基于预训练语言表示模型 BERT 来依次生成句子列表各个句子中每个单词的向量。具体代码如下:

```
7    from transformers import BertModel
8    from transformers import BertJapaneseTokenizer
9    modelpath = r'D:\我的科研\当前研究\基于 Python 的日语数字人文\文本挖
     掘技术及其应用\tohoku-nlp-bert-base-japanese-v3'
10   tokenizer = BertJapaneseTokenizer.from_pretrained(modelpath)
11   model = BertModel.from_pretrained(modelpath)
12   word_vectors_sum = []
13   for s in sentencelist:
14       s = s.strip()
15       if s ! = '' and len(s) > 1:
16           input_ids = tokenizer.encode(s, add_special_tokens =
     False, return_tensors = 'pt')
17           print(input_ids)
18           result = model(input_ids)
19           lhs = result.last_hidden_state
20           word_vectors = lhs.tolist()[0]
21           print(word_vectors)
22           word_vectors_sum.append(word_vectors)
23   print(word_vectors_sum)
```

代码逐行解析：

第7行代码使用"from 库 import 函数"的代码形式把第三方库 transformers 中的 BertModel()函数导入当前 PyCharm 项目中备用。

第8行代码使用"from 库 import 函数"的代码形式把第三方库 transformers 中的 BertJapaneseTokenizer()函数导入当前 PyCharm 项目中备用。

第9行代码将后续建模所需的日语 BERT 模型 bert–base–japanese–v3 的绝对路径赋值给变量 modelpath。

第10行代码首先调用 BertJapaneseTokenizer()函数创建一个日语分词器对象，然后调用该对象的 from_pretrained()方法从指定的绝对路径（作为参数值）中的日语 BERT 模型加载其基本配置，最后将配置完毕的日语分词器赋值给变量 tokenizer。

第11行代码首先调用 BertModel()函数创建一个 BERT 模型对象，然后调用该对象的 from_pretrained()方法从指定的绝对路径（作为参数值）中的日语 BERT 模型加载其参数，最后将参数完备的 BERT 模型赋值给变量 model。

第 12 行代码将一个空列表赋值给变量 word_vectors_sum。

第 13 ~ 22 行代码组成一个包含 for 循环语句的相对独立的代码块。具体说来，第 13 行代码是一个 for 循环语句，依次读取 sentencelist 列表中的各个元素（即日语句子），每读取一个元素后立即将其赋值给变量 s，并自动运行一次有缩进的第 14 ~ 22 行代码。第 14 行代码对当前 s 中的句子对象调用 strip( ) 方法，移除其头尾两端的空格，并将处理结果重新赋值给变量 s。第 15 行代码设置了两个用 and 连接的 if 条件：（1）s ! = '';（2）len(s) > 1。如果同时满足这两个条件，说明当前 s 中的句子不为空，且不是单个文字、数字或符号，即 s 中是一个需进行向量化处理的普通句子，此时会自动运行一次有缩进的第 16 ~ 22 行代码。第 16 行代码调用 tokenizer 分词器对象的 encode( ) 方法对当前句子（作为参数值）进行编码处理，并将编码后的结果赋值给变量 input_ids。encode( ) 中传递了 3 个参数，第 1 个参数值 s 指定了需要编码的句子，第 2 个参数值 False 指定了在编码过程中不往句子前后额外添加特殊标记①，第 3 个参数值'pt'则指定了使用 PyTorch 张量（英文为 tensor）来表示编码结果②。第 17 行代码使用 print( ) 函数把 input_ids 中储存的 PyTorch 张量打印出来查看（见图 6-3）。由图 6-3 可知，句子中的每个单词都被编码成了一个数字 ID，且这些 ID 按照顺序保存在 PyTorch 张量（即 tensor）当中。

```
单词向量化
D:\我的科研\当前研究\基于Python的日语数字人文\文本挖掘技术及其应用\技术代码\venv\Scripts\
tensor([[13487,   464,  2238,  7567,   430,  1226,   461, 30997,   429]])
tensor([[  395,   687,   384,  3348,   430, 28444,   456, 12483]])
tensor([[ 1872,   430, 28444,   456, 12483]])
tensor([[12499, 19345,   461,   879, 12626,   465, 30430,   463,   466, 12765,
         12494]])
tensor([[  879, 12626,   464, 15411, 12500, 20464]])
tensor([[17026,   465,  3348,   461, 18623,   494,   384, 16587,   464,  4543,
           604,  1051,   430,  1872,   457, 12485]])
tensor([[ 2718, 12488, 12500,   680,   465, 12499,  1872,   458,  3348,   461,
         26960,   456, 13053,   441,   456,   431,   449]])
```

图 6-3　input_ids 中的 PyTorch 张量示例

① 如果 add_special_tokens 的参数值设置为 True，则会在句子前后添加具有某种用途的序列开始标记[CLS]、序列结束标记[SEP]等。

② 第 3 个参数值中的 pt 是 PyTorch 的省略，PyTorch 张量是一种类似于数组的数据类型。

第 18 行代码将 input_ids 中的 PyTorch 张量 ID 作为参数值输入 model 模型中进行向量化处理，并将处理结果赋值给变量 result。第 19 行代码通过 result 结果的 last_hidden_state 属性获取所有向量，并将其赋值给变量 lhs。第 20 行代码首先调用 lhs 对象的 tolist( ) 方法将其转换为我们熟悉的列表，然后提取出该列表第一个元素的内容（即一个储存了当前句子中每个单词的向量表示的嵌套列表）赋值给变量 word_vectors。第 21 行代码使用 print( ) 函数把 word_vectors 中的向量表示打印出来查看（见图 6-4）。由于每个向量都有 768 维，所以图 6-4 中只显示出了最后一个向量的部分维度数值。但由图 6-4 中最后两个半角中括号可知，word_vectors 中储存的确实是一个嵌套列表，且该嵌套列表中的每个列表元素应该都对应某个单词的 768 维的向量表示。

```
 单词向量化
    0.4445893168449402, -0.3669145405292511, 0.1768617331981659, -1
.033982515335083, -0.1669253259897232, -0.3598332405090332, 0.8821505308151245,
 -0.2696126699447632, 0.42825740575790405, 0.22035335004329681, -0
.5503087043762207, 0.24297243356704712, -0.3363082706928253, -0
.8438083529472351, 0.19150951504707336, -0.026397913694381714, -0
.3467749357223511, -0.12102775275707245, 0.3459879159927368]]

Process finished with exit code 0
```

图 6-4　word_vectors 嵌套列表中的向量示例

第 22 行代码对事先构建好的 word_vectors_sum 列表对象调用 append( ) 方法，将 word_vectors 嵌套列表作为最后一个元素添加到 word_vectors_sum 列表当中。这样一来，当第 13 行代码中的 for 循环语句运行结束之后，word_vectors_sum 中就以嵌套列表的形式储存了各个句子中每个单词的向量。

第 23 行代码使用 print( ) 函数把 word_vectors_sum 嵌套列表中的向量打印出来查看（见图 6-5）。

```
 单词向量化
    
 -1.033982515335083, -0.1669253259897232, -0.3598332405090332,
 0.8821505308151245, -0.2696126699447632, 0.42825740575790405,
 0.22035335004329681, -0.5503087043762207, 0.24297243356704712,
 -0.3363082706928253, -0.8438083529472351, 0.19150951504707336,
 -0.026397913694381714, -0.3467749357223511, -0.12102775275707245,
 0.3459879159927368]]]

Process finished with exit code 0
```

图 6-5　word_vectors_sum 嵌套列表中的向量示例

6.3.3 完整代码

入门版：

#【第一步：读取单个文本中的日语语料，并构建句子列表】
```
1  import re
2  filepath = r'C:\Users\Lenovo\Desktop\语料库数据\1.txt'
3  with open(filepath, 'r', encoding = 'utf-8') as f:
4      textdata = f.read()
5  print(textdata)
6  sentencelist = re.split('[。?!.\n]', textdata)
```
#【第二步：基于BERT依次生成句子列表各个句子中每个单词的向量】
```
7   from transformers import BertModel
8   from transformers import BertJapaneseTokenizer
9   modelpath = r'D:\我的科研\当前研究\基于Python的日语数字人文\文本挖掘技术及其应用\tohoku-nlp-bert-base-japanese-v3'
10  tokenizer = BertJapaneseTokenizer.from_pretrained(modelpath)
11  model = BertModel.from_pretrained(modelpath)
12  word_vectors_sum = []
13  for s in sentencelist:
14      s = s.strip()
15      if s != '' and len(s) > 1:
16          input_ids = tokenizer.encode(s, add_special_tokens = False, return_tensors = 'pt')
17          print(input_ids)
18          result = model(input_ids)
19          lhs = result.last_hidden_state
20          word_vectors = lhs.tolist()[0]
21          print(word_vectors)
22          word_vectors_sum.append(word_vectors)
23  print(word_vectors_sum)
```

进阶版：

```
1  import re
2  from transformers import BertModel, BertJapaneseTokenizer
3  with open(r'C:\Users\Lenovo\Desktop\语料库数据\1.txt', 'r', encoding = 'utf-8') as f:
4      textdata = f.read()
5  sentencelist = re.split('[。?!.\n]', textdata)
```

```
 6    modelpath = r'D:\我的科研\当前研究\基于 Python 的日语数字人文\文本挖
      掘技术及其应用\tohoku - nlp - bert - base - japanese - v3'
 7    tokenizer = BertJapaneseTokenizer.from_pretrained(modelpath)
 8    model = BertModel.from_pretrained(modelpath)
 9    word_vectors_sum = []
10    for s in sentencelist:
11        if s.strip() ! = '' and len(s.strip()) > 1:
12            word_vectors_sum.append(model(tokenizer.encode(s.strip(), add_special_tokens = False, return_tensors = 'pt')).last_hidden_state.tolist()[0])
13    print(word_vectors_sum)
```

6.4 基于Sentence – BERT的句子向量化编程实现

6.4.1 所用语料与编程步骤

所用语料为前面使用过的微型语料库中的第一个日语文本,其绝对路径为"C:\Users\Lenovo\Desktop\语料库数据\1.txt"。然后,编程时的主要步骤如下:

第一步:读取单个文本中的日语语料,并构建句子列表;

第二步:基于Sentence – BERT依次生成句子列表中各个句子的向量。

6.4.2 分步代码

【第一步:读取单个文本中的日语语料,并构建句子列表】

该步与"6.3　基于 BERT 的单词向量化编程实现"的第一步完全一致,不再赘述。

【第二步:基于Sentence-BERT依次生成句子列表中各个句子的向量】

在第一步当中,我们通过6行代码成功获得了一个包含所有日语句子的列表(即 sentencelist),接下来就可以基于预训练语言表示模型 Sentence-BERT 依次生成句子列表中各个句子的向量。具体代码如下:

```
 7    from sentence_transformers import SentenceTransformer
 8    model = SentenceTransformer(r'D:\我的科研\当前研究\基于 Python 的
      日语数字人文\文本挖掘技术及其应用\stsb - xlm - r - multilingual')
```

```
 9    sentence_vectors_sum = []
10    for s in sentencelist:
11        s = s.strip()
12        if s! = '' and len(s) > 1:
13            vectors = model.encode(s, convert_to_tensor = True)
14            vectors = vectors.tolist()
15            sentence_vectors_sum.append(vectors)
16    print(sentence_vectors_sum)
```

代码逐行解析：

第7行代码使用"from 库 import 函数"的代码形式把第三方库 sentence_transformers 中的 SentenceTransformer() 函数导入当前 PyCharm 项目中备用。

第8行代码调用 SentenceTransformer() 函数，使用其参数值中绝对路径所指定的 Sentence – BERT 预训练模型 stsb – xlm – r – multilingual 构建了一个模型对象，并将其赋值给变量 model。

第9行代码将一个空列表赋值给变量 sentence_vectors_sum。

第10～15行代码组成一个包含 for 循环语句的相对独立的代码块。具体说来，第10行代码是一个 for 循环语句，依次读取 sentencelist 列表中的各个元素（即日语句子），每读取一个元素后立即将其赋值给变量 s，并自动运行一次有缩进的第11～15行代码。第11行代码对当前 s 中的句子对象调用 strip() 方法，移除其头尾两端的空格，并将处理结果重新赋值给变量 s。第12行代码设置了两个用 and 连接的 if 条件：(1) s! = ''；(2) len(s) > 1。如果同时满足这两个条件，说明当前 s 中的句子不为空，且不是单个文字、数字或符号，即 s 中是一个需进行向量化处理的普通句子，此时会自动运行一次有缩进的第13～15行代码。第13行代码调用 model 模型的 encode() 方法对当前句子（作为参数值）进行向量化处理，并将处理后的结果赋值给变量 vectors。encode() 中传递了2个参数，第1个参数值 s 指定了需要进行向量化处理的句子，第2个参数值 True 指定了使用 PyTorch 张量来表示向量化处理的结果。第14行代码对 vectors 张量对象调用 tolist() 方法将其转化为我们熟悉的列表，并将该列表重新赋值给变量 vectors。第15行代码对事先构建好的 sentence_vectors_sum 列表对象调用 append() 方法，将 vectors 列表作为最后一个元素添加到 sentence_ vectors_sum 列表当中。这样一来，当第 10 行代码中的 for 循环语句运行结束之后，sentence_vectors_sum 中就以嵌套列表的形式储存了各个句子的长度为 768 维的向量表示。

第 16 行代码使用 print( ) 函数把 sentence_vectors_sum 嵌套列表中的向量打印出来查看（见图 6-6）。

```
0.2884860038757324, -0.14619025588035583, -0.318701833486557, -0
.2683592438697815, -0.040130533277988434, 0.059185039252014277,
-0.3895486891269684, -0.006965828128159046, -0.4039761424064636,
-0.45169997215270996, 0.3991104070663452, -0.6411142945289612,
-0.1723024845123291, -0.27109354734420776, -0.10552302747964859,
0.3556421399116516, -0.32920533418655396, 0.10255622863769531]]

Process finished with exit code 0
```

图 6-6　sentence_vectors_sum 嵌套列表中的向量示例

6.4.3　完整代码

入门版：

```
#【第一步：读取单个文本中的日语语料，并构建句子列表】
1    import re
2    filepath = r'C:\Users\Lenovo\Desktop\语料库数据\1.txt'
3    with open(filepath, 'r', encoding = 'utf - 8') as f:
4        textdata = f.read()
5    print(textdata)
6    sentencelist = re.split('[。?!.\n]', textdata)
#【第二步：基于 Sentence - BERT 依次生成句子列表中各个句子的向量】
7    from sentence_transformers import SentenceTransformer
8    model = SentenceTransformer(r'D:\我的科研\当前研究\基于 Python 的日语数字人文\文本挖掘技术及其应用\stsb - xlm - r - multilingual')
9    sentence_vectors_sum = []
10   for s in sentencelist:
11       s = s.strip()
12       if s ! = '' and len(s) > 1:
```

```
13            vectors = model.encode(s, convert_to_tensor = True)
14            vectors = vectors.tolist()
15            sentence_vectors_sum.append(vectors)
16  print(sentence_vectors_sum)
```

进阶版：

```
1  import re
2  from sentence_transformers import SentenceTransformer
3  with open(r'C:\Users\Lenovo\Desktop\语料库数据\1.txt', 'r',
   encoding = 'utf-8') as f:
4      textdata = f.read()
5  sentencelist = re.split('[。?!.\n]', textdata)
6  model = SentenceTransformer(r'D:\我的科研\当前研究\基于Python的
   日语数字人文\文本挖掘技术及其应用\stsb-xlm-r-multilingual')
7  sentence_vectors_sum = [model.encode(s.strip(), convert_to_
   tensor = True).tolist() for s in sentencelist if s.strip() ! = ''
   and len(s.strip()) > 1]
8  print(sentence_vectors_sum)
```

6.5 基于BERT的句子和文档向量化编程实现

6.5.1 所用语料与编程步骤

所用语料为前面使用过的微型语料库中的第一个日语文本,其绝对路径为"C:\Users\Lenovo\Desktop\语料库数据\1.txt"。然后,编程时的主要步骤如下：

第一步:读取单个文本中的日语语料,并构建句子列表；

第二步:基于BERT依次生成句子列表中各个句子的向量；

第三步:基于句子向量计算文档向量。

6.5.2 分步代码

【第一步:读取单个文本中的日语语料,并构建句子列表】

该步与"6.3 基于BERT的单词向量化编程实现"的第一步完全一致,不再赘述。

【第二步：基于BERT依次生成句子列表中各个句子的向量】

在第一步当中，我们通过6行代码成功获得了一个包含所有日语句子的列表（即sentencelist），接下来就可以基于预训练语言表示模型BERT依次生成句子列表中各个句子的向量。具体代码如下：

```
7   from transformers import BertModel
8   from transformers import BertJapaneseTokenizer
9   modelpath = r'D:\我的科研\当前研究\基于Python的日语数字人文\文本挖掘技术及其应用\tohoku-nlp-bert-base-japanese-v3'
10  tokenizer = BertJapaneseTokenizer.from_pretrained(modelpath)
11  model = BertModel.from_pretrained(modelpath)
12  sentence_vectors_sum = []
13  for s in sentencelist:
14      s = s.strip()
15      if s != '' and len(s) > 1:
16          input_ids = tokenizer.encode(s, add_special_tokens=True, return_tensors='pt')
17          result = model(input_ids)
18          lhs = result.last_hidden_state
19          word_vectors = lhs.tolist()[0]
20          sentence_vector = word_vectors[0]
21          print(sentence_vector)
22          sentence_vectors_sum.append(sentence_vector)
23  print(sentence_vectors_sum)
```

代码逐行解析：

第7行代码使用"from 库 import 函数"的代码形式把第三方库transformers中的BertModel()函数导入当前PyCharm项目中备用。

第8行代码使用"from 库 import 函数"的代码形式把第三方库transformers中的BertJapaneseTokenizer()函数导入当前PyCharm项目中备用。

第9行代码将后续建模所需的日语BERT模型bert-base-japanese-v3的绝对路径赋值给变量modelpath。

第10行代码首先调用BertJapaneseTokenizer()函数创建一个日语分词器对象，然后调用该对象的from_pretrained()方法从指定的绝对路径（作为参数值）中的日语BERT模型加载其基本配置，最后将配置完毕的日语分词器赋值给变量tokenizer。

第 11 行代码首先调用 BertModel( )函数创建一个 BERT 模型对象,然后调用该对象的 from_pretrained( )方法从指定的绝对路径(作为参数值)中的日语 BERT 模型加载其参数,最后将参数完备的 BERT 模型赋值给变量 model。

第 12 行代码将一个空列表赋值给变量 sentence_vectors_sum。

第 13~22 行代码组成一个包含 for 循环语句的相对独立的代码块。具体说来,第 13 行代码是一个 for 循环语句,依次读取 sentencelist 列表中的各个元素(即日语句子),每读取一个元素后立即将其赋值给变量 s,并自动运行一次有缩进的第 14~22 行代码。第 14 行代码对当前 s 中的句子对象调用 strip( )方法,移除其头尾两端的空格,并将处理结果重新赋值给变量 s。第 15 行代码设置了两个用 and 连接的 if 条件:(1) s！= ' ';(2) len(s) > 1。如果同时满足这两个条件,说明当前 s 中的句子不为空,且不是单个文字、数字或符号,即 s 中是一个需进行向量化处理的普通句子,此时会自动运行一次有缩进的第 16~22 行代码。第 16 行代码调用 tokenizer 分词器对象的 encode( )方法对当前句子(作为参数值)进行编码处理,并将编码后的结果赋值给变量 input_ids。encode( )中传递了 3 个参数,第 1 个参数值 s 指定了需要编码的句子,第 2 个参数值 True 指定了在编码过程中需往句子前后额外添加序列开始标记[CLS]、序列结束标记[SEP]等特殊标记,第 3 个参数值 'pt' 则指定了使用 PyTorch 张量来表示编码结果。其中,后续代码将重点关注的是序列开始标记[CLS](相当于一个额外添加到句子最前面的特殊单词),因为该标记在编码和向量化处理之后对应的是一个用来表示整个句子语义的 768 维的句子向量。第 17 行代码将 input_ids 中的 PyTorch 张量 ID 作为参数值输入 model 模型中进行向量化处理,并将处理结果赋值给变量 result。第 18 行代码通过 result 结果的 last_hidden_state 属性获取所有向量,并将其赋值给变量 lhs。第 19 行代码首先调用 lhs 对象的 tolist( )方法将其转换为我们熟悉的列表,然后提取出该列表中第一个元素的内容(即一个储存了当前句子中每个单词(包括特殊单词[CLS])的向量表示的嵌套列表)赋值给变量 word_vectors。第 20 行代码进一步提取出 word_vectors 嵌套列表中的第一个列表元素(即特殊单词[CLS]所对应的句子向量)赋值给变量 sentence_vector。第 21 行代码使用 print( )函数把 sentence_vector 中的句子向量打印出来查看。第 22 行代码对事先构建好的

sentence_vectors_sum 列表对象调用 append( )方法,将 sentence_vector 句子向量作为最后一个元素添加到 sentence_vectors_sum 列表当中。这样一来,当第 13 行代码中的 for 循环语句运行结束之后,sentence_vectors_sum 中就以嵌套列表的形式储存了各个日语句子的向量表示。

第 23 行代码使用 print( )函数把 sentence_vectors_sum 嵌套列表中的句子向量打印出来查看。

【第三步:基于句子向量计算文档向量】

在第二步当中,我们获得了一个包含所有日语句子的向量表示的嵌套列表(即 sentence_vectors_sum),接下来就可以基于这些句子向量来计算整个文档的向量表示。具体代码如下:

```
24  import numpy as np
25  sentence_vectors_sum = np.array(sentence_vectors_sum)
26  doc_vector = np.mean(sentence_vectors_sum, axis =0)
27  doc_vector = doc_vector.tolist()
28  print(doc_vector)
```

代码逐行解析:

第 24 行代码使用"import 库 as 临时名称"的代码形式把第三方库 numpy 导入当前 PyCharm 项目中,并临时命名为 np 以供后续使用。

第 25 行代码调用 np 库中的 array( )函数把 sentence_vectors_sum 嵌套列表(作为参数值)转化为便于高效计算的数组,并将其重新赋值给变量 sentence_vectors_sum。

第 26 行代码调用 np 库中的 mean( )函数分别计算 sentence_vectors_sum 数组中所有句子向量在各个维度上的均值,并将最终计算结果(即 768 维的文档向量数组)赋值给变量 doc_vector。mean( )中输入了两个参数,第 1 个参数值 sentence_vectors_sum 指定了需要计算均值的句子向量,第 2 个参数值 0 指定了计算方法为按照各个维度分别计算均值。

第 27 行代码对 doc_vector 数组对象调用 tolist( )方法,将其转化为我们熟悉的列表之后重新赋值给变量 doc_vector。

第 28 行代码使用 print( )函数把 doc_vector 列表中长度为 768 维的文档向量打

印出来查看(见图6-7)。

```
D:\我的科研\当前研究\基于Python的日语数字人文\文本挖掘技术及其应用\技术代码\
[0.49613991418951436, -0.6152962851583174, -0.010113876754123913,

Process finished with exit code 0
```

图 6-7 doc_vector 列表中的文档向量

6.5.3 完整代码

入门版：

#【第一步：读取单个文本中的日语语料，并构建句子列表】
```
 1  import re
 2  filepath = r'C:\Users\Lenovo\Desktop\语料库数据\1.txt'
 3  with open(filepath, 'r', encoding = 'utf-8') as f:
 4      textdata = f.read()
 5  print(textdata)
 6  sentencelist = re.split('[。?!.\n]', textdata)
```
#【第二步：基于BERT依次生成句子列表中各个句子的向量】
```
 7  from transformers import BertModel
 8  from transformers import BertJapaneseTokenizer
 9  modelpath = r'D:\我的科研\当前研究\基于Python的日语数字人文\文本挖掘技术及其应用\tohoku-nlp-bert-base-japanese-v3'
10  tokenizer = BertJapaneseTokenizer.from_pretrained(modelpath)
11  model = BertModel.from_pretrained(modelpath)
12  sentence_vectors_sum = []
13  for s in sentencelist:
14      s = s.strip()
15      if s ! = '' and len(s) > 1:
16          input_ids = tokenizer.encode(s, add_special_tokens = True, return_tensors = 'pt')
17          result = model(input_ids)
18          lhs = result.last_hidden_state
19          word_vectors = lhs.tolist()[0]
20          sentence_vector = word_vectors[0]
21          print(sentence_vector)
22          sentence_vectors_sum.append(sentence_vector)
```

```
23    print(sentence_vectors_sum)
#【第三步:基于句子向量计算文档向量】
24    import numpy as np
25    sentence_vectors_sum = np.array(sentence_vectors_sum)
26    doc_vector = np.mean(sentence_vectors_sum, axis = 0)
27    doc_vector = doc_vector.tolist()
28    print(doc_vector)
```

进阶版:

```
1     import re
2     from transformers import BertModel, BertJapaneseTokenizer
3     import numpy as np
4     with open(r'C:\Users\Lenovo\Desktop\语料库数据\1.txt', 'r',
      encoding = 'utf-8') as f:
5         textdata = f.read()
6     sentencelist = re.split('[。?!.\n]', textdata)
7     modelpath = r'D:\我的科研\当前研究\基于Python的日语数字人文\文本挖
      掘技术及其应用\tohoku-nlp-bert-base-japanese-v3'
8     tokenizer = BertJapaneseTokenizer.from_pretrained(modelpath)
9     model = BertModel.from_pretrained(modelpath)
10    sentence_vectors_sum = []
11    for s in sentencelist:
12        if s.strip() ! = '' and len(s.strip()) > 1:
13            sentence_vectors_sum.append(model(tokenizer.encode
      (s.strip(), add_special_tokens = True, return_tensors = 'pt')).
      last_hidden_state.tolist()[0][0])
14    print(sentence_vectors_sum)
15    doc_vector = np.mean(np.array(sentence_vectors_sum), axis =
      0).tolist()
16    print(doc_vector)
```

6.6 基于Doc2Vec的文档向量化编程实现

6.6.1 所用语料与编程步骤

所用语料为前面使用过的包含10个txt纯文本文件的微型语料库,其绝对路径为"C:\Users\Lenovo\Desktop\语料库数据"。然后,编程时的主要步骤如下:

第一步:读取日语停用词表,并将其转化为词汇素列表;
第二步:依次处理语料库中的每个日语文本,并创建文档集列表;
第三步:基于文档集列表训练 Doc2Vec 模型,并提取文档向量及评估模型性能;
第四步:将 Doc2Vec 模型保存到本地,然后加载并使用模型。

6.6.2 分步代码

【第一步:读取日语停用词表,并将其转化为词汇素列表】

该步与"4.2 基于前 N 位选取法和窗口跨距的词共现网络分析编程实现"的第一步完全一致,不再赘述。

【第二步:依次处理语料库中的每个日语文本,并创建文档集列表】

该步与"5.2 基于 LDA 的主题模型建构编程实现"的第二步完全一致,不再赘述。

【第三步:基于文档集列表训练 Doc2Vec 模型,并提取文档向量及评估模型性能】

在前两步当中,我们通过 46 行代码获得了一个由目标语料库中各个文档转化而来的文档集列表(即 docs),接下来就可以基于该列表来训练 Doc2Vec 模型,并提取文档向量及评估模型性能。具体代码如下:

```
47  from gensim.models import Doc2Vec
48  from gensim.models.doc2vec import TaggedDocument
49  docslist = []
50  for i, d in enumerate(docs):
51      doc_tagged = TaggedDocument(words=d, tags=[i + 1])
52      docslist.append(doc_tagged)
53  print(docslist)
54  model = Doc2Vec(docslist, vector_size=100, min_count=3,
    window=3, epochs=80, dm=1, workers=3)
55  vector = model.dv[1]
56  print(vector)
57  sim1_2 = model.dv.similarity(1, 2)
58  print(sim1_2)
59  sim1_9 = model.dv.similarity(1, 9)
60  print(sim1_9)
```

代码逐行解析：

第 47 行代码使用"from 库中工具 import 函数"的代码形式把第三方库 gensim 的 models 工具中的 Doc2Vec( ) 函数导入当前 PyCharm 项目中备用。

第 48 行代码使用"from 库中工具 import 函数"的代码形式把第三方库 gensim 的 models.doc2vec 工具中的 TaggedDocument( ) 函数导入当前 PyCharm 项目中备用。

第 49 行代码将一个空列表赋值给变量 docslist。

第 50～52 行代码组成一个包含 for 循环语句的相对独立的代码块。具体说来，第 50 行代码中使用了一个 enumerate( ) 函数，将可迭代对象 docs 列表（作为参数值）转换成一个以每个列表元素的索引号和值为元素的可通过 for 循环读取的有序序列。整行代码的意思是，依次读取 docs 列表（即日语文档集）中每个元素（即每个文档）的索引号和值，每读取一个索引号和值后立即将其分别赋值给变量 i 和 d，并自动运行一次有缩进的第 51～52 行代码。第 51 行代码调用 TaggedDocument( ) 函数为当前文档加上一个序号。TaggedDocument( ) 中传递了两个参数，第 1 个参数值 d 指定了当前待处理的文档内容，第 2 个参数值 [i + 1] 指定了当前序号的具体值。第 52 行代码对事先构建好的 docslist 列表对象调用 append( ) 方法，将添加了序号信息的文档列表作为最后一个元素添加到 docslist 列表当中。这样一来，当第 50 行代码中的 for 循环语句运行结束之后，docslist 中就以列表的形式储存了各个附带序号信息的文档。

第 53 行代码使用 print( ) 函数把 docslist 列表中附带序号信息的文档打印出来查看（见图 6-8）。由图 6-8 可知，每个文档都是一个以"TaggedDocument"开头的列表元素，该元素储存了文档的具体内容（即"words ="后面的单词列表），还在元素结尾处以"tags = [1]"等形式标记了文档的具体序号（由于单词列表较长，图 6-8 中没有显示出序号标记）。

```
文档向量化
D:\我的科研\当前研究\基于Python的日语数字人文\文本挖掘技术及其,
[TaggedDocument(words=['地球', '悲鸣', '聞こえる', '今',

Process finished with exit code 0
```

图 6-8　docslist 列表中附带序号信息的文档示例

第 54 行代码调用 Doc2Vec( )函数建构了一个 Doc2Vec 模型,并将其赋值给变量 model。Doc2Vec( )中共传递了 7 个参数。其中,第 1 个参数值 docslist 指定了建模所用的日语文档集语料;第 2 个参数值 100 指定了模型生成的文档向量的维度数量;第 3 个参数值 3 指定了建模时不考虑词频小于 3 的单词;第 4 个参数值 3 指定了同一句子中的当前单词与预测单词之间的最大距离,即将当前单词前后各 3 个单词作为上下文;第 5 个参数值 80 指定了建模算法在训练数据(即文档集语料)上的迭代次数;第 6 个参数值 1 指定了使用 PV – DM 架构算法来开展计算[①];第 7 个参数值 3 指定了计算时的并行进程数为 3,即同时使用 3 个 CPU 核心来进行计算。通过调节第 2~6 个参数的数值可以改变模型的性能。

第 55 行代码首先调用 model 模型的文档向量属性 dv,然后从中提取出序号为 1 的文档所对应的 100 维的向量表示,并将其赋值给变量 vector。具体说来,dv 属性相当于一个包含训练得到的所有文档向量的字典,字典中的键是可代表各个文档的序号,值是相关序号所对应的 100 维的文档向量,所以 dv[1]表示从属性字典 dv 中提取出序号 1 这个键所对应的值,即第 1 个文档所对应的向量表示。

第 56 行代码通过 print( )函数把变量 vector 中的文档向量打印出来查看。

第 57 行代码对 model 模型的文档向量属性 dv 对象调用 similarity( )方法,然后基于文档向量计算两个文档之间的相似性,并将计算结果赋值给变量 sim1_2。similarity( )中输入了两个参数,分别指定了待计算的两个文档的序号。

第 58 行代码通过 print( )函数把变量 sim1_2 中的计算结果(即相似性)打印出来查看。

第 59 行代码对 model 模型的文档向量属性 dv 对象调用 similarity( )方法,然后基于文档向量计算两个文档之间的相似性,并将计算结果赋值给变量 sim1_9。similarity( )中输入了两个参数,分别指定了待计算的两个文档的序号。

第 60 行代码通过 print( )函数把变量 sim1_9 中的计算结果(即相似性)打印出来查看。通过比较 sim1_2 和 sim1_9 中的相似性大小,可以大致评估模型的性能情况。

---

① 参数值设定为 1 以外的任何值时,都意味着使用 PV – DBOW 架构算法来开展计算。

譬如,假设我们通过观察得知第 1 个文档和第 2 个文档是十分相似的,但第 1 个文档和第 9 个文档不太相似,那么计算出来的 sim1_2 应该明显大于 sim1_9。如果计算结果如我们所料,则说明模型性能较好;反之,则模型性能较差。

【第四步:将 Doc2Vec 模型保存到本地,然后加载并使用模型】

在第三步当中,我们训练了一个 Doc2Vec 模型,并对其进行了性能评估。接下来就可以将该模型保存到本地电脑当中,并随时加载和使用其来查询文档向量和比较文档相似性等。具体代码如下:

```
61  model.save('doc2vec.model')
62  model = Doc2Vec.load('doc2vec.model')
63  vector = model.dv[1]
64  print(vector)
65  sim1_2 = model.dv.similarity(1, 2)
66  print(sim1_2)
67  sim1_9 = model.dv.similarity(1, 9)
68  print(sim1_9)
```

代码逐行解析:

第 61 行代码对 model 模型对象调用 save() 方法,将其命名后保存到当前工作目录,即当前 Python 文件所在目录①。具体说来,save() 中输入了一个参数值 'doc2vec.model',该值指定了待保存的模型的名称及其路径,即将模型命名为"doc2vec.model",并保存到当前 Python 文件所在的工作目录。这样一来,之后任何时候都可以在本地调用该模型来快捷查询某个文档的向量表示等,而不再需要从零开始训练一个新模型。

第 62 行代码从 Doc2Vec 函数中调用 load 函数加载本地保存的 Doc2Vec 模型(即参数值 'doc2vec.model' 中的模型)备用。

第 63~68 行代码与第 55~60 行代码完全一样,即使用加载好的 Doc2Vec 模型提取和打印了第 1 个文档的向量表示,并分别计算和打印了第 1 个文档和第 2 个文档、第 1 个文档和第 9 个文档的相似性。

---

① 如果之后不需要再次使用训练好的 model 模型,则该保存步骤可以省略。

6.6.3 完整代码

入门版：

#【第一步：读取日语停用词表，并将其转化为词汇素列表】
```
1   import MeCab
2   import re
3   tokenizer = MeCab.Tagger(r"-d C:\Users\Lenovo\Desktop\unidic
    -cwj-3.1.1")
4   with open(r'C:\Users\Lenovo\Desktop\stopwords-ja.txt', 'r',
    encoding='utf-8') as sw:
5       stopwords = sw.read()
6   stopwords = tokenizer.parse(stopwords)
7   print(stopwords)
8   stopwords = stopwords.strip()
9   stopwords = re.split('\n', stopwords)
10  stopwords = stopwords[0:-1]
11  swtokenslist = []
12  for word in stopwords:
13      word = re.split('[\t,]', word)
14      swtokenslist.append(word)
15  stopwordslist = []
16  for l in swtokenslist:
17      if len(l) >= 9:
18          lemma = re.sub('-.*', '', l[8])
19          stopwordslist.append(lemma)
20  stopwordsset = set(stopwordslist)
21  stopwordslist = list(stopwordsset)
```
#【第二步：依次处理语料库中的每个日语文本，并创建文档集列表】
```
22  import os
23  dirpath = r'C:\Users\Lenovo\Desktop\语料库数据'
24  filenameslist = os.listdir(dirpath)
25  print(filenameslist)
26  docs = []
27  for file in filenameslist:
28      filepath = os.path.join(dirpath, file)
29      with open(filepath, 'r', encoding='utf-8') as f:
30          textdata = f.read()
31          words = tokenizer.parse(textdata)
```

```python
32        words = words.strip()
33        words = re.split('\n', words)
34        words = words[0:-1]
35        tokenslist = []
36        for word in words:
37            item = re.split('[\t,]', word)
38            tokenslist.append(item)
39        wordslist = []
40        for l in tokenslist:
41            if re.match('[\u3040-\u309F\u30A0-\u30FF\u4E00-\u9FFF]+', l[0]) and len(l) >= 9 and l[1] in ['名詞', '動詞', '形容詞', '形状詞']:
42                lemma = re.sub('-.*', '', l[8])
43                if lemma not in stopwordslist:
44                    wordslist.append(lemma)
45        docs.append(wordslist)
46  print(docs)
```

#【第三步:基于文档集列表训练Doc2Vec模型,并提取文档向量及评估模型性能】

```python
47  from gensim.models import Doc2Vec
48  from gensim.models.doc2vec import TaggedDocument
49  docslist = []
50  for i, d in enumerate(docs):
51      doc_tagged = TaggedDocument(words=d, tags=[i + 1])
52      docslist.append(doc_tagged)
53  print(docslist)
54  model = Doc2Vec(docslist, vector_size=100, min_count=3, window=3, epochs=80, dm=1, workers=3)
55  vector = model.dv[1]
56  print(vector)
57  sim1_2 = model.dv.similarity(1, 2)
58  print(sim1_2)
59  sim1_9 = model.dv.similarity(1, 9)
60  print(sim1_9)
```

#【第四步:将Doc2Vec模型保存到本地,然后加载并使用模型】

```python
61  model.save('doc2vec.model')
62  model = Doc2Vec.load('doc2vec.model')
63  vector = model.dv[1]
64  print(vector)
65  sim1_2 = model.dv.similarity(1, 2)
```

```
66  print(sim1_2)
67  sim1_9 = model.dv.similarity(1, 9)
68  print(sim1_9)
```

进阶版：

```
1   import MeCab
2   import re
3   import os
4   from gensim.models import Doc2Vec
5   from gensim.models.doc2vec import TaggedDocument
6   tokenizer = MeCab.Tagger(r"-d C:\Users\Lenovo\Desktop\unidic
    -cwj-3.1.1")
7   with open(r'C:\Users\Lenovo\Desktop\stopwords-ja.txt', 'r',
    encoding='utf-8') as swf:
8       stopwords = swf.read()
9   stopwords = re.split('\n', tokenizer.parse(stopwords).strip
    ())[0:-1]
10  swtokenslist = [re.split('[\t,]', word) for word in stopwords]
11  stopwordslist = list(set([re.sub('-.*', '', l[8]) for l in
    swtokenslist if len(l) >= 9]))
12  filenameslist = os.listdir(r'C:\Users\Lenovo\Desktop\语料库数
    据')
13  docs = []
14  for file in filenameslist:
15      with open(os.path.join(r'C:\Users\Lenovo\Desktop\语料库数
        据', file), 'r', encoding='utf-8') as f:
16          words = re.split('\n', tokenizer.parse(f.read()).
        strip())[0:-1]
17          tokenslist = [re.split('[\t,]', word) for word in
        words]
18          wordslist = [re.sub('-.*', '', l[8]) for l in
        tokenslist if re.match('[\u3040-\u309F\u30A0-\u30FF\u4E00-
        \u9FFF]+', l[0]) and len(l) >= 9 and l[1] in ['名詞', '動詞', '
        形容詞', '形状詞']]
19          wordslist = [word for word in wordslist if word not in
        stopwordslist]
20          docs.append(wordslist)
21  docslist = [TaggedDocument(words=d, tags=[i+1]) for i, d in
    enumerate(docs)]
```

```
22    model = Doc2Vec(docslist, vector_size =100, min_count = 3,
      window = 3, epochs = 80, dm = 1, workers = 3)
23    print(model.dv[1])
24    print(model.dv.similarity(1, 2))
25    print(model.dv.similarity(1, 9))
26    model.save('doc2vec.model')
27    model = Doc2Vec.load('doc2vec.model')
28    print(model.dv[1])
29    print(model.dv.similarity(1, 2))
30    print(model.dv.similarity(1, 9))
```

参考文献

刘金花,2021. 文本挖掘与 Python 实践[M]. 成都:四川大学出版社.

宗成庆,夏睿,张家俊,2022. 文本数据挖掘(第 2 版)[M]. 北京:清华大学出版社.

Firth J R, 1957. A synopsis of linguistic theory, 1930—1955 [J]. Studies in Linguistic Analysis: 1 – 32.

Harris Z, 1954. Distributional structure[J]. Word, 10(2 – 3): 146 – 162.

Le Q, Mikolov T, 2014. Distributed Representations of Sentences and Documents [C]//The 31st International Conference on Machine Learing (ICML), June 22 – 24, 2014, Beijing, China. ICML: 1188 – 1196.

Mikolov T, Chen K, Corrado G, et al, 2013. Efficient Estimation of Word Representations in Vector Space [C]//International Conference on Learing Representations(ICLR), ICLR.

Reimers N, Gurevych I, 2019. Sentence-BERT: Sentence Embeddings using Siamese BERT-Networks[C]//The 2019 Conference on Empirical Methods in National Language Processing (EMNLP), November 17 – 21, 2019, Hongkong, China. EMNLP.

第七章

日语文本聚类技术

7.1 技术概要与编程提示

聚类是根据数据特征探索数据中的内在规律和分布特征,然后将数据划分为不同子集(也称作"簇"①),并使同一子集内的样本对象彼此相似,不同子集间的样本对象彼此相异的过程(宗成庆 等,2022)。文本聚类可简单理解为将无标注文档集中的文本数据分别归属到多个类别当中的过程。

一般说来,文本聚类首先需将文本表示为机器可以理解的形式。也就是说,基于TF-IDF、Doc2Vec、BERT 等模型的文本向量化是文本聚类的前提。另一方面,实施文本聚类时还需选择一种合适的聚类算法。目前较为常用的算法有 K-均值(K-means)聚类、层次聚类(Hierarchical Clustering)和 DBSCAN 聚类(Density-based Spatial Clustering of Applications with Noise)等(刘金花,2021;宗成庆 等,2022)。其中,K-均值聚类是一种使用广泛的基于划分的聚类算法,主要通过样本(如文档)间的相似度计算尽可能地将原样本划分为不同子集,并使得不同子集间的样本相异,同一子集中的样本相似;层次聚类方法依据一种层次架构将样本逐层进行聚合或分裂,从而将样本对象自底向上或自顶向下地组织成聚类树状图(见图7-1)②;DBSCAN 聚类则是一种基于密度的算法,使用样本空间中分布稀疏的样本点来分割分布密集的样本点,最终连通的稠密度较高的样本点集合就是所要寻找的目标子集(宗成庆 等,2022)。需

---

① 英文表达为 Cluster。
② 与 K-均值等基于划分的聚类算法相比,层次聚类的优点是可以在不同尺度(层次)上展示样本的聚类情况(刘金花,2021)。

补充说明的是,目前基于 DBSCAN 聚类算法拓展出一种更加智能和便捷的变体算法——HDBSCAN,该变体算法的使用越来越广泛。

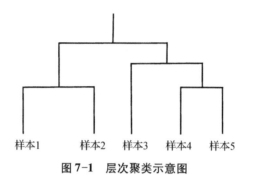

图 7-1　层次聚类示意图

为了较为全面地介绍文本聚类中的常用文本向量化技术和聚类算法,从下一小节开始,我们依次介绍三个编程案例:(1) 基于 TF-IDF 和 K-均值聚类算法的文本聚类编程实现;(2) 基于 Doc2Vec 和层次聚类算法的文本聚类编程实现;(3) 基于 BERT 和 HDBSCAN 聚类算法的文本聚类编程实现[①]。开始编程前,需事先下载好 UniDic 词典(即 unidic-cwj-3.1.1)、日语停用词表(即 stopwords-ja.txt)以及日语 BERT 模型(即 bert-base-japanese-v3)。另一方面,我们在编程前还需安装好 MeCab 软件及 mecab、sklearn、pandas、matplotlib、gensim、numpy、transformers、scipy、hdbscan 等第三方库。其中,前面尚未介绍过的 scipy 是一个用于数学、科学和工程计算的多功能库,hdbscan 则是一个专门用来实现 HDBSCAN 聚类算法的库。

7.2　基于 TF-IDF 和 K-均值聚类算法的文本聚类编程实现

7.2.1　所用语料与编程步骤

所用语料为前文使用过的包含 10 个 txt 纯文本文件的微型语料库,其绝对路径为"C:\Users\Lenovo\Desktop\语料库数据"。然后,编程时的主要步骤如下:

第一步:依次处理语料库中的每个日语文本,并创建文档集列表;

[①] 不同的文本向量化技术和聚类算法可以自由组合。

第二步:将文档集列表转换为 TF-IDF 特征矩阵;

第三步:应用 K-均值聚类算法获取聚类结果,并评估聚类质量;

第四步:将聚类结果进行可视化。

7.2.2 分步代码

【第一步:依次处理语料库中的每个日语文本,并创建文档集列表】

该步与"3.2 基于 TF-IDF 的关键词提取编程实现"的第一步完全一致,不再赘述。

【第二步:将文档集列表转换为 TF-IDF 特征矩阵】

该步与"3.2 基于 TF-IDF 的关键词提取编程实现"的第二步完全一致,不再赘述。

【第三步:应用 K-均值聚类算法获取聚类结果,并评估聚类质量】

在前两步当中,我们通过 37 行代码获得了一个直观好懂的数据框形式的 TF-IDF 特征矩阵(即 df),接下来就可以应用 K-均值聚类算法来获取聚类结果,并评估聚类质量。具体代码如下:

```
38  from sklearn.cluster import KMeans
39  from sklearn.metrics import silhouette_score
40  X = df.values
41  kmeans = KMeans(n_clusters=3)
42  kmeans.fit(X)
43  predicted_labels = kmeans.predict(X)
44  for i, result in enumerate(predicted_labels):
45      print(df.index[i], "的子集标签为:", result)
46  silhouette_avg = silhouette_score(X, kmeans.labels_)
47  print(silhouette_avg)
```

代码逐行解析:

第 38 行代码使用"from 库中工具 import 函数"的代码形式把第三方库 sklearn 中 cluster 工具的 KMeans()函数导入当前 PyCharm 项目中备用。

第 39 行代码使用"from 库中工具 import 函数"的代码形式把第三方库 sklearn 中

metrics 工具的 silhouette_score( )函数导入当前 PyCharm 项目中备用。

第 40 行代码通过数据框属性 values 以数组形式获取 df 数据框中的所有原始数据（即 TF-IDF 特征矩阵），并将其赋值给变量 X。

第 41 行代码调用 KMeans( )函数建构一个使用 K-均值聚类算法的聚类器，并将其赋值给变量 kmeans。KMeans( )中传递了一个参数，其值 3 指定了聚类数量，即将文档数据划分成 3 个不同的子集。通过调节该参数，可以生成多个聚类数量和质量不同的聚类器。

第 42 行代码调用 kmeans 聚类器的 fit( )方法拟合 TF-IDF 特征矩阵 X（作为参数值），即自动找到最优的子集中心，并基于子集中心将文档划分成不同子集。

第 43 行代码调用 kmeans 聚类器的 predict( )方法预测 TF-IDF 特征矩阵 X（作为参数值）中每个文档的所属子集标签，并将其组成一个数组赋值给变量 predicted_labels。

第 44~45 行代码组成一个包含 for 循环语句的相对独立的代码块。具体说来，第 44 行代码中使用了一个 enumerate( )函数，将可迭代对象 predicted_labels 数组（作为参数值）转换成一个以每个数组元素的索引号和值为元素的可通过 for 循环读取的有序序列。整行代码的意思是，依次读取 predicted_labels 数组中每个元素（即相关文档的所属子集标签）的索引号和值，每读取一个索引号和值后立即将其分别赋值给变量 i 和 result，并自动运行一次有缩进的第 45 行代码。第 45 行代码使用 print( )函数把当前相关文档的名称及其对应的子集标签打印出来查看（见图 7-2）。具体说来，print( )中输入了 3 个参数，第 1 个参数值 df.index[i]首先通过数据框属性 index 以 Index 对象（类似于列表）的形式获取 df 数据框中的所有行索引号（即文档名称），然后进一步通过该 Index 对象的索引号 i 指定了当前对应的具体元素（即当前相关文档的名称），第 2 个参数值将字符串"的子集标签为："指定为打印内容，第 3 个参数值 result 指定了当前相关文档所对应的子集标签。

第 46 行代码调用 silhouette_score( )函数计算轮廓系数的均值，并将其赋值给变量 silhouette_avg。silhouette_score( )中传递了两个参数，第 1 个参数值 X 指定了待计算的 TF-IDF 特征矩阵，第 2 个参数值 kmeans.labels_通过属性 labels_获取并指定了

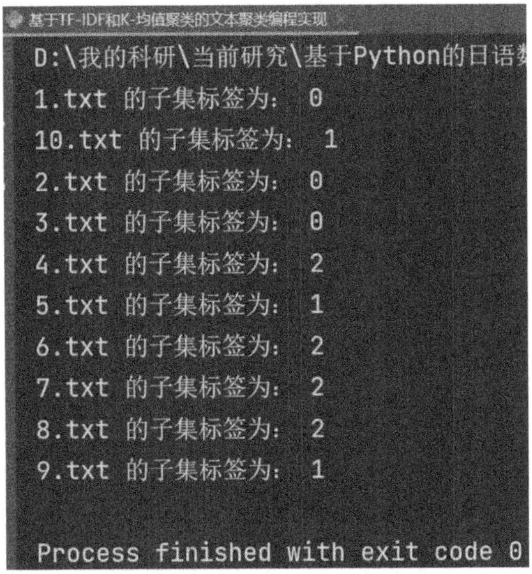

```
基于TF-IDF和K-均值聚类的文本聚类编程实现
D:\我的科研\当前研究\基于Python的日语数
1.txt 的子集标签为: 0
10.txt 的子集标签为: 1
2.txt 的子集标签为: 0
3.txt 的子集标签为: 0
4.txt 的子集标签为: 2
5.txt 的子集标签为: 1
6.txt 的子集标签为: 2
7.txt 的子集标签为: 2
8.txt 的子集标签为: 2
9.txt 的子集标签为: 1

Process finished with exit code 0
```

图 7-2　相关文档及其对应的子集标签(一)

每个文档的所属子集标签(等同于前面的 predicted_labels 数组)。这里所说的轮廓系数代表每个文档数据与其所属子集中其他文档的相似度以及与其他子集中文档的相异度。轮廓系数的取值范围在 -1 到 1 之间,越接近 1,表示聚类质量越好,越接近 -1,表示聚类质量越差(宗成庆 等,2022)。因此,轮廓系数可以用来评估不同聚类数量的聚类器的聚类质量,可选择轮廓系数最大的聚类数量作为最终聚类结果。

第 47 行代码使用 print( ) 函数把 silhouette_avg 中的轮廓系数均值打印出来查看[①]。

【第四步:将聚类结果进行可视化】

在第三步当中,我们基于 K - 均值聚类算法获得了聚类结果,接下来就可以借助降维技术将该结果进行可视化,具体代码如下:

```
48  from sklearn.decomposition import PCA
49  import matplotlib.pyplot as plt
50  import matplotlib
```

[①] 需要注意的是,由于每次运行代码时所拟合的聚类器都不太一样,所以后面获得的子集标签和轮廓系数也都不一样。

```
51    pca = PCA(n_components = 2)
52    X_pca = pca.fit_transform(X)
53    print(X_pca)
54    matplotlib.rcParams['font.sans-serif'] = ['SimHei']
55    matplotlib.rcParams['axes.unicode_minus'] = False
56    plt.figure(figsize = (8, 6))
57    plt.scatter(X_pca[:, 0], X_pca[:, 1], c = predicted_labels, s =
      50, cmap = 'viridis')
58    for i, point in enumerate(X_pca):
59        plt.text(point[0], point[1], s = df.index[i], fontsize = 10,
      verticalalignment = 'bottom', horizontalalignment = 'right')
60    cluster_centers = kmeans.cluster_centers_
61    centers_pca = pca.transform(cluster_centers)
62    print(centers_pca)
63    plt.scatter(centers_pca[:, 0], centers_pca[:, 1], c = 'red', s
      = 200, alpha = 0.75)
64    plt.title('K-均值聚类结果', fontsize = 16, color = 'black')
65    plt.xlabel('第1个特征', fontsize = 12, color = 'black')
66    plt.ylabel('第2个特征', fontsize = 12, color = 'black')
67    plt.show()
```

代码逐行解析：

第48行代码使用"from 库中工具 import 函数"的代码形式从第三方库 sklearn 的工具 decomposition 中将函数 PCA()导入当前 PyCharm 项目中备用。

第49行代码使用"import 库中工具 as 临时名称"的代码形式把第三方库 matplotlib 中的工具 pyplot 导入当前 PyCharm 项目中，并临时命名为 plt 以供后续使用。

第50行代码使用"import 库"的代码形式把第三方库 matplotlib 导入当前 PyCharm 项目中备用。

第51行代码调用 PCA()函数创建一个基于主成分分析的降维器，并将其赋值给变量 pca。PCA()中传递了一个参数，其值2指定了降维后的特征数量，即将数据特征降维到只有2个主要特征。

第52行代码调用 pca 降维器的 fit_transform()方法拟合 TF-IDF 特征矩阵 X(作为参数值)，并将其转换成只有2个特征的二维数组赋值给变量 X_pca。

第 53 行代码通过 print( )函数把 X_pca 数组的具体内容打印出来查看(见图 7-3)。由图 7-3 可知,X_pca 数组中的每行数据都只有两个数值(即 2 个特征)了。

```
基于TF-IDF和K-均值聚类的文本聚类编程实现
D:\我的科研\当前研究\基于Python的日语数
[[-0.29066631  0.16074883]
 [ 0.64810457  0.24325292]
 [-0.28243519  0.37851377]
 [-0.35868343  0.46735688]
 [-0.13457375  0.10681306]
 [ 0.01772989 -0.37579309]
 [-0.04407781 -0.42241064]
 [-0.12608705 -0.33688699]
 [-0.05138823 -0.38814125]
 [ 0.62207732  0.16654652]]
Process finished with exit code 0
```

图 7-3　X_pca 数组的具体内容

第 54 行代码从 matplotlib 库中调用全局配置字典 rcParams,并将['SimHei'](即"黑体")作为值赋值给字典中的键'font. sans – serif',即将后续绘制的所有图片中的默认字体都设置为黑体。

第 55 行代码从 matplotlib 库中调用全局配置字典 rcParams,并将 False 作为值赋值给字典中的键'axes. unicode_minus',意思为使用传统的连字符"-"来表示图片中的负号①。

第 56 行代码调用 plt 工具中的 figure( )函数创建一块用于绘制图形的画布,并通过参数值(8,6)将画布的长度设置为 8 英寸,高度设置为 6 英寸。

第 57 行代码调用 plt 工具中的 scatter( )函数在画布中绘制一个散点图(图中的数据点代表各个文档)。scatter( )中传递了 5 个参数,第 1 个参数值 X_pca[:,0]指

---

① 如果不进行该设置,后续图片中将无法正常显示负号。

定了使用 X_pca 数组中的第 1 列数据（即第 1 个特征，参考图 7-3）①作为横坐标变量 x 的取值范围，第 2 个参数值 X_pca[：, 1] 指定了使用 X_pca 数组中的第 2 列数据（即第 2 个特征）作为纵坐标变量 y 的取值范围，第 3 个参数值 predicted_labels 指定了根据 predicted_labels 数组中的元素值（即子集标签）来决定图中数据点的颜色，第 4 个参数值 50 指定了数据点的大小，第 5 个参数值 'viridis' 指定了数据点的颜色映射方案。通过第 3 个参数值和第 5 个参数值的搭配使用，可根据图中数据点（即文档）所属子集情况将其着上不同颜色。

第 58~59 行代码组成一个包含 for 循环语句的相对独立的代码块。具体说来，第 58 行代码中使用了一个 enumerate() 函数，将可按行迭代的 X_pca 数组（作为参数值）转换成一个以每行的索引号和数值为元素的可通过 for 循环读取的有序序列。整行代码的意思是，依次读取 X_pca 数组中每行数据的索引号和两个数值，每读取一次索引号和数值后立即将其分别赋值给变量 i 和 point，并自动运行一次有缩进的第 59 行代码。第 59 行代码调用 plt 工具中的 text() 函数为每个数据点添加相应的文本标签（即其代表的文档名称）。text() 中输入了 6 个参数，第 1 个参数值 point[0] 使用 point 中的第 1 个数值指定了当前数据点的横坐标，第 2 个参数值 point[1] 使用 point 中的第 2 个数值指定了当前数据点的纵坐标，第 3 个参数值 df.index[i] 指定了文本标签的具体内容为 df 数据框第 i+1 行的行索引号，即当前数据点所对应的文档名称，第 4 个参数值 10 指定了当前文本标签的字号，第 5 个参数值 'bottom' 指定了当前数据点位于相应文本标签的下方，第 6 个参数值 'right' 指定了当前数据点位于相应文本标签的右边。通过第 5 个参数值和第 6 个参数值的搭配使用，将当前数据点的位置设置为了位于相应文本标签的右下方，即文本标签位于数据点的左上方。这样一来，当第 58 行代码中的 for 循环语句运行结束之后，我们就在每个数据点的左上方为其添加了一个文本标签，以此标识其代表的相关文档。

第 60 行代码通过 kmeans 的属性 cluster_centers_ 获取聚类后的 3 个子集中心点

---

① 关于 X_pca[：, 0] 中的[：, 0]，半角逗号前面的：符号表示所有的行，后面的 0 则表示第 1 列，即半角逗号前面设置了待切片的行的范围，后面则设置了待切片的列的范围。譬如，array[1:4, 2:8] 表示提取 array 数组第 2~4 行中的第 3~8 列数据。

数据,并将其赋值给变量 cluster_centers。

第 61 行代码调用 pca 降维器的 transform( ) 方法将 cluster_centers 中的子集中心点数据(作为参数值)转换成只有 2 个特征的二维数组赋值给变量 centers_pca。

第 62 行代码通过 print( ) 函数把 centers_pca 数组的具体内容打印出来查看(见图 7-4)。

```
基于TF-IDF和K-均值聚类的文本聚类编程实现 ×
D:\我的科研\当前研究\基于Python的日语数
[[ 0.27500426 -0.08737455]
 [-0.26658967  0.27835813]
 [-0.01682917 -0.38196717]]

Process finished with exit code 0
```

图 7-4　centers_pca 数组的具体内容

第 63 行代码调用 plt 工具中的 scatter( ) 函数在画布中绘制代表各个子集中心的数据点。scatter( ) 中传递了 5 个参数,第 1 个参数值 centers_pca[:, 0] 指定了使用 centers_pca 数组中的第 1 列数据(即第 1 个特征,参考图 7-4)作为横坐标变量 x 的取值范围,第 2 个参数值 centers_pca[:, 1] 指定了使用 centers_pca 数组中的第 2 列数据(即第 2 个特征)作为纵坐标变量 y 的取值范围,第 3 个参数值 'red' 指定了数据点的颜色,第 4 个参数值 200 指定了数据点的大小,第 5 个参数值 0.75 指定了数据点的透明度。

第 64 行代码调用 plt 工具中的 title( ) 函数设置图形的标题。title( ) 中传递了 3 个参数,第 1 个参数值 'K - 均值聚类结果' 指定了标题的内容,第 2 个参数值 16 指定了标题的大小,第 3 个参数值 'black' 指定了标题的颜色。

第 65 行代码调用 plt 工具中的 xlabel( ) 函数设置横坐标的标签。xlabel( ) 中传递了 3 个参数,第 1 个参数值 '第 1 个特征' 指定了标签的内容,第 2 个参数值 12 指定了标签的大小,第 3 个参数值 'black' 指定了标签的颜色。

第 66 行代码调用 plt 工具中的 ylabel( ) 函数设置纵坐标的标签。ylabel( ) 中传递了 3 个参数,第 1 个参数值 '第 2 个特征' 指定了标签的内容,第 2 个参数值 12 指定了标签的大小,第3个参数值'black'指定了标签的颜色。

第67行代码调用plt工具中的show()函数展示出上面绘制的处于激活状态的图形(见图7-5)。

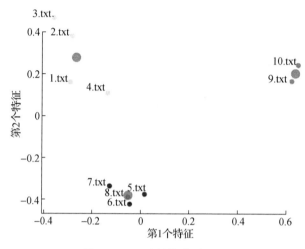

图 7-5　K-均值聚类结果图

7.2.3　完整代码

入门版:

#【第一步:依次处理语料库中的每个日语文本,并创建文档集列表】

```
1  import os
2  import MeCab
3  import re
4  dirpath = r'C:\Users\Lenovo\Desktop\语料库数据'
5  filenameslist = os.listdir(dirpath)
6  print(filenameslist)
7  docs = []
8  tokenizer = MeCab.Tagger(r"-d C:\Users\Lenovo\Desktop\unidic-cwj-3.1.1")
9  for file in filenameslist:
10     filepath = os.path.join(dirpath, file)
11     with open(filepath, 'r', encoding = 'utf-8') as f:
12         textdata = f.read()
13         words = tokenizer.parse(textdata)
```

```
14    words = words.strip()
15    words = re.split('\n', words)
16    words = words[0:-1]
17    tokenslist = []
18    for word in words:
19        item = re.split('[\t,]', word)
20        tokenslist.append(item)
21    wordslist = []
22    for l in tokenslist:
23        if re.match('[\u3040-\u309F\u30A0-\u30FF\u4E00-\u9FFF]+', l[0]) and len(l) >= 9 and l[1] == '名詞':
24            lemma = re.sub('-.*', '', l[8])
25            wordslist.append(lemma)
26    wordslist = " ".join(wordslist)
27    docs.append(wordslist)
28 print(docs)
```
#【第二步:将文档集列表转换为TF-IDF特征矩阵】
```
29 from sklearn.feature_extraction.text import TfidfVectorizer
30 import pandas as pd
31 vectorizer = TfidfVectorizer(smooth_idf=False)
32 tfidfmatrix = vectorizer.fit_transform(docs)
33 values = tfidfmatrix.toarray()
34 print(values)
35 feature_names = vectorizer.get_feature_names_out()
36 df = pd.DataFrame(values, columns=feature_names, index=filenameslist)
37 print(df)
```
#【第三步:应用K-均值聚类算法获取聚类结果,并评估聚类质量】
```
38 from sklearn.cluster import KMeans
39 from sklearn.metrics import silhouette_score
40 X = df.values
41 kmeans = KMeans(n_clusters=3)
42 kmeans.fit(X)
43 predicted_labels = kmeans.predict(X)
44 for i, result in enumerate(predicted_labels):
45     print(df.index[i], "的子集标签为:", result)
46 silhouette_avg = silhouette_score(X, kmeans.labels_)
47 print(silhouette_avg)
```

#【第四步:将聚类结果进行可视化】
```
48  from sklearn.decomposition import PCA
49  import matplotlib.pyplot as plt
50  import matplotlib
51  pca = PCA(n_components=2)
52  X_pca = pca.fit_transform(X)
53  print(X_pca)
54  matplotlib.rcParams['font.sans-serif'] = ['SimHei']
55  matplotlib.rcParams['axes.unicode_minus'] = False
56  plt.figure(figsize=(8, 6))
57  plt.scatter(X_pca[:, 0], X_pca[:, 1], c=predicted_labels, s=50, cmap='viridis')
58  for i, point in enumerate(X_pca):
59      plt.text(point[0], point[1], s=df.index[i], fontsize=10, verticalalignment='bottom', horizontalalignment='right')
60  cluster_centers = kmeans.cluster_centers_
61  centers_pca = pca.transform(cluster_centers)
62  print(centers_pca)
63  plt.scatter(centers_pca[:, 0], centers_pca[:, 1], c='red', s=200, alpha=0.75)
64  plt.title('K-均值聚类结果', fontsize=16, color='black')
65  plt.xlabel('第1个特征', fontsize=12, color='black')
66  plt.ylabel('第2个特征', fontsize=12, color='black')
67  plt.show()
```

进阶版:

```
1   import os
2   import MeCab
3   import re
4   from sklearn.feature_extraction.text import TfidfVectorizer
5   import pandas as pd
6   from sklearn.cluster import KMeans
7   from sklearn.metrics import silhouette_score
8   from sklearn.decomposition import PCA
9   import matplotlib.pyplot as plt
10  import matplotlib
11  filenameslist = os.listdir(r'C:\Users\Lenovo\Desktop\语料库数据')
12  docs = []
```

```
13  tokenizer = MeCab.Tagger(r"-d C:\Users\Lenovo\Desktop\unidic
    -cwj-3.1.1")
14  for file in filenameslist:
15      with open(os.path.join(r'C:\Users\Lenovo\Desktop\语料库数
        据', file), 'r', encoding='utf-8') as f:
16          words = re.split('\n', tokenizer.parse(f.read()).
        strip())[0:-1]
17          tokenslist = [re.split('[\t,]', word) for word in
        words]
18          wordslist = [re.sub('-.*', '', l[8]) for l in
        tokenslist if re.match('[\u3040-\u309F\u30A0-\u30FF\u4E00-
        \u9FFF]+', l[0]) and len(l) >= 9 and l[1] == '名詞']
19          docs.append(" ".join(wordslist))
20  vectorizer = TfidfVectorizer(smooth_idf=False)
21  values = vectorizer.fit_transform(docs).toarray()
22  feature_names = vectorizer.get_feature_names_out()
23  df = pd.DataFrame(values, columns=feature_names, index=
    filenameslist)
24  X = df.values
25  kmeans = KMeans(n_clusters=3)
26  kmeans.fit(X)
27  predicted_labels = kmeans.predict(X)
28  for i, result in enumerate(predicted_labels):
29      print(df.index[i], "的子集标签为:", result)
30  print(silhouette_score(X, kmeans.labels_))
31  pca = PCA(n_components=2)
32  X_pca = pca.fit_transform(X)
33  matplotlib.rcParams['font.sans-serif'] = ['SimHei']
34  matplotlib.rcParams['axes.unicode_minus'] = False
35  plt.figure(figsize=(8, 6))
36  plt.scatter(X_pca[:, 0], X_pca[:, 1], c=predicted_labels, s=
    50, cmap='viridis')
37  for i, point in enumerate(X_pca):
38      plt.text(point[0], point[1], s=df.index[i], fontsize=10,
        verticalalignment='bottom', horizontalalignment='right')
39  centers_pca = pca.transform(kmeans.cluster_centers_)
40  plt.scatter(centers_pca[:, 0], centers_pca[:, 1], c='red', s
    =200, alpha=0.75)
41  plt.title('K-均值聚类结果', fontsize=16, color='black')
```

```
42    plt.xlabel('第1个特征', fontsize =12, color = 'black')
43    plt.ylabel('第2个特征', fontsize =12, color = 'black')
44    plt.show()
```

7.3 基于 Doc2Vec 和层次聚类算法的文本聚类编程实现

7.3.1 所用语料与编程步骤

所用语料为前文使用过的包含 10 个 txt 纯文本文件的微型语料库,其绝对路径为"C:\Users\Lenovo\Desktop\语料库数据"。然后,编程时的主要步骤如下:

第一步:读取日语停用词表,并将其转化为词汇素列表;
第二步:依次处理语料库中的每个日语文本,并创建文档集列表;
第三步:基于文档集列表训练 Doc2Vec 模型,并提取文档向量组成特征矩阵;
第四步:基于文档向量特征矩阵绘制层次聚类树状图;
第五步:使用层次聚类算法评估聚类质量。

7.3.2 分步代码

【第一步:读取日语停用词表,并将其转化为词汇素列表】

该步与"4.2 基于前 N 位选取法和窗口跨距的词共现网络分析编程实现"的第一步完全一致,不再赘述。

【第二步:依次处理语料库中的每个日语文本,并创建文档集列表】

该步与"5.2 基于 LDA 的主题模型建构编程实现"的第二步完全一致,不再赘述。

【第三步:基于文档集列表训练 Doc2Vec 模型,并提取文档向量组成特征矩阵】

在前两步当中,我们通过46行代码获得了一个由目标语料库中各个文档转化而来的文档集列表(即 docs),接下来就可以基于该列表来训练 Doc2Vec 模型,并提取文档向量组成特征矩阵。具体代码如下:

```
47    from gensim.models import Doc2Vec
48    from gensim.models.doc2vec import TaggedDocument
```

```
49    import numpy as np
50    docslist = []
51    for i, d in enumerate(docs):
52        doc_tagged = TaggedDocument(words = d, tags = [i + 1])
53        docslist.append(doc_tagged)
54    print(docslist)
55    model = Doc2Vec(docslist, vector_size = 100, min_count = 3,
      window = 3, epochs = 80, dm = 1, workers = 3)
56    doc_vectors = []
57    for i in range(len(docs)):
58        vector = model.dv[i + 1]
59        doc_vectors.append(vector)
60    X = np.stack(doc_vectors, axis = 0)
61    print(X)
```

代码逐行解析：

第47行代码使用"from 库中工具 import 函数"的代码形式把第三方库 gensim 的 models 工具中的 Doc2Vec() 函数导入当前 PyCharm 项目中备用。

第48行代码使用"from 库中工具 import 函数"的代码形式把第三方库 gensim 的 models.doc2vec 工具中的 TaggedDocument() 函数导入当前 PyCharm 项目中备用。

第49行代码使用"import 库 as 临时名称"的代码形式把第三方库 numpy 导入当前 PyCharm 项目中，并临时命名为 np 以供后续使用。

第50行代码将一个空列表赋值给变量 docslist。

第51~53行代码组成一个包含 for 循环语句的相对独立的代码块。具体说来，第51行代码中使用了一个 enumerate() 函数，将可迭代对象 docs 列表（作为参数值）转换成一个以每个列表元素的索引号和值为元素的可通过 for 循环读取的有序序列。整行代码的意思是，依次读取 docs 列表（即日语文档集）中每个元素（即每个文档）的索引号和值，每读取一个索引号和值后立即将其分别赋值给变量 i 和 d，并自动运行一次有缩进的第52~53行代码。第52行代码调用 TaggedDocument() 函数为当前文档加上一个序号。TaggedDocument() 中传递了两个参数，第1个参数值 d 指定了当前待处理的文档内容，第2个参数值[i + 1]指定了当前序号的具体值。第53行代码对事先构建好的 docslist 列表对象调用 append() 方法，将添加了序号信息的文档列表作为最后一个元素添加到docslist列表当中。这样一来,当第51行代码中的for循环语句运行结束之后,docslist中就以列表的形式储存了各个附带序号信息的文档。

第54行代码使用print()函数把docslist列表中附带序号信息的文档打印出来查看。

第55行代码调用Doc2Vec()函数建构了一个Doc2Vec模型,并将其赋值给变量model。Doc2Vec()中共传递了7个参数。其中,第1个参数值docslist指定了建模所用的日语文档集语料;第2个参数值100指定了模型生成的文档向量的维度数量;第3个参数值3指定了建模时不考虑词频小于3的单词;第4个参数值3指定了同一句子中的当前单词与预测单词之间的最大距离,即将当前单词前后各3个单词作为上下文;第5个参数值80指定了建模算法在训练数据(即文档集语料)上的迭代次数;第6个参数值1指定了使用PV – DM架构算法来开展计算;第7个参数值3指定了计算时的并行进程数为3,即同时使用3个CPU核心来进行计算。通过调节第2~6个参数的数值可以改变模型的性能。

第56行代码将一个空列表赋值给变量doc_vectors。

第57~59行代码组成一个包含for循环语句的相对独立的代码块。具体说来,第57行代码中使用了一个range()函数,在该函数中输入数值型参数值i时,可生成0到i-1的整数,并可通过for循环语句依次读取这些整数。当前代码中range()函数的参数值为len(docs),即文档集列表docs的长度,所以第57行代码的整体意思是,依次读取文档集列表docs中各个元素的索引号(即0到len(docs)-1),每读取一个索引号之后立即将其赋值给变量i,并自动运行一次有缩进的第58~59行代码。第58行代码首先调用model模型的文档向量属性dv,然后从中提取出序号为i + 1的当前文档所对应的100维的数组形式的向量表示,并将其赋值给变量vector。第59行代码对事先构建好的doc_vectors列表对象调用append()方法,将vector中储存的当前文档的向量表示作为最后一个元素添加到doc_vectors列表当中。这样一来,当第57行代码中的for循环语句运行结束之后,doc_vectors列表中就储存了文档集中所有文档的向量。

第60行代码调用np库中的stack()函数,将doc_vectors列表(作为第1个参数值)中的文档向量自上而下堆叠①成一个二维数组形式的特征矩阵,并赋值给变量 X。

第 61 行代码通过 print( )函数把变量 X 中的文档向量特征矩阵打印出来查看。

【第四步:基于文档向量特征矩阵绘制层次聚类树状图】

在第三步当中,我们获得了一个由文档向量组成的特征矩阵(即 doc_vectors),接下来就可以基于该矩阵来绘制层次聚类树状图,具体代码如下:

```
62    import matplotlib.pyplot as plt
63    import matplotlib
64    from scipy.cluster.hierarchy import dendrogram, linkage
65    Z = linkage(X, 'ward')
66    matplotlib.rcParams['font.sans-serif'] = ['SimHei']
67    matplotlib.rcParams['axes.unicode_minus'] = False
68    plt.figure(figsize = (10, 7))
69    dendrogram(Z, labels = filenameslist)
70    plt.title('层次聚类树状图', fontsize =16, color = 'black')
71    plt.xlabel('文档样本', fontsize =12, color = 'black')
72    plt.ylabel('距离', fontsize =12, color = 'black')
73    plt.show()
```

代码逐行解析:

第 62 行代码使用"import 库中工具 as 临时名称"的代码形式把第三方库 matplotlib 中的工具 pyplot 导入当前 PyCharm 项目中,并临时命名为 plt 以供后续使用。

第 63 行代码使用"import 库"的代码形式把第三方库 matplotlib 导入当前 PyCharm 项目中备用。

第 64 行代码使用"from 库中工具 import 函数"的代码形式把第三方库 scipy 的 cluster.hierarchy 工具中的 dendrogram( )和 linkage( )函数导入当前 PyCharm 项目中备用。

第 65 行代码调用 linkage( )函数,基于 ward 距离度量方法②(作为第 2 个参数

---

① 通过将 stack( )函数中的第 2 个参数值设置为 0 来实现该堆叠方式。
② 除了 ward 距离之外,层次聚类还可以使用单链接(single linkage)、全链接(complete linkage)、平均链接(average linkage)等其他距离度量方法,每种方法都有特定的距离计算方式。一般说来,距离大小表示的是样本或聚类之间的紧密程度,距离越小,说明样本或聚类越紧密。

值)对文档向量特征矩阵 X(作为第 1 个参数值)进行层次聚类,并将聚类结果赋值给变量 Z。

第 66 行代码从 matplotlib 库中调用全局配置字典 rcParams,并将['SimHei'](即"黑体")作为值赋值给字典中的键'font.sans-serif',即将后续绘制的所有图片中的默认字体都设置为黑体。

第 67 行代码从 matplotlib 库中调用全局配置字典 rcParams,并将 False 作为值赋值给字典中的键'axes.unicode_minus',意思为使用传统的连字符"-"来表示图片中的负号。

第 68 行代码调用 plt 工具中的 figure() 函数创建一块用于绘制图形的画布,并通过参数值(10,7)将画布的长度设置为 10 英寸,高度设置为 7 英寸。

第 69 行代码调用 dendrogram() 函数绘制了层次聚类树状图。dendrogram() 中共传递了 2 个参数,第 1 个参数值 Z 指定了所使用的聚类结果,第 2 个参数值 filenameslist 指定了每个叶子节点的标签,即文档样本的名称。

第 70 行代码调用 plt 工具中的 title() 函数设置图形的标题。title() 中传递了 3 个参数,第 1 个参数值'层次聚类树状图'指定了标题的内容,第 2 个参数值 16 指定了标题的大小,第 3 个参数值'black'指定了标题的颜色。

第 71 行代码调用 plt 工具中的 xlabel() 函数设置横坐标的标签。xlabel() 中传递了 3 个参数,第 1 个参数值'文档样本'指定了标签的内容,第 2 个参数值 12 指定了标签的大小,第 3 个参数值'black'指定了标签的颜色。

第 72 行代码调用 plt 工具中的 ylabel() 函数设置纵坐标的标签。ylabel() 中传递了 3 个参数,第 1 个参数值'距离'指定了标签的内容,第 2 个参数值 12 指定了标签的大小,第 3 个参数值'black'指定了标签的颜色。

第 73 行代码调用 plt 工具中的 show() 函数展示出上面绘制的处于激活状态的图形(见图 7-6)。通过观察图 7-6 可知,10 个文档样本大致聚合为 3 个子集,即 3.txt、1.txt 和 2.txt 为第 1 个子集,6.txt 和 7.txt 为第 2 个子集,剩余的 5 个文档为第 3 个子集。

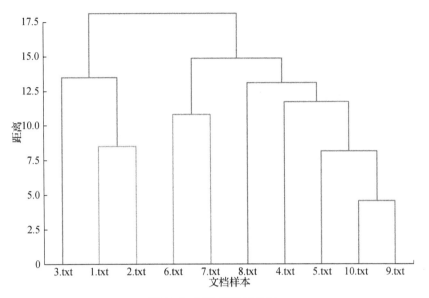

图 7-6　层次聚类树状图

【第五步:使用层次聚类算法评估聚类质量】

在第四步当中,我们绘制了一个层次聚类树状图,对层次聚类结果进行了可视化,接下来还需使用层次聚类算法来评估一下聚类质量,具体代码如下:

```
74  from sklearn.cluster import AgglomerativeClustering
75  from sklearn.metrics import silhouette_score
76  hc = AgglomerativeClustering(n_clusters=3)
77  hc.fit(X)
78  silhouette_avg = silhouette_score(X, hc.labels_)
79  print(silhouette_avg)
```

代码逐行解析:

第 74 行代码使用"from 库中工具 import 函数"的代码形式把第三方库 sklearn 中 cluster 工具的 AgglomerativeClustering() 函数导入当前 PyCharm 项目中备用。

第 75 行代码使用"from 库中工具 import 函数"的代码形式把第三方库 sklearn 中 metrics 工具的 silhouette_score() 函数导入当前 PyCharm 项目中备用。

第 76 行代码调用 AgglomerativeClustering() 函数建构一个使用层次聚类算法的聚类器,并将其赋值给变量 hc。AgglomerativeClustering() 中传递了一个参数,其值 3 指定了聚类数量(该数量可通过观察图 7-6 中的层次聚类树状图来设定),即将文档数据划分成 3 个不同的子集。

第 77 行代码调用 hc 聚类器对象的 fit( )方法拟合文档向量特征矩阵 X(作为参数值),即自动将文档划分成不同子集。

第 78 行代码调用 silhouette_score( )函数计算轮廓系数的均值,并将其赋值给变量 silhouette_avg。silhouette_score( )中传递了两个参数,第 1 个参数值 X 指定了待计算的文档向量特征矩阵,第 2 个参数值 hc.labels_通过属性 labels_获取并指定了每个文档的所属子集标签。

第 79 行代码使用 print( )函数把 silhouette_avg 中的轮廓系数均值打印出来查看。该值越接近 1,表示聚类质量越好;越接近 −1,表示聚类质量越差。

7.3.3 完整代码

入门版:

#【第一步:读取日语停用词表,并将其转化为词汇素列表】
```
1   import MeCab
2   import re
3   tokenizer = MeCab.Tagger(r"-d C:\Users\Lenovo\Desktop\unidic
    -cwj-3.1.1")
4   with open(r'C:\Users\Lenovo\Desktop\stopwords-ja.txt', 'r',
    encoding='utf-8') as sw:
5       stopwords = sw.read()
6   stopwords = tokenizer.parse(stopwords)
7   print(stopwords)
8   stopwords = stopwords.strip()
9   stopwords = re.split('\n', stopwords)
10  stopwords = stopwords[0:-1]
11  swtokenslist = []
12  for word in stopwords:
13      word = re.split('[\t,]', word)
14      swtokenslist.append(word)
15  stopwordslist = []
16  for l in swtokenslist:
17      if len(l) >= 9:
18          lemma = re.sub('-.* ', '', l[8])
19          stopwordslist.append(lemma)
```

```
20    stopwordsset = set(stopwordslist)
21    stopwordslist = list(stopwordsset)
```
#【第二步:依次处理语料库中的每个日语文本,并创建文档集列表】
```
22    import os
23    dirpath = r'C:\Users\Lenovo\Desktop\语料库数据'
24    filenameslist = os.listdir(dirpath)
25    print(filenameslist)
26    docs = []
27    for file in filenameslist:
28        filepath = os.path.join(dirpath, file)
29        with open(filepath, 'r', encoding='utf-8') as f:
30            textdata = f.read()
31        words = tokenizer.parse(textdata)
32        words = words.strip()
33        words = re.split('\n', words)
34        words = words[0:-1]
35        tokenslist = []
36        for word in words:
37            item = re.split('[\t,]', word)
38            tokenslist.append(item)
39        wordslist = []
40        for l in tokenslist:
41            if re.match('[\u3040-\u309F\u30A0-\u30FF\u4E00-\u9FFF]+', l[0]) and len(l) >= 9 and l[1] in ['名詞','動詞','形容詞','形状詞']:
42                lemma = re.sub('-.*', '', l[8])
43                if lemma not in stopwordslist:
44                    wordslist.append(lemma)
45        docs.append(wordslist)
46    print(docs)
```
#【第三步:基于文档集列表训练Doc2Vec模型,并提取文档向量组成特征矩阵】
```
47    from gensim.models import Doc2Vec
48    from gensim.models.doc2vec import TaggedDocument
49    import numpy as np
50    docslist = []
51    for i, d in enumerate(docs):
52        doc_tagged = TaggedDocument(words=d, tags=[i+1])
53        docslist.append(doc_tagged)
54    print(docslist)
```

```
55    model = Doc2Vec(docslist, vector_size=100, min_count=3,
      window=3, epochs=80, dm=1, workers=3)
56    doc_vectors = []
57    for i in range(len(docs)):
58        vector = model.dv[i + 1]
59        doc_vectors.append(vector)
60    X = np.stack(doc_vectors, axis=0)
61    print(X)
```
#【第四步:基于文档向量特征矩阵绘制层次聚类树状图】
```
62    import matplotlib.pyplot as plt
63    import matplotlib
64    from scipy.cluster.hierarchy import dendrogram, linkage
65    Z = linkage(X, 'ward')
66    matplotlib.rcParams['font.sans-serif'] = ['SimHei']
67    matplotlib.rcParams['axes.unicode_minus'] = False
68    plt.figure(figsize=(10, 7))
69    dendrogram(Z, labels=filenameslist)
70    plt.title('层次聚类树状图', fontsize=16, color='black')
71    plt.xlabel('文档样本', fontsize=12, color='black')
72    plt.ylabel('距离', fontsize=12, color='black')
73    plt.show()
```
#【第五步:使用层次聚类算法评估聚类质量】
```
74    from sklearn.cluster import AgglomerativeClustering
75    from sklearn.metrics import silhouette_score
76    hc = AgglomerativeClustering(n_clusters=3)
77    hc.fit(X)
78    silhouette_avg = silhouette_score(X, hc.labels_)
79    print(silhouette_avg)
```

进阶版:

```
1    import MeCab
2    import re
3    import os
4    from gensim.models import Doc2Vec
5    from gensim.models.doc2vec import TaggedDocument
6    import numpy as np
7    import matplotlib.pyplot as plt
8    import matplotlib
9    from scipy.cluster.hierarchy import dendrogram, linkage
```

```
10  from sklearn.cluster import AgglomerativeClustering
11  from sklearn.metrics import silhouette_score
12  tokenizer = MeCab.Tagger(r"-d C:\Users\Lenovo\Desktop\unidic
    -cwj-3.1.1")
13  with open(r'C:\Users\Lenovo\Desktop\stopwords-ja.txt', 'r',
    encoding='utf-8') as swf:
14      stopwords = swf.read()
15  stopwords = re.split('\n', tokenizer.parse(stopwords).strip
    ())[0:-1]
16  swtokenslist = [re.split('[\t,]', word) for word in stopwords]
17  stopwordslist = list(set([re.sub('-.*', '', l[8]) for l in
    swtokenslist if len(l) >= 9]))
18  filenameslist = os.listdir(r'C:\Users\Lenovo\Desktop\语料库数
    据')
19  docs = []
20  for file in filenameslist:
21      with open(os.path.join(r'C:\Users\Lenovo\Desktop\语料库数
        据', file), 'r', encoding='utf-8') as f:
22          words = re.split('\n', tokenizer.parse(f.read()).
            strip())[0:-1]
23          tokenslist = [re.split('[\t,]', word) for word in
            words]
24          wordslist = [re.sub('-.*', '', l[8]) for l in
            tokenslist if re.match('[\u3040-\u309F\u30A0-\u30FF\u4E00-
            \u9FFF]+', l[0]) and len(l) >= 9 and l[1] in ['名詞', '動詞','
            形容詞', '形状詞']]
25          wordslist = [word for word in wordslist if word not in
            stopwordslist]
26          docs.append(wordslist)
27  docslist = [TaggedDocument(words=d, tags=[i+1]) for i, d in
    enumerate(docs)]
28  model = Doc2Vec(docslist, vector_size=100, min_count=3,
    window=3, epochs=80, dm=1, workers=3)
29  X = np.stack([model.dv[i+1] for i in range(len(docs))], axis
    =0)
30  matplotlib.rcParams['font.sans-serif'] = ['SimHei']
31  matplotlib.rcParams['axes.unicode_minus'] = False
32  plt.figure(figsize=(10, 7))
33  dendrogram(linkage(X, 'ward'), labels=filenameslist)
```

```
34    plt.title('层次聚类树状图',fontsize=16,color='black')
35    plt.xlabel('文档样本',fontsize=12,color='black')
36    plt.ylabel('距离',fontsize=12,color='black')
37    plt.show()
38    hc = AgglomerativeClustering(n_clusters=3)
39    hc.fit(X)
40    print(silhouette_score(X,hc.labels_))
```

7.4 基于 BERT 和 HDBSCAN 聚类算法的文本聚类编程实现

7.4.1 所用语料与编程步骤

所用语料为前文使用过的包含 10 个 txt 纯文本文件的微型语料库,其绝对路径为"C:\Users\Lenovo\Desktop\语料库数据"。然后,编程时的主要步骤如下:

第一步:加载日语 BERT 模型;

第二步:基于模型提取句子向量,并建构文档向量特征矩阵;

第三步:应用 HDBSCAN 聚类算法获取聚类结果,并评估聚类质量;

第四步:将聚类结果进行可视化。

7.4.2 分步代码

【第一步:加载日语 BERT 模型】

为了使用日语 BERT 模型来提取日语句子的向量表示,首先需将本地下载好的相关模型加载到内存中备用。具体代码如下:

```
1    from transformers import BertModel
2    from transformers import BertJapaneseTokenizer
3    modelpath = r'D:\我的科研\当前研究\基于Python的日语数字人文\文本挖掘技术及其应用\tohoku-nlp-bert-base-japanese-v3'
4    tokenizer = BertJapaneseTokenizer.from_pretrained(modelpath)
5    model = BertModel.from_pretrained(modelpath)
```

代码逐行解析:

第 1 行代码使用"from 库 import 函数"的代码形式把第三方库 transformers 中的 BertModel() 函数导入当前 PyCharm 项目中备用。

第2行代码使用"from 库 import 函数"的代码形式把第三方库 transformers 中的 BertJapaneseTokenizer( )函数导入当前 PyCharm 项目中备用。

第3行代码将后续建模所需的日语 BERT 模型 bert – base – japanese – v3 的绝对路径赋值给变量 modelpath。

第4行代码首先调用 BertJapaneseTokenizer( )函数创建一个日语分词器对象,然后调用该对象的 from_pretrained( )方法从指定的绝对路径(作为参数值)中的日语 BERT 模型加载其基本配置,最后将配置完毕的日语分词器赋值给变量 tokenizer。

第5行代码首先调用 BertModel( )函数创建一个 BERT 模型对象,然后调用该对象的 from_pretrained( )方法从指定的绝对路径(作为参数值)中的日语 BERT 模型加载其参数,最后将参数完备的 BERT 模型赋值给变量 model。

【第二步:基于模型提取句子向量,并建构文档向量特征矩阵】

在第一步当中,我们加载好了所需的日语 BERT 模型,接下来就可以基于该模型来提取日语句子向量,并在此基础上建构一个文档向量特征矩阵。具体代码如下:

```
6   import re
7   import numpy as np
8   import os
9   doc_vectors = []
10  dirpath = r'C:\Users\Lenovo\Desktop\语料库数据'
11  filenameslist = os.listdir(dirpath)
12  print(filenameslist)
13  for file in filenameslist:
14      filepath = os.path.join(dirpath, file)
15      with open(filepath, 'r', encoding = 'utf - 8') as f:
16          textdata = f.read()
17      sentencelist = re.split('[。?!.\n]', textdata)
18      sentence_vectors_sum = []
19      for s in sentencelist:
20          s = s.strip()
21          if s ! = '' and len(s) > 1:
22              input_ids = tokenizer.encode(s, add_special_tokens = True, return_tensors = 'pt')
23              result = model(input_ids)
24              lhs = result.last_hidden_state
```

```
25              word_vectors = lhs.tolist()[0]
26              sentence_vector = word_vectors[0]
27              sentence_vectors_sum.append(sentence_vector)
28         sentence_vectors_sum = np.array(sentence_vectors_sum)
29         doc_vector = np.mean(sentence_vectors_sum, axis=0)
30         doc_vectors.append(doc_vector)
31   X = np.stack(doc_vectors, axis=0)
32   print(X)
```

代码逐行解析：

第6行代码使用"import 库"的代码形式把标准库 re 导入当前 PyCharm 项目中，以供后续使用。

第7行代码使用"import 库 as 临时名称"的代码形式把第三方库 numpy 导入当前 PyCharm 项目中，并临时命名为 np 以供后续使用。

第8行代码使用"import 库"的代码形式把标准库 os 导入当前 PyCharm 项目中，以供后续使用。

第9行代码将一个空列表赋值给变量 doc_vectors。

第10行代码把需要处理的目标语料库的绝对路径(r'C:\Users\Lenovo\Desktop\语料库数据')赋值给变量 dirpath。

第11行代码调用 os 库中的 listdir() 函数获取 dirpath 路径(作为参数值)所指文件夹(即目标语料库)中的全部文件名称，并将其组合成一个列表赋值给变量 filenameslist。

第12行代码通过 print() 函数把 filenameslist 列表打印出来查看。

第13～30行代码组成一个包含两个 for 循环语句的相对独立的代码块。具体说来，第13行代码是一个 for 循环语句，依次读取 filenameslist 列表中的各个元素(即文件名称)，每读取一个元素后立即将其赋值给变量 file，并自动运行一次有缩进的第14～30行代码。第14行代码调用 os 库中 path 工具的 join() 函数将 dirpath 中的路径和当前 file 中的文件名称连接成一个完整的路径(即当前 file 的绝对路径)，并把它赋值给变量 filepath。第15～16行代码组成一个相对独立的代码块，实现打开目标文件并读取其中内容的功能。具体说来，第15行代码使用 with open() 函数打开 filepath

路径(作为第 1 个参数值)指向的目标文件,并将其命名为变量 f。with open()中的第 2 个参数值'r'指定了目标文件的打开模式为"只读模式",第 3 个参数值'utf-8'指定了目标文件的编码方式为 utf-8。第 16 行代码对当前的 f 对象调用 read()方法读取其具体内容,并组合成一个字符串赋值给变量 textdata。第 17 行代码调用 re 库中的 split()函数,以日语句号、日语问号、日语感叹号、半角英文句号和换行符为分隔符,把当前 textdata 中的字符串分隔成一个一个的句子,并将由这些句子元素组成的列表赋值给变量 sentencelist。第 18 行代码将一个空列表赋值给变量 sentence_vectors_sum。第 19~27 行代码组成一个包含 for 循环语句的相对独立的代码块。具体说来,第 19 行代码是一个 for 循环语句,依次读取 sentencelist 列表中的各个元素(即日语句子),每读取一个元素后立即将其赋值给变量 s,并自动运行一次有缩进的第 20~27 行代码。第 20 行代码对当前 s 中的句子对象调用 strip()方法,移除其头尾两端的空格,并将处理结果重新赋值给变量 s。第 21 行代码设置了两个用 and 连接的 if 条件:(1) s ! = '';(2) len(s) > 1。如果同时满足这两个条件,说明当前 s 中的句子不为空,且不是单个文字、数字或符号,即 s 中是一个需进行向量化处理的普通句子,此时会自动运行一次有缩进的第 22~27 行代码。第 22 行代码调用 tokenizer 分词器对象的 encode()方法对当前句子(作为参数值)进行编码处理,并将编码后的结果赋值给变量 input_ids。encode()中传递了 3 个参数,第 1 个参数值 s 指定了需要编码的句子,第 2 个参数值 True 指定了在编码过程中需往句子前后额外添加序列开始标记[CLS]、序列结束标记[SEP]等特殊标记,第 3 个参数值'pt'则指定了使用 PyTorch 张量来表示编码结果。其中,后续代码将重点关注的是序列开始标记[CLS](相当于一个额外添加到句子最前面的特殊单词),因为该标记在编码和向量化处理之后对应的是一个用来表示整个句子语义的 768 维的句子向量。第 23 行代码将 input_ids 中的 PyTorch 张量 ID 作为参数值输入到 model 模型中进行向量化处理,并将处理结果赋值给变量 result。第 24 行代码通过 result 结果的 last_hidden_state 属性获取所有向量,并将其赋值给变量 lhs。第 25 行代码首先调用 lhs 对象的 tolist()方法将其转换为我们熟悉的列表,然后提取出该列表中第一个元素的内容(即一个储存了当前句子中每个单词(包括特殊单词[CLS])的向量表示的嵌套列表)赋值给变量word_vectors。第26行代码进一步提取出word_vectors嵌套列表中的第一个列表元素(即特殊单词[CLS]所对应的句子向量)赋值给变量sentence_vector。第27行代码对事先构建好的sentence_vectors_sum列表对象调用append( )方法,将sentence_vector句子向量作为最后一个元素添加到sentence_vectors_sum列表当中。这样一来,当第19行代码中的for循环语句运行结束之后,sentence_vectors_sum中就以嵌套列表的形式储存了各个日语句子的向量表示。第28行代码调用np库中的array( )函数把sentence_vectors_sum嵌套列表(作为参数值)转化为便于高效计算的数组,并将其重新赋值给变量sentence_vectors_sum。第29行代码调用np库中的mean( )函数分别计算sentence_vectors_sum数组中所有句子向量在各个维度上的均值,并将最终计算结果(即768维的文档向量数组)赋值给变量doc_vector。mean( )中输入了两个参数,第1个参数值sentence_vectors_sum指定了需要计算均值的句子向量,第2个参数值0指定了计算方法为按照各个维度分别计算均值。第30行代码对事先构建好的doc_vectors列表对象调用append( )方法,将doc_vector中的文档向量数组作为最后一个元素添加到doc_vectors列表当中。这样一来,当第13行代码中的for循环语句运行结束之后,doc_vectors列表中就以数组元素的形式储存了文档集中所有文档的向量。

第31行代码调用np库中的stack( )函数,将doc_vectors列表(作为第1个参数值)中的文档向量自上而下堆叠①成一个二维数组形式的特征矩阵,并赋值给变量X。

第32行代码通过print( )函数把变量X中的文档向量特征矩阵打印出来查看。

【第三步:应用HDBSCAN聚类算法获取聚类结果,并评估聚类质量】

在第二步当中,我们获得了一个二维数组形式的文档向量特征矩阵(即X),接下来就可以应用HDBSCAN聚类算法来获取聚类结果,并评估聚类质量。具体代码如下:

```
33   from hdbscan import HDBSCAN
34   from sklearn.metrics import silhouette_score
35   hdb = HDBSCAN(min_cluster_size=2, min_samples=1)
36   hdb.fit(X)
```

---

① 通过将stack( )函数中的第2个参数值设置为0来实现该堆叠方式。

```
37    predicted_labels = hdb.labels_
38    non_noise_filenames = []
39    for i, result in enumerate(predicted_labels):
40        filename = filenameslist[i]
41        print(filename, "的子集标签为:", result)
42        if result ! = -1:
43            non_noise_filenames.append(filename)
44    print(non_noise_filenames)
45    non_noise_samples = predicted_labels ! = -1
46    print(non_noise_samples)
47    non_noise_labels = predicted_labels[non_noise_samples]
48    X_non_noise = X[non_noise_samples]
49    silhouette_avg = silhouette_score(X_non_noise, non_noise_labels)
50    print(silhouette_avg)
```

代码逐行解析：

第 33 行代码使用"from 库 import 函数"的代码形式把第三方库 hdbscan 中的 HDBSCAN( )函数导入当前 PyCharm 项目中备用。

第 34 行代码使用"from 库中工具 import 函数"的代码形式把第三方库 sklearn 中 metrics 工具的 silhouette_score( )函数导入当前 PyCharm 项目中备用。

第 35 行代码调用 HDBSCAN( )函数建构一个使用 HDBSCAN 聚类算法的聚类器,并将其赋值给变量 hdb。HDBSCAN( )中传递了两个参数,第 1 个参数值 2 指定了一批文档样本被认为构成一个合格子集的最小样本数量(小于这个数量的文档子集将被视为无需考虑的噪声样本点),第 2 个参数值 1 则指定了确定一个样本点是否为核心点时其邻近区域中所需存在的最小样本数量(该数量包括样本点本身)[①]。通过调节这两个参数,可以生成多个聚类数量和质量不同的聚类器。

第 36 行代码调用 hdb 聚类器的 fit( )方法拟合文档向量特征矩阵 X(作为参数值),即自动将文档划分成不同子集。

第 37 行代码通过 hdb 聚类器的属性 labels_获取每个文档的所属子集标签,并将其组成一个数组赋值给变量 predicted_labels。

---

① 由于包括样本点本身,该参数值一般需大于 1,此处为了便于聚类结果的计算和展示才设置为 1。

第38行代码将一个空列表赋值给变量non_noise_filenames。

第39~43行代码组成一个包含for循环语句的相对独立的代码块。具体说来，第39行代码中使用了一个enumerate()函数，将可迭代对象predicted_labels数组（作为参数值）转换成一个以每个数组元素的索引号和值为元素的可通过for循环读取的有序序列。整行代码的意思是，依次读取predicted_labels数组中每个元素（即相关文档的所属子集标签）的索引号和值，每读取一个索引号和值后立即将其分别赋值给变量i和result，并自动运行一次有缩进的第40~43行代码。第40行代码提取filenameslist中索引号为i的当前相关文档的名称，并将其赋值给变量filename。第41行代码使用print()函数把当前相关文档的名称及其对应的子集标签打印出来查看（见图7-7）。具体说来，print()中输入了3个参数，第1个参数值filename指定了当前相关文档的名称，第2个参数值将字符串"的子集标签为："指定为打印内容，第3个参数值result指定了当前相关文档所对应的子集标签。由图7-7可知，2.txt和4.txt的子集标签为-1，表示两者是噪声样本点文档，其他非噪声样本点文档则被划分为了0和1两个子集。

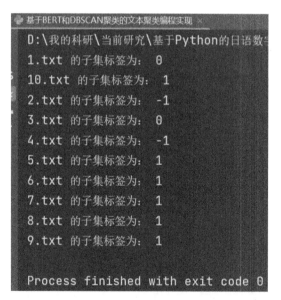

图7-7　相关文档及其对应的子集标签（二）

第42行代码设置了一个if条件：result！＝-1，即当前子集标签不等于-1。若满足该条件,则自动运行一次有缩进的第 43 行代码,即对事先构建好的 non_noise_filenames 列表对象调用 append( )方法,将 filename 中的当前相关文档名称作为最后一个元素添加到 non_noise_filenames 列表当中。这样一来,当第 39 行代码中的 for 循环语句运行结束之后,控制台上就打印出了图 7-7 中的聚类结果,同时 non_noise_filenames 列表中也储存了所有非噪声样本点文档的名称。

第 44 行代码通过 print( )函数把 non_noise_filenames 列表中的非噪声样本点文档名称打印出来查看(图 7-8)。

```
基于BERT和DBSCAN聚类的文本聚类编程实现  ×
D:\我的科研\当前研究\基于Python的日语数字人文\文本挖掘技术及其应用\技术代码\venv\Sc
['1.txt', '10.txt', '3.txt', '5.txt', '6.txt', '7.txt', '8.txt', '9.txt']

Process finished with exit code 0
```

图 7-8　non_noise_filenames 列表中的非噪声样本点文档名称

第 45 行代码通过 predicted_labels ! = -1 这个条件创建一个用于选出非噪声样本点文档子集标签的布尔索引数组,并将其赋值给变量 non_noise_samples。

第 46 行代码通过 print( )函数把 non_noise_samples 数组中的布尔索引打印出来查看(图 7-9)。

```
基于BERT和DBSCAN聚类的文本聚类编程实现  ×
D:\我的科研\当前研究\基于Python的日语数字人文\文本挖掘技术及其应用\技术代码
[ True  True False  True False  True  True  True  True  True]

Process finished with exit code 0
```

图 7-9　non_noise_samples 数组中的布尔索引

第 47 行代码根据 non_noise_samples 数组中的布尔索引从 predicted_labels 数组中提取出所有非噪声样本点文档的子集标签,并将其赋值给变量 non_noise_labels。

第 48 行代码根据 non_noise_samples 数组中的布尔索引从数组形式的文档向量特征矩阵 X 中提取出所有非噪声样本点文档的特征矩阵数据,并将其赋值给变量 X_non_noise。

第 49 行代码调用 silhouette_score( )函数计算非噪声样本点的轮廓系数均值,并将其赋值给变量 silhouette_avg。silhouette_score( ) 中传递了两个参数,第 1 个参数值 X_non_noise 指定了待计算的非噪声样本点的文档向量特征矩阵,第 2 个参数值 non_noise_labels 指定了每个非噪声样本点文档的所属子集标签。

第 50 行代码使用 print( ) 函数把 silhouette_avg 中的轮廓系数均值打印出来查看。该值越接近 1,表示聚类质量越好,越接近 -1,表示聚类质量越差。

【第四步:将聚类结果进行可视化】

在第三步当中,我们基于 HDBSCAN 聚类算法获得了聚类结果,接下来就可以借助降维技术将该结果进行可视化,具体代码如下:

```
51  from sklearn.decomposition import PCA
52  import matplotlib.pyplot as plt
53  import matplotlib
54  pca = PCA(n_components=2)
55  X_pca = pca.fit_transform(X_non_noise)
56  print(X_pca)
57  matplotlib.rcParams['font.sans-serif'] = ['SimHei']
58  matplotlib.rcParams['axes.unicode_minus'] = False
59  plt.figure(figsize=(8,6))
60  plt.scatter(X_pca[:,0], X_pca[:,1], c=non_noise_labels, s=50, cmap='viridis')
61  for i, point in enumerate(X_pca):
62      plt.text(point[0], point[1], s=non_noise_filenames[i], fontsize=10, verticalalignment='bottom', horizontalalignment='right')
63  plt.title('HDBSCAN 聚类结果', fontsize=16, color='black')
64  plt.xlabel('第 1 个特征', fontsize=12, color='black')
65  plt.ylabel('第 2 个特征', fontsize=12, color='black')
66  plt.show()
```

代码逐行解析:

第 51 行代码使用"from 库中工具 import 函数"的代码形式从第三方库 sklearn 的工具 decomposition 中将函数 PCA( ) 导入当前 PyCharm 项目中备用。

第 52 行代码使用"import 库中工具 as 临时名称"的代码形式把第三方库 matplotlib 中的工具 pyplot 导入当前 PyCharm 项目中,并临时命名为 plt 以供后续使用。

第 53 行代码使用"import 库"的代码形式把第三方库 matplotlib 导入当前 PyCharm 项目中备用。

第 54 行代码调用 PCA( ) 函数创建一个基于主成分分析的降维器,并将其赋值给变量 pca。PCA( ) 中传递了一个参数,其值 2 指定了降维后的特征数量,即将数据特征降维到只有 2 个主要特征。

第 55 行代码调用 pca 降维器的 fit_transform( ) 方法拟合变量 X_non_noise(作为参数值)中的非噪声样本点文档向量特征矩阵,并将其转换成只有 2 个特征的二维数组赋值给变量 X_pca。

第 56 行代码通过 print( ) 函数把 X_pca 数组的具体内容打印出来查看。

第 57 行代码从 matplotlib 库中调用全局配置字典 rcParams,并将 ['SimHei'](即"黑体")作为值赋值给字典中的键 'font.sans-serif',即将后续绘制的所有图片中的默认字体都设置为黑体。

第 58 行代码从 matplotlib 库中调用全局配置字典 rcParams,并将 False 作为值赋值给字典中的键 'axes.unicode_minus',意思为使用传统的连字符"-"来表示图片中的负号。

第 59 行代码调用 plt 工具中的 figure( ) 函数创建一块用于绘制图形的画布,并通过参数值(8, 6)将画布的长度设置为 8 英寸,高度设置为 6 英寸。

第 60 行代码调用 plt 工具中的 scatter( ) 函数在画布中绘制一个散点图(图中的数据点代表各个文档)。scatter( ) 中传递了 5 个参数,第 1 个参数值 X_pca[:, 0] 指定了使用 X_pca 数组中的第 1 列数据(即第 1 个特征)作为横坐标变量 x 的取值范围,第 2 个参数值 X_pca[:, 1] 指定了使用 X_pca 数组中的第 2 列数据(即第 2 个特征)作为纵坐标变量 y 的取值范围,第 3 个参数值 non_noise_labels 指定了根据 non_noise_labels 数组中的元素值(即子集标签)来决定图中数据点的颜色,第 4 个参数值 50 指定了数据点的大小,第 5 个参数值 'viridis' 指定了数据点的颜色映射方案。通过第 3 个参数值和第 5 个参数值的搭配使用,可根据图中数据点(即文档)所属子集情况将其着上不同颜色。

第61~62行代码组成一个包含 for 循环语句的相对独立的代码块。具体说来，第61行代码中使用了一个 enumerate( )函数，将可按行迭代的 X_pca 数组（作为参数值）转换成一个以每行的索引号和数值为元素的可通过 for 循环读取的有序序列。整行代码的意思是，依次读取 X_pca 数组中每行数据的索引号和两个数值，每读取一次索引号和数值后立即将其分别赋值给变量 i 和 point，并自动运行一次有缩进的第62行代码。第62行代码调用 plt 工具中的 text( )函数为每个数据点添加相应的文本标签（即其代表的文档名称）。text( )中输入了6个参数，第1个参数值 point[0] 使用 point 中的第1个数值指定了当前数据点的横坐标，第2个参数值 point[1] 使用 point 中的第2个数值指定了当前数据点的纵坐标，第3个参数值 non_noise_filenames[i] 指定了文本标签的具体内容为 non_noise_filenames 列表中索引号为 i 的元素，即当前数据点所对应的文档名称，第4个参数值10指定了当前文本标签的字号，第5个参数值'bottom'指定了当前数据点位于相应文本标签的下方，第6个参数值'right'指定了当前数据点位于相应文本标签的右边。通过第5个参数值和第6个参数值的搭配使用，将当前数据点的位置设置为了位于相应文本标签的右下方，即文本标签位于数据点的左上方。这样一来，当第61行代码中的 for 循环语句运行结束之后，我们就在每个数据点的左上方为其添加了一个文本标签，以此标识其代表的相关文档。

第63行代码调用 plt 工具中的 title( )函数设置图形的标题。title( )中传递了3个参数，第1个参数值'HDBSCAN 聚类结果'指定了标题的内容，第2个参数值16指定了标题的大小，第3个参数值'black'指定了标题的颜色。

第64行代码调用 plt 工具中的 xlabel( )函数设置横坐标的标签。xlabel( )中传递了3个参数，第1个参数值'第1个特征'指定了标签的内容，第2个参数值12指定了标签的大小，第3个参数值'black'指定了标签的颜色。

第65行代码调用 plt 工具中的 ylabel( )函数设置纵坐标的标签。ylabel( )中传递了3个参数，第1个参数值'第2个特征'指定了标签的内容，第2个参数值12指定了标签的大小，第3个参数值'black'指定了标签的颜色。

第66行代码调用 plt 工具中的 show( )函数展示出上面绘制的处于激活状态的图形（见图7-10）。

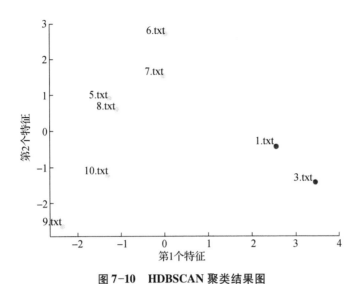

图 7-10　HDBSCAN 聚类结果图

7.4.3　完整代码

入门版：

#【第一步：加载日语 BERT 模型】
```
1   from transformers import BertModel
2   from transformers import BertJapaneseTokenizer
3   modelpath = r'D:\我的科研\当前研究\基于 Python 的日语数字人文\文本挖掘技术及其应用\tohoku-nlp-bert-base-japanese-v3'
4   tokenizer = BertJapaneseTokenizer.from_pretrained(modelpath)
5   model = BertModel.from_pretrained(modelpath)
```
#【第二步：基于模型提取句子向量，并建构文档向量特征矩阵】
```
6   import re
7   import numpy as np
8   import os
9   doc_vectors = []
10  dirpath = r'C:\Users\Lenovo\Desktop\语料库数据'
11  filenameslist = os.listdir(dirpath)
12  print(filenameslist)
13  for file in filenameslist:
14      filepath = os.path.join(dirpath, file)
15      with open(filepath, 'r', encoding='utf-8') as f:
16          textdata = f.read()
```

```python
17  sentencelist = re.split('[。?!.\n]', textdata)
18  sentence_vectors_sum = []
19  for s in sentencelist:
20      s = s.strip()
21      if s != '' and len(s) > 1:
22          input_ids = tokenizer.encode(s, add_special_tokens=True, return_tensors='pt')
23          result = model(input_ids)
24          lhs = result.last_hidden_state
25          word_vectors = lhs.tolist()[0]
26          sentence_vector = word_vectors[0]
27          sentence_vectors_sum.append(sentence_vector)
28      sentence_vectors_sum = np.array(sentence_vectors_sum)
29      doc_vector = np.mean(sentence_vectors_sum, axis=0)
30      doc_vectors.append(doc_vector)
31  X = np.stack(doc_vectors, axis=0)
32  print(X)
#【第三步:应用HDBSCAN聚类算法获取聚类结果,并评估聚类质量】
33  from hdbscan import HDBSCAN
34  from sklearn.metrics import silhouette_score
35  hdb = HDBSCAN(min_cluster_size=2, min_samples=1)
36  hdb.fit(X)
37  predicted_labels = hdb.labels_
38  non_noise_filenames = []
39  for i, result in enumerate(predicted_labels):
40      filename = filenameslist[i]
41      print(filename, "的子集标签为:", result)
42      if result != -1:
43          non_noise_filenames.append(filename)
44  print(non_noise_filenames)
45  non_noise_samples = predicted_labels != -1
46  print(non_noise_samples)
47  non_noise_labels = predicted_labels[non_noise_samples]
48  X_non_noise = X[non_noise_samples]
49  silhouette_avg = silhouette_score(X_non_noise, non_noise_labels)
50  print(silhouette_avg)
#【第四步:将聚类结果进行可视化】
51  from sklearn.decomposition import PCA
```

```
52  import matplotlib.pyplot as plt
53  import matplotlib
54  pca = PCA(n_components=2)
55  X_pca = pca.fit_transform(X_non_noise)
56  print(X_pca)
57  matplotlib.rcParams['font.sans-serif'] = ['SimHei']
58  matplotlib.rcParams['axes.unicode_minus'] = False
59  plt.figure(figsize=(8,6))
60  plt.scatter(X_pca[:,0], X_pca[:,1], c=non_noise_labels, s=50, cmap='viridis')
61  for i, point in enumerate(X_pca):
62      plt.text(point[0], point[1], s=non_noise_filenames[i], fontsize=10, verticalalignment='bottom', horizontalalignment='right')
63  plt.title('HDBSCAN 聚类结果', fontsize=16, color='black')
64  plt.xlabel('第1个特征', fontsize=12, color='black')
65  plt.ylabel('第2个特征', fontsize=12, color='black')
66  plt.show()
```

进阶版：

```
1   from transformers import BertModel, BertJapaneseTokenizer
2   import re
3   import numpy as np
4   import os
5   from hdbscan import HDBSCAN
6   from sklearn.metrics import silhouette_score
7   from sklearn.decomposition import PCA
8   import matplotlib.pyplot as plt
9   import matplotlib
10  modelpath = r'D:\我的科研\当前研究\基于Python的日语数字人文\文本挖掘技术及其应用\tohoku-nlp-bert-base-japanese-v3'
11  tokenizer = BertJapaneseTokenizer.from_pretrained(modelpath)
12  model = BertModel.from_pretrained(modelpath)
13  doc_vectors = []
14  filenameslist = os.listdir(r'C:\Users\Lenovo\Desktop\语料库数据')
15  for file in filenameslist:
16      with open(os.path.join(r'C:\Users\Lenovo\Desktop\语料库数据', file), 'r', encoding='utf-8') as f:
```

```
17        textdata = f.read()
18        sentencelist = re.split('[。?!.\n]', textdata)
19        sentence_vectors_sum = []
20        for s in sentencelist:
21            if s.strip() ! = '' and len(s.strip()) > 1:
22                sentence_vectors_sum.append(model(tokenizer.encode(s.strip(), add_special_tokens = True, return_tensors = 'pt')).last_hidden_state.tolist()[0][0])
23            doc_vectors.append(np.mean(np.array(sentence_vectors_sum), axis =0))
24 X = np.stack(doc_vectors, axis =0)
25 hdb = HDBSCAN(min_cluster_size =2, min_samples =1)
26 hdb.fit(X)
27 non_noise_filenames = []
28 for i, result in enumerate(hdb.labels_):
29     print(filenameslist[i], "的子集标签为:", result)
30     if result ! = -1:
31         non_noise_filenames.append(filenameslist[i])
32 non_noise_samples = hdb.labels_ ! = -1
33 print(silhouette_score(X[non_noise_samples], hdb.labels_[non_noise_samples]))
34 pca = PCA(n_components =2)
35 X_pca = pca.fit_transform(X[non_noise_samples])
36 matplotlib.rcParams['font.sans-serif'] = ['SimHei']
37 matplotlib.rcParams['axes.unicode_minus'] = False
38 plt.figure(figsize =(8, 6))
39 plt.scatter(X_pca[:, 0], X_pca[:, 1], c =hdb.labels_[non_noise_samples], s =50, cmap ='viridis')
40 for i, point in enumerate(X_pca):
41     plt.text(point[0], point[1], s =non_noise_filenames[i], fontsize = 10, verticalalignment = 'bottom', horizontalalignment ='right')
42 plt.title('HDBSCAN 聚类结果', fontsize =16, color ='black')
43 plt.xlabel('第1个特征', fontsize =12, color ='black')
44 plt.ylabel('第2个特征', fontsize =12, color ='black')
45 plt.show()
```

参考文献

刘金花,2021.文本挖掘与 Python 实践[M].成都:四川大学出版社.

宗成庆,夏睿,张家俊,2022.文本数据挖掘(第 2 版)[M].北京:清华大学出版社.

第八章

日语情感分析技术

8.1 技术概要与编程提示

作为文本挖掘领域核心技术之一的情感分析又称意见挖掘,通过对带有情感色彩的文本等进行分析、处理、推理和归纳,以此获取人们的观点、看法、态度和情感等(陈龙 等,2017;钟佳娃 等,2021)。以往情感分析的主要对象大多集中在社交媒体、在线评论和商业投资等方面(钟佳娃 等,2021)。该技术在语言学领域的应用研究还处于起步阶段,成果数量不多,主要集中在话语分析和教育辅助方面,其应用范围还有待大力拓展(毛文伟,2022)。

目前,情感分析的主要方法可分为基于情感词典的方法、基于传统机器学习的方法和基于深度学习的方法(王婷 等,2021)。其中,基于情感词典的方法主要根据特定情感词典提供的词汇情感极性(如积极、消极、中性等)和否定因素等来计算不同颗粒度层面(即词、短语、属性、句子、篇章等)的情感累加值等,以此进行情感分析;基于传统机器学习的方法运用 SVM(支持向量机)[①]等经典的传统机器学习算法来开展情感分析;而基于深度学习的方法则使用深度神经网络这一新兴的机器学习算法或由该算法训练的预训练模型(如前文提及的 BERT 等)来完成情感分析(毛文伟,2022)。

为了较为全面地展示情感分析的各种方法,从下一小节开始,我们依次介绍三个编程案例:(1)基于情感词典的情感分析编程实现;(2)基于传统机器学习的情感分析编程实现;(3)基于深度学习的情感分析编程实现。开始编程前,需事先下载好基

---

① 简而言之,SVM 是一种能够找到并运用数据中的最佳分界线或平面等来帮助我们区分不同类别的分类器。

于深度学习的情感分析所需的大语言模型 bert-base-japanese-v3-finetuned-sentiment。该模型在 Hugging Face 官网上缺乏足够的介绍信息[1]，但从名称上可以推知是基于日本东北大学自然语言处理小组最新开发的 BERT 预训练模型 bert-base-japanese-v3 微调而来的日语文本情感分析模型，其国内下载地址为 https://hf-mirror.com/MuneK/bert-base-japanese-v3-finetuned-sentiment/tree/main。经测试，bert-base-japanese-v3-finetuned-sentiment 可自动分析单个日语句子的情感极性及其对应的信度。所获得的情感极性分为 LABEL_0（十分消极）、LABEL_1（比较消极）、LABEL_2（中性）、LABEL_3（比较积极）和 LABEL_4（十分积极）五个类别，其对应信度的取值范围都是 0～1，越接近 1，说明分析出来的情感极性越可靠。另一方面，我们还需事先安装好 MeCab 软件及 mecab、transformers、xlsxwriter、oseti、asari 等第三方库。其中，前面尚未介绍过的 xlsxwriter 主要用来创建 Excel 表格，并写入数据。oseti 是一个基于情感词典的日语情感分析库，可自动分析单个句子的情感得分或由多个句子组成的日语段落中每个句子的情感得分等[2]。所获得的情感得分的取值范围是 -1～1。越接近 1，说明句子的情感越积极；越接近 -1，则句子的情感越消极。asari 是一个基于传统机器学习的日语情感分析库（毛文伟，2022），可自动分析单个句子的情感极性及其对应的信度[3]。所获得的情感极性分为 positive（积极）和 negative（消极）两种，其对应信度的取值范围是 0～1，越接近 1，说明分析出来的情感极性越可靠。

8.2 基于情感词典的情感分析编程实现

8.2.1 所用语料与编程步骤

所用语料为前面使用过的微型语料库中的第一个日语文本，其绝对路径为"C:\Users\Lenovo\Desktop\语料库数据\1.txt"。然后，编程时的主要步骤如下：

第一步：读取单个文本中的日语语料，并构建句子列表；

---

[1] 详情见以下网页：https://hf-mirror.com/MuneK/bert-base-japanese-v3-finetuned-sentiment。
[2] oseti 库的详情见以下网页：https://github.com/ikegami-yukino/oseti。
[3] asari 库的详情见以下网页：https://github.com/Hironsan/asari。但该网页中的内容似乎不够详细。

第二步:分析列表中每个句子的情感得分,并将结果存入 Excel 表格。

8.2.2 分步代码

【第一步:读取单个文本中的日语语料,并构建句子列表】

该步与"6.3 基于 BERT 的单词向量化编程实现"的第一步完全一致,不再赘述。

【第二步:分析列表中每个句子的情感得分,并将结果存入 Excel 表格】

在第一步当中,我们通过 6 行代码成功获得了一个包含所有日语句子的列表(即 sentencelist),接下来就可以基于情感词典来分析列表中每个句子的情感得分,并将结果存入 Excel 表格。具体代码如下:

```
7   import oseti
8   import xlsxwriter
9   analyzer = oseti.Analyzer()
10  workbook = xlsxwriter.Workbook('SentimentAnalysis.xlsx')
11  worksheet = workbook.add_worksheet()
12  worksheet.write(0, 0, '日语句子')
13  worksheet.write(0, 1, '情感得分')
14  row = 1
15  for s in sentencelist:
16      s = s.strip()
17      if s ! = '' and len(s) > 1:
18          score = analyzer.analyze(s)
19          worksheet.write(row, 0, s)
20          worksheet.write(row, 1, score[0])
21          row = row + 1
22  workbook.close()
```

代码逐行解析:

第 7 行代码使用"import 库"的代码形式把第三方库 oseti 导入当前 PyCharm 项目中备用。

第 8 行代码使用"import 库"的代码形式把第三方库 xlsxwriter 导入当前 PyCharm 项目中备用。

第 9 行代码调用 oseti 库中的 Analyzer( ) 函数构建一个情感分析器,并将其赋值给变量 analyzer。

第 10 行代码调用 xlsxwriter 库中的 Workbook()函数创建一个名为"SentimentAnalysis.xlsx"的 Excel 文件(作为参数值),并将其赋值给变量 workbook。

第 11 行代码对 workbook 文件对象调用 add_worksheet()方法新增一个工作表,并将其赋值给变量 worksheet。

第 12 行代码对 worksheet 工作表对象调用 write()方法,在指定位置的单元格中写入内容。write()中输入了 3 个参数,第 1 个参数值指定了写入内容的行索引号位置(行索引号从 0 开始),第 2 个参数值指定了写入内容的列索引号位置(列索引号也从 0 开始),第 3 个参数值指定了当前写入内容。也就是说,第 12 行代码在 worksheet 工作表第 1 行(行索引号为 0)的第 1 列(列索引号为 0)单元格中写入了字符串'日语句子'。

第 13 行代码对 worksheet 工作表对象调用 write()方法,在 worksheet 工作表第 1 行(行索引号为 0)的第 2 列(列索引号为 1)单元格中写入了字符串'情感得分'。

第 14 行代码把数值 1 赋值给行索引号变量 row。

第 15~21 行代码是一个包含 for 循环语句的相对独立的代码块。具体说来,第 15 行代码是一个 for 循环语句,依次读取 sentencelist 列表中的各个元素(即日语句子),每读取一个元素后立即将其赋值给变量 s,并自动运行一次有缩进的第 16~21 行代码。第 16 行代码对当前 s 中的句子对象调用 strip()方法,移除其头尾两端的空格,并将处理结果重新赋值给变量 s。第 17 行代码设置了两个用 and 连接的 if 条件:(1) s！= ' ';(2) len(s) > 1。如果同时满足这两个条件,说明当前 s 中的句子不为空,且不是单个文字、数字或符号,即 s 中是一个需进行情感分析的普通句子,此时会自动运行一次有缩进的第 18~21 行代码。第 18 行代码调用情感分析器对象 analyzer 的 analyze()方法分析当前 s(作为参数值)中句子的情感得分,然后将获得的得分结果作为唯一元素放到一个列表当中,且将该列表赋值给变量 score。第 19 行代码对 worksheet 工作表对象调用 write()方法,在 worksheet 工作表第 row + 1 行(行索引号为 row)的第 1 列(列索引号为 0)单元格中写入了当前 s 中的句子。第 20 行代码对 worksheet 工作表对象调用 write()方法,在 worksheet 工作表第 row + 1 行(行索引号为 row)的第 2 列(列索引号为 1)单元格中写入了当前 s 中句子的情感得分(即 score 列表中索引号为 0 的第 1 个元素)。第 21 行代码把行索引号变量 row 的值加 1 之后重新赋值给 row。如此一来,当第 15 行代码中的 for 循环语句运行结束之后,sentencelist 列表中的所有日语句子及其对应的情感得分就全部存入名为"SentimentAnalysis. xlsx"的 Excel 表格当中了(见图 8-1)①。

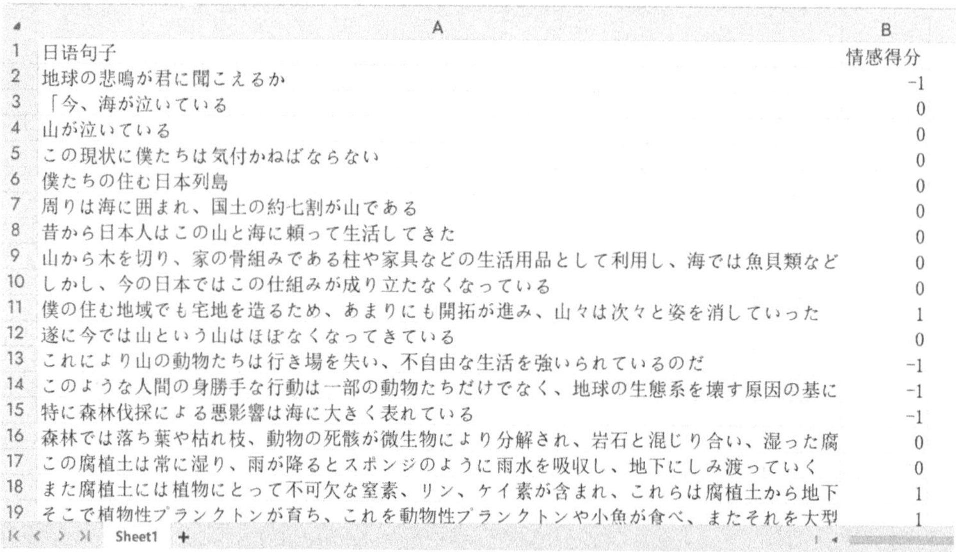

	A	B
1	日语句子	情感得分
2	地球の悲鳴が君に聞こえるか	-1
3	「今、海が泣いている	0
4	山が泣いている	0
5	この現状に僕たちは気付かねばならない	0
6	僕たちの住む日本列島	0
7	周りは海に囲まれ、国土の約七割が山である	0
8	昔から日本人はこの山と海に頼って生活してきた	0
9	山から木を切り、家の骨組みである柱や家具などの生活用品として利用し、海では魚貝類など	0
10	しかし、今の日本ではこの仕組みが成り立たなくなっている	0
11	僕の住む地域でも宅地を造るため、あまりにも開拓が進み、山々は次々と姿を消していった	1
12	遂に今では山という山はほぼなくなってきている	0
13	これにより山の動物たちは行き場を失い、不自由な生活を強いられているのだ	-1
14	このような人間の身勝手な行動は一部の動物たちだけでなく、地球の生態系を壊す原因の基に	-1
15	特に森林伐採による悪影響は海に大きく表れている	-1
16	森林では落ち葉や枯れ枝、動物の死骸が微生物により分解され、岩石と混じり合い、湿った腐	0
17	この腐植土は常に湿り、雨が降るとスポンジのように雨水を吸収し、地下にしみ渡っていく	0
18	また腐植土には植物にとって不可欠な窒素、リン、ケイ素が含まれ、これらは腐植土から地下	1
19	そこで植物性プランクトンが育ち、これを動物性プランクトンや小魚が食べ、またそれを大型	1

Sheet1

图 8-1　Excel 表格中的部分日语句子及其情感得分

第 22 行代码对当前的 workbook 文件对象调用 close()方法将其关闭。该行代码有时容易忘记,编程时需多加注意,缺少该行代码则不会生成最终的 Excel 文件。

8.2.3　完整代码

入门版:

#【第一步:读取单个文本中的日语语料,并构建句子列表】

```
1  import re
2  filepath = r'C:\Users\Lenovo\Desktop\语料库数据\1.txt'
3  with open(filepath, 'r', encoding = 'utf -8') as f:
4      textdata = f.read()
```

① 图中许多情感得分好像都不够合理,这可能是由于 oseti 库使用的情感词典不太适合本书所分析的文本。

```
5   print(textdata)
6   sentencelist = re.split('[。?!.\n]', textdata)
```
#【第二步:分析列表中每个句子的情感得分,并将结果存入 Excel 表格】
```
7   import oseti
8   import xlsxwriter
9   analyzer = oseti.Analyzer()
10  workbook = xlsxwriter.Workbook('SentimentAnalysis.xlsx')
11  worksheet = workbook.add_worksheet()
12  worksheet.write(0, 0, '日语句子')
13  worksheet.write(0, 1, '情感得分')
14  row = 1
15  for s in sentencelist:
16      s = s.strip()
17      if s != '' and len(s) > 1:
18          score = analyzer.analyze(s)
19          worksheet.write(row, 0, s)
20          worksheet.write(row, 1, score[0])
21          row = row + 1
22  workbook.close()
```

进阶版:

```
1   import re
2   import oseti
3   import xlsxwriter
4   analyzer = oseti.Analyzer()
5   with open(r'C:\Users\Lenovo\Desktop\语料库数据\1.txt', 'r',
    encoding='utf-8') as f:
6       textdata = f.read()
7   sentencelist = re.split('[。?!.\n]', textdata)
8   workbook = xlsxwriter.Workbook('SentimentAnalysis.xlsx')
9   worksheet = workbook.add_worksheet()
10  worksheet.write(0, 0, '日语句子')
11  worksheet.write(0, 1, '情感得分')
12  row = 1
13  for s in sentencelist:
14      s = s.strip()
15      if s != '' and len(s) > 1:
16          score = analyzer.analyze(s)
17          worksheet.write(row, 0, s)
```

```
18         worksheet.write(row, 1, score[0])
19         row += 1
20  workbook.close()
```

8.3 基于传统机器学习的情感分析编程实现

8.3.1 所用语料与编程步骤

所用语料为前文使用过的微型语料库中的第一个日语文本,其绝对路径为"C:\Users\Lenovo\Desktop\语料库数据\1.txt"。然后,编程时的主要步骤如下:

第一步:读取单个文本中的日语语料,并构建句子列表;

第二步:分析列表中每个句子的情感极性及其对应信度,并将结果存入 Excel 表格。

8.3.2 分步代码

【第一步:读取单个文本中的日语语料,并构建句子列表】

该步与"6.3 基于 BERT 的单词向量化编程实现"的第一步完全一致,不再赘述。

【第二步:分析列表中每个句子的情感极性及其对应信度,并将结果存入 Excel 表格】

在第一步当中,我们通过6行代码成功获得了一个包含所有日语句子的列表(即 sentencelist),接下来就可以基于传统机器学习来分析列表中每个句子的情感极性及其对应信度,并将结果存入 Excel 表格。具体代码如下:

```
7   from asari.api import Sonar
8   import xlsxwriter
9   sonar = Sonar()
10  workbook = xlsxwriter.Workbook('SentimentAnalysis.xlsx')
11  worksheet = workbook.add_worksheet()
12  worksheet.write(0, 0, '日语句子')
13  worksheet.write(0, 1, '情感极性')
14  worksheet.write(0, 2, '极性信度')
```

```
15  row = 1
16  for s in sentencelist:
17      s = s.strip()
18      if s ! = '' and len(s) > 1:
19          result = sonar.ping(s)
20          print(result)
21          polarity = result['top_class']
22          worksheet.write(row, 0, s)
23          worksheet.write(row, 1, polarity)
24          if polarity = = 'positive':
25              confidence = result['classes'][1]['confidence']
26              worksheet.write(row, 2, confidence)
27          else:
28              confidence = result['classes'][0]['confidence']
29              worksheet.write(row, 2, confidence)
30          row = row + 1
31  workbook.close()
```

代码逐行解析：

第 7 行代码使用"from 库中工具 import 函数"的代码形式从第三方库 asari 的 api 工具中将 Sonar( )函数导入当前 PyCharm 项目中备用。

第 8 行代码使用"import 库"的代码形式把第三方库 xlsxwriter 导入当前 PyCharm 项目中备用。

第 9 行代码调用 Sonar( )函数构建一个情感分析器，并将其赋值给变量 sonar。

第 10 行代码调用 xlsxwriter 库中的 Workbook( )函数创建一个名为"SentimentAnalysis.xlsx"的 Excel 文件(作为参数值)，并将其赋值给变量 workbook。

第 11 行代码对 workbook 文件对象调用 add_worksheet( )方法新增一个工作表，并将其赋值给变量 worksheet。

第 12 行代码对 worksheet 工作表对象调用 write( )方法，在 worksheet 工作表第 1 行(行索引号为 0)的第 1 列(列索引号为 0)单元格中写入了字符串'日语句子'。

第 13 行代码对 worksheet 工作表对象调用 write( )方法，在 worksheet 工作表第 1 行(行索引号为 0)的第 2 列(列索引号为 1)单元格中写入了字符串'情感极性'。

第 14 行代码对 worksheet 工作表对象调用 write( )方法，在 worksheet 工作表第 1

行(行索引号为0)的第3列(列索引号为2)单元格中写入了字符串'极性信度'。

第15行代码把数值1赋值给行索引号变量row。

第16~30行代码是一个包含for循环语句的相对独立的代码块。具体说来,第16行代码是一个for循环语句,依次读取sentencelist列表中的各个元素(即日语句子),每读取一个元素后立即将其赋值给变量s,并自动运行一次有缩进的第17~30行代码。第17行代码对当前s中的句子对象调用strip()方法,移除其头尾两端的空格,并将处理结果重新赋值给变量s。第18行代码设置了两个用and连接的if条件:(1) s! = '';(2) len(s) > 1。如果同时满足这两个条件,说明当前s中的句子不为空,且不是单个文字、数字或符号,即s中是一个需进行情感分析的普通句子,此时会自动运行一次有缩进的第19~30行代码。第19行代码调用情感分析器对象sonar的ping()方法分析当前s(作为参数值)中句子的情感极性及其对应信度等,并将获得的结果赋值给变量result。第20行代码使用print()函数把当前的result结果打印出来查看(见图8-2)。

```
{'text': '地球の悲鳴が君に聞こえるか', 'top_class': 'positive', 'classes': [{'class_name': 'negative', 'confidence': 0.07520551979541779}, {'class_name': 'positive', 'confidence': 0.9247944951057434}]}
{'text': '「今、海が泣いている', 'top_class': 'positive', 'classes': [{'class_name': 'negative', 'confidence': 0.05443211644887924}, {'class_name': 'positive', 'confidence': 0.9455679059028625}]}
{'text': '山が泣いている', 'top_class': 'positive', 'classes': [{'class_name': 'negative', 'confidence': 0.05443211644887924}, {'class_name': 'positive', 'confidence': 0.9455679059028625}]}
{'text': 'この現状に僕たちは気付かねばならない', 'top_class': 'positive', 'classes': [{'class_name': 'negative', 'confidence': 0.2627338767051697}, {'class_name': 'positive', 'confidence': 0.7372661232948303}]}
{'text': '僕たちの住む日本列島', 'top_class': 'positive', 'classes': [{'class_name': 'negative', 'confidence': 0.01269998587667942}, {'class_name': 'positive', 'confidence': 0.9873000383377075}]}
```

图8-2 前5个result结果中的日语句子及其情感极性和对应信度

由图8-2可知,每个result结果都是一个较为复杂的字典。该字典中的第1个键为'text',其对应的值为当前分析的日语句子;第2个键为'top_class',其对应的值为当前分析的日语句子的情感极性('positive'或'negative');第3个键为'classes',其对应的值为一个包含两个字典元素的列表,这两个字典中分别储存了'negative'和'positive'这两种情感极性所对应的信度。第21行代码从当前result字典中获取键'top_class'所对应的值,即当前日语句子的情感极性,并将其赋值给变量polarity。第22行代码对worksheet工作表对象调用write()方法,在worksheet工作表第row+1行(行索引号为row)的第1列(列索引号为0)单元格中写入了当前s中的句子。第23行代码对worksheet工作表对象调用write()方法,在worksheet工作表第row+1行(行索引号为row)的第2列(列索引号为1)单元格中写入了polarity中的情感极性。第24行代码是一个if条件:polarity == 'positive'。若满足该条件,则自动运行一次有缩进的第25~26行代码。第25行代码先从当前result字典中获取键'classes'所对应的列表(参考图8-2),然后获取该列表中第2个字典(即储存了情感极性'positive'所对应的信度的字典)的键'confidence'所对应的值,即情感极性'positive'所对应的信度,最后将该信度赋值给变量confidence。第26行代码对worksheet工作表对象调用write()方法,在worksheet工作表第row+1行(行索引号为row)的第3列(列索引号为2)单元格中写入confidence中的值,即情感极性'positive'所对应的信度。若不能满足第24行代码中的if条件,则直接跳转到第27行代码,并自动运行一次有缩进的第28~29行代码。第28行代码先从当前result字典中获取键'classes'所对应的列表,然后获取该列表中第1个字典(即储存了情感极性'negative'所对应的信度的字典)的键'confidence'所对应的值,即情感极性'negative'所对应的信度,最后将该信度赋值给变量confidence。第29行代码对worksheet工作表对象调用write()方法,在worksheet工作表第row+1行(行索引号为row)的第3列(列索引号为2)单元格中写入confidence中的值,即情感极性'negative'所对应的信度。第30行代码把行索引号变量row的值加1之后重新赋值给row。如此一来,当第16行代码中的for循环语句运行结束之后,sentencelist列表中所有日语句子及其情感极性和对应信度就全部存入到名为"SentimentAnalysis.xlsx"的Excel表格当中了(见图8-3)[①]。

[①] 图中许多情感极性好像都不太合理,可能是由于训练asari库所用模型的原始文本与本书的分析文本差别较大所导致的。

	A	B	C
1	日语句子	情感极性	极性信度
2	地球の悲鳴が君に聞こえるか	positive	0.924794
3	「今、海が泣いている	positive	0.945568
4	山が泣いている	positive	0.945568
5	この現状に僕たちは気付かねばならない	positive	0.737266
6	僕たちの住む日本列島	positive	0.9873
7	周りは海に囲まれ、国土の約七割が山である	positive	0.909809
8	昔から日本人はこの山と海に頼って生活してきた	positive	0.960245
9	山から木を切り、家の骨組みである柱や家具などの生活用品として利用し、	positive	0.932855
10	しかし、今の日本ではこの仕組みが成り立たなくなっている	positive	0.646939
11	僕の住む地域でも宅地を造るため、あまりにも開拓が進み、山々は次々と姿	positive	0.727842
12	遂に今では山という山はほぼなくなってきている	negative	0.647509
13	これにより山の動物たちは行き場を失い、不自由な生活を強いられているの	positive	0.935029
14	このような人間の身勝手な行動は一部の動物たちだけでなく、地球の生態系	negative	0.558771
15	特に森林伐採による悪影響は海に大きく表れている	positive	0.82111
16	森林では落ち葉や枯れ枝、動物の死骸が微生物により分解され、岩石と混じ	positive	0.859966
17	この腐植土は常に湿り、雨が降るとスポンジのように雨水を吸収し、地下に	positive	0.794101
18	また腐植土には植物にとって不可欠な窒素、リン、ケイ素が含まれ、これら	positive	0.887544
19	そこで植物性プランクトンが育ち、これを動物性プランクトンや小魚が食べ	positive	0.852742

图 8-3 Excel 表格中部分日语句子的情感极性及其对应信度(一)

第 31 行代码对当前的 workbook 文件对象调用 close( )方法将其关闭。

8.3.3 完整代码

入门版:

#【第一步:读取单个文本中的日语语料,并构建句子列表】
```
1  import re
2  filepath = r'C:\Users\Lenovo\Desktop\语料库数据\1.txt'
3  with open(filepath, 'r', encoding = 'utf-8') as f:
4      textdata = f.read()
5  print(textdata)
6  sentencelist = re.split('[。?!.\n]', textdata)
```
#【第二步:分析列表中每个句子的情感极性及其对应信度,并将结果存入 Excel 表格】
```
7   from asari.api import Sonar
8   import xlsxwriter
9   sonar = Sonar()
10  workbook = xlsxwriter.Workbook('SentimentAnalysis.xlsx')
11  worksheet = workbook.add_worksheet()
12  worksheet.write(0, 0, '日语句子')
13  worksheet.write(0, 1, '情感极性')
14  worksheet.write(0, 2, '极性信度')
```

```
15  row = 1
16  for s in sentencelist:
17      s = s.strip()
18      if s ! = '' and len(s) > 1:
19          result = sonar.ping(s)
20          print(result)
21          polarity = result['top_class']
22          worksheet.write(row, 0, s)
23          worksheet.write(row, 1, polarity)
24          if polarity = = 'positive':
25              confidence = result['classes'][1]['confidence']
26              worksheet.write(row, 2, confidence)
27          else:
28              confidence = result['classes'][0]['confidence']
29              worksheet.write(row, 2, confidence)
30          row = row + 1
31  workbook.close()
```

进阶版：

```
1   import re
2   from asari.api import Sonar
3   import xlsxwriter
4   sonar = Sonar()
5   with open(r'C:\Users\Lenovo\Desktop\语料库数据\1.txt', 'r', encoding = 'utf-8') as f:
6       textdata = f.read()
7   sentencelist = re.split('[。?!.\n]', textdata)
8   workbook = xlsxwriter.Workbook('SentimentAnalysis.xlsx')
9   worksheet = workbook.add_worksheet()
10  worksheet.write(0, 0, '日语句子')
11  worksheet.write(0, 1, '情感极性')
12  worksheet.write(0, 2, '极性信度')
13  row = 1
14  for s in sentencelist:
15      s = s.strip()
16      if s ! = '' and len(s) > 1:
17          result = sonar.ping(s)
18          worksheet.write(row, 0, s)
19          worksheet.write(row, 1, result['top_class'])
```

```
20            if result['top_class'] == 'positive':
21                worksheet.write(row, 2, result['classes'][1]['confidence'])
22            else:
23                worksheet.write(row, 2, result['classes'][0]['confidence'])
24            row += 1
25 workbook.close()
```

8.4 基于深度学习的情感分析编程实现

8.4.1 所用语料与编程步骤

所用语料为前文使用过的微型语料库中的第一个日语文本,其绝对路径为"C:\Users\Lenovo\Desktop\语料库数据\1.txt"。然后,编程时的主要步骤如下:

第一步:读取单个文本中的日语语料,并构建句子列表;

第二步:分析列表中每个句子的情感极性及其对应信度,并将结果存入 Excel 表格。

8.4.2 分步代码

【第一步:读取单个文本中的日语语料,并构建句子列表】

该步与"6.3 基于 BERT 的单词向量化编程实现"的第一步完全一致,不再赘述。

【第二步:分析列表中每个句子的情感极性及其对应信度,并将结果存入 Excel 表格】

在第一步当中,我们通过 6 行代码成功获得了一个包含所有日语句子的列表(即 sentencelist),接下来就可以使用通过深度学习训练而来的模型分析列表中每个句子的情感极性及其对应信度,并将结果存入 Excel 表格。具体代码如下:

```
7  from transformers import pipeline
8  import xlsxwriter
9  modelpath = r'D:\我的科研\当前研究\基于Python的日语数字人文\文本挖
```

```
        掘技术及其应用\bert-base-japanese-v3-finetuned-sentiment'
10   nlp = pipeline("sentiment-analysis", model=modelpath)
11   workbook = xlsxwriter.Workbook('SentimentAnalysis.xlsx')
12   worksheet = workbook.add_worksheet()
13   worksheet.write(0, 0, '日语句子')
14   worksheet.write(0, 1, '情感极性')
15   worksheet.write(0, 2, '极性信度')
16   row = 1
17   for s in sentencelist:
18       s = s.strip()
19       if s != '' and len(s) > 1:
20           result = nlp(s)
21           print(result)
22           worksheet.write(row, 0, s)
23           polarity = result[0]['label']
24           if polarity == 'LABEL_0':
25               worksheet.write(row, 1, '十分消极')
26           elif polarity == 'LABEL_1':
27               worksheet.write(row, 1, '比较消极')
28           elif polarity == 'LABEL_2':
29               worksheet.write(row, 1, '中性')
30           elif polarity == 'LABEL_3':
31               worksheet.write(row, 1, '比较积极')
32           elif polarity == 'LABEL_4':
33               worksheet.write(row, 1, '十分积极')
34           worksheet.write(row, 2, result[0]['score'])
35           row = row + 1
36   workbook.close()
```

代码逐行解析：

第7行代码使用"from 库 import 函数"的代码形式从第三方库 transformers 中将 pipeline() 函数导入当前 PyCharm 项目中备用。

第8行代码使用"import 库"的代码形式把第三方库 xlsxwriter 导入当前 PyCharm 项目中备用。

第9行代码将事先下载好的 BERT 预训练模型 bert-base-japanese-v3-finetuned-sentiment 的绝对路径赋值给变量 modelpath。

第10行代码调用pipeline()函数创建一个用于日语文本情感分析的管道工具,并将其赋值给变量nlp。pipeline()中输入了2个参数,第1个参数值"sentiment-analysis"指定了所执行的任务是情感分析,第2个参数值modelpath指定了用于日语文本情感分析的BERT预训练模型bert-base-japanese-v3-finetuned-sentiment。

第11行代码调用xlsxwriter库中的Workbook()函数创建一个名为"SentimentAnalysis.xlsx"的Excel文件(作为参数值),并将其赋值给变量workbook。

第12行代码对workbook文件对象调用add_worksheet()方法新增一个工作表,并将其赋值给变量worksheet。

第13行代码对worksheet工作表对象调用write()方法,在worksheet工作表第1行(行索引号为0)的第1列(列索引号为0)单元格中写入了字符串'日语句子'。

第14行代码对worksheet工作表对象调用write()方法,在worksheet工作表第1行(行索引号为0)的第2列(列索引号为1)单元格中写入了字符串'情感极性'。

第15行代码对worksheet工作表对象调用write()方法,在worksheet工作表第1行(行索引号为0)的第3列(列索引号为2)单元格中写入了字符串'极性信度'。

第16行代码把数值1赋值给行索引号变量row。

第17~35行代码是一个包含for循环语句的相对独立的代码块。具体说来,第17行代码是一个for循环语句,依次读取sentencelist列表中的各个元素(即日语句子),每读取一个元素后立即将其赋值给变量s,并自动运行一次有缩进的第18~35行代码。第18行代码对当前s中的句子对象调用strip()方法,移除其头尾两端的空格,并将处理结果重新赋值给变量s。第19行代码设置了两个用and连接的if条件:(1) s ! = '';(2) len(s) > 1。如果同时满足这两个条件,说明当前s中的句子不为空,且不是单个文字、数字或符号,即s中是一个需进行情感分析的普通句子,此时会自动运行一次有缩进的第20~35行代码。第20行代码调用nlp管道工具分析当前s(作为参数值)中句子的情感极性及其对应信度,并将获得的结果赋值给变量result。第21行代码使用print()函数把当前的result结果打印出来查看(见图8-4)。

```
情感分析 ×
D:\我的科研\当前研究\基于Python的日语数字人文\文本挖掘技术及
[{'label': 'LABEL_2', 'score': 0.5451171398162842}]
[{'label': 'LABEL_1', 'score': 0.5576040148735046}]
[{'label': 'LABEL_1', 'score': 0.7746832966804504}]
[{'label': 'LABEL_1', 'score': 0.8271231055259705}]
[{'label': 'LABEL_2', 'score': 0.8806735277175903}]
[{'label': 'LABEL_2', 'score': 0.8382291793823242}]
[{'label': 'LABEL_2', 'score': 0.8062441349029541}]
[{'label': 'LABEL_2', 'score': 0.6679496765136719}]
[{'label': 'LABEL_1', 'score': 0.8867008686065674}]
[{'label': 'LABEL_2', 'score': 0.5089371800422668}]
```

图 8-4 前 10 个 result 结果中的情感极性及其对应信度

由图 8-4 可知,每个 result 结果都是一个包含一个字典元素的列表。字典元素中有 'label' 和 'score' 两个键,其值分别是当前日语句子的情感极性和该情感极性所对应的信度。第 22 行代码对 worksheet 工作表对象调用 write() 方法,在 worksheet 工作表第 row + 1 行(行索引号为 row)的第 1 列(列索引号为 0)单元格中写入了当前 s 中的句子。第 23 行代码首先从当前 result 列表中获取索引号为 0 的字典元素,然后从该字典中获取键 'label' 所对应的值,即当前日语句子的情感极性,并将其赋值给变量 polarity。第 24~33 行代码是一个相对独立的 if 条件语句。其中,第 24 行代码设置了一个 if 条件:polarity == 'LABEL_0'。若满足该条件,则自动运行一次有缩进的第 25 行代码,即对 worksheet 工作表对象调用 write() 方法,在 worksheet 工作表第 row + 1 行(行索引号为 row)的第 2 列(列索引号为 1)单元格中写入当前 result 结果中的情感极性 polarity(即 'LABEL_0')所对应的"十分消极"情感,即当前日语句子的情感极性。若不满足第 24 行代码中的 if 条件,则直接跳转到第 26 行代码,该行代码中设置了一个 elif 条件:polarity == 'LABEL_1'。若满足该 elif 条件,则自动运行一次有缩进的第 27 行代码,即对 worksheet 工作表对象调用 write() 方法,在 worksheet 工作表第 row + 1 行(行索引号为 row)的第 2 列(列索引号为 1)单元格中写入当前 result 结果中的情感极性 polarity(即 'LABEL_1')所对应的"比较消极"情感,即当前日语句子的情感极性。若也不满足第26行代码中的elif条件,则直接跳转到第28行代码,该行代码中设置了一个elif条件:polarity == 'LABEL_2'。若满足该elif条件,则自动运行一次有缩进的第29行代码,即对worksheet工作表对象调用write()方法,在worksheet工作表第row+1行(行索引号为row)的第2列(列索引号为1)单元格中写入当前result结果中的情感极性polarity(即'LABEL_2')所对应的"中性"情感,即当前日语句子的情感极性。若也不满足第28行代码中的elif条件,则直接跳转到第30行代码,该行代码中设置了一个elif条件:polarity == 'LABEL_3'。若满足该elif条件,则自动运行一次有缩进的第31行代码,即对worksheet工作表对象调用write()方法,在worksheet工作表第row+1行(行索引号为row)的第2列(列索引号为1)单元格中写入当前result结果中的情感极性polarity(即'LABEL_3')所对应的"比较积极"情感,即当前日语句子的情感极性。若也不满足第30行代码中的elif条件,则直接跳转到第32行代码,该行代码中设置了一个elif条件:polarity == 'LABEL_4'。若满足该elif条件,则自动运行一次有缩进的第33行代码,即对worksheet工作表对象调用write()方法,在worksheet工作表第row+1行(行索引号为row)的第2列(列索引号为1)单元格中写入当前result结果中的情感极性polarity(即'LABEL_4')所对应的"十分积极"情感,即当前日语句子的情感极性。第34行代码对worksheet工作表对象调用write()方法,在worksheet工作表第row+1行(行索引号为row)的第3列(列索引号为2)单元格中写入了当前result列表中字典元素的键'score'所对应的值,即当前情感极性所对应的信度。第35行代码把行索引号变量row的值加1之后重新赋值给row。如此一来,当第17行代码中的for循环语句运行结束之后,sentencelist列表中所有日语句子及其情感极性和对应信度就全部存入名为"SentimentAnalysis.xlsx"的Excel表格当中了(见图8-5)。由图8-5可知,大多句子的情感极性都还比较合理[①]。

第36行代码对当前的workbook文件对象调用close()方法将其关闭。

[①] 除了本书中这种基于BERT预训练模型的情感分析方法之外,还可以使用有偿的谷歌云平台(Google Cloud)提供的基于深度学习的Natural Language工具(网址:https://cloud.google.com/natural-language?hl=zh_cn)等来实现性能可能更好的情感分析(毛文伟,2022)。

	A	B	C
1	日语句子	情感极性	极性信度
2	地球の悲鳴が君に聞こえるか	中性	0.545117
3	「今、海が泣いている	比较消极	0.557604
4	山が泣いている	比较消极	0.774683
5	この現状に僕たちは気付かねばならない	比较消极	0.827123
6	僕たちの住む日本列島	中性	0.880674
7	周りは海に囲まれ、国土の約七割が山である	中性	0.838229
8	昔から日本人はこの山と海に頼って生活してきた	中性	0.806244
9	山から木を切り、家の骨組みである柱や家具などの生活用品として利用し、	中性	0.66795
10	しかし、今の日本ではこの仕組みが成り立たなくなっている	比较消极	0.886701
11	僕の住む地域でも宅地を造るため、あまりにも開拓が進み、山々は次々と姿	中性	0.508937
12	遂に今では山という山はほぼなくなってきている	比较消极	0.686159
13	これにより山の動物たちは行き場を失い、不自由な生活を強いられているの	比较消极	0.619559
14	このような人間の身勝手な行動は一部の動物たちだけでなく、地球の生態系	比较消极	0.673856
15	特に森林伐採による悪影響は海に大きく表れている	比较消极	0.723933
16	森林では落ち葉や枯れ枝、動物の死骸が微生物により分解され、岩石と混じ	中性	0.555639
17	この腐植土は常に湿り、雨が降るとスポンジのように雨水を吸収し、地下に	中性	0.75211
18	また腐植土には植物にとって不可欠な窒素、リン、ケイ素が含まれ、これら	中性	0.80297
19	そこで植物性プランクトンが育ち、これを動物性プランクトンや小魚が食べ	中性	0.781229
20	この繰り返しによって豊かな海がつくられる	比较积极	0.663922

图 8-5　Excel 表格中部分日语句子的情感极性及其对应信度(二)

8.4.3　完整代码

入门版：

```
#【第一步:读取单个文本中的日语语料,并构建句子列表】
1   import re
2   filepath = r'C:\Users\Lenovo\Desktop\语料库数据\1.txt'
3   with open(filepath, 'r', encoding = 'utf-8') as f:
4       textdata = f.read()
5   print(textdata)
6   sentencelist = re.split('[。?!.\n]', textdata)
#【第二步:分析列表中每个句子的情感极性及其对应信度,并将结果存入Excel表格】
7   from transformers import pipeline
8   import xlsxwriter
9   modelpath = r'D:\我的科研\当前研究\基于Python的日语数字人文\文本挖掘技术及其应用\bert-base-japanese-v3-finetuned-sentiment'
10  nlp = pipeline("sentiment-analysis", model = modelpath)
11  workbook = xlsxwriter.Workbook('SentimentAnalysis.xlsx')
12  worksheet = workbook.add_worksheet()
13  worksheet.write(0, 0, '日语句子')
14  worksheet.write(0, 1, '情感极性')
```

```python
15  worksheet.write(0, 2, '极性信度')
16  row = 1
17  for s in sentencelist:
18      s = s.strip()
19      if s != '' and len(s) > 1:
20          result = nlp(s)
21          print(result)
22          worksheet.write(row, 0, s)
23          polarity = result[0]['label']
24          if polarity == 'LABEL_0':
25              worksheet.write(row, 1, '十分消极')
26          elif polarity == 'LABEL_1':
27              worksheet.write(row, 1, '比较消极')
28          elif polarity == 'LABEL_2':
29              worksheet.write(row, 1, '中性')
30          elif polarity == 'LABEL_3':
31              worksheet.write(row, 1, '比较积极')
32          elif polarity == 'LABEL_4':
33              worksheet.write(row, 1, '十分积极')
34          worksheet.write(row, 2, result[0]['score'])
35          row = row + 1
36  workbook.close()
```

进阶版：

```python
1   import re
2   from transformers import pipeline
3   import xlsxwriter
4   with open(r'C:\Users\Lenovo\Desktop\语料库数据\1.txt', 'r', encoding='utf-8') as f:
5       textdata = f.read()
6   sentencelist = re.split('[。?!.\n]', textdata)
7   nlp = pipeline("sentiment-analysis", model=r'D:\我的科研\当前研究\基于Python的日语数字人文\文本挖掘技术及其应用\bert-base-japanese-v3-finetuned-sentiment')
8   workbook = xlsxwriter.Workbook('SentimentAnalysis.xlsx')
9   worksheet = workbook.add_worksheet()
10  worksheet.write(0, 0, '日语句子')
11  worksheet.write(0, 1, '情感极性')
12  worksheet.write(0, 2, '极性信度')
```

```
13    row = 1
14    for s in sentencelist:
15        s = s.strip()
16        if s ! = '' and len(s) > 1:
17            result = nlp(s)
18            worksheet.write(row, 0, s)
19            if result[0]['label'] = = 'LABEL_0':
20                worksheet.write(row, 1, '十分消极')
21            elif result[0]['label'] = = 'LABEL_1':
22                worksheet.write(row, 1, '比较消极')
23            elif result[0]['label'] = = 'LABEL_2':
24                worksheet.write(row, 1, '中性')
25            elif result[0]['label'] = = 'LABEL_3':
26                worksheet.write(row, 1, '比较积极')
27            elif result[0]['label'] = = 'LABEL_4':
28                worksheet.write(row, 1, '十分积极')
29            worksheet.write(row, 2, result[0]['score'])
30            row + = 1
31    workbook.close()
```

参考文献

陈龙,管子玉,何金红,等,2017.情感分类研究进展[J].计算机研究与发展,54(6):1150-1170.

毛文伟,2022.情感分析工具的性能对比及其在二语习得研究中的应用[J].外语电化教学(5):94-100+118.

王婷,杨文忠,2021.文本情感分析方法研究综述[J].计算机工程与应用,57(12):11-24.

钟佳娃,刘巍,王思丽,等,2021.文本情感分析方法及应用综述[J].数据分析与知识发现,5(6):1-13.

第九章

日语语言研究实例

前面章节详细展示了日语词云图绘制、日语关键词提取、日语词共现网络分析、日语主题模型建构、日语文本向量化、日语文本聚类、日语情感分析等各种文本挖掘技术的Python编程实现,合理运用这些技术可以开展各种各样的日语数字人文研究。本章力图较为全面地介绍现有的基于文本挖掘技术的典型日语语言研究实例,以此助力大家系统了解和掌握各项技术在日语语言研究中的应用方法。我们精选出来的具体实例如下:

(1) 日本中学班级目标的行为主义分析

榊原岳(2023)综合运用日语词云图绘制和词共现网络分析等各种技术对日本某中学教室里展示的日语班级目标进行了行为主义分析,并探讨了班级目标促使学生行为产生积极变化的可能性。研究结果发现:① 班级目标中使用了"全力""協力"等各种抽象度高的假设性构念;② 班级目标中频繁出现"クラス & 全力""できる & クラス""全力 & 取り組む"等容易让人联想到行为主义理论中的群体导向性的共现关系组合。另一方面,获得的主要启示则有:① 从规则支配行为视角来看,为了提高该中学班级目标的功能,需进一步添加更易理解和更加具体的下位行为目标;② 对于那些群体导向性强的文本,需同步构建一套能够给予其充分社会强化的体系。

(2) 日本民众对新冠肺炎疫苗接种的关注变化研究

武富有香 等(2023)首先收集了2021年1月1日至10月31日期间推特上含有"ワクチン"一词的所有日语推文数据(超过1.1亿条),并在此基础上使用日语主题模型建构技术创建了一个LDA主题模型。然后,基于建模结果归纳了日语推文中与新冠肺炎疫苗接种相关的主要话题类别,并分析了各类话题在疫苗接种运动期间的受关注程度演变情况及重大社会事件对公众舆论的影响。最终结果发现:① 日语推文数据中共有 15 个主题,这些主题可归纳为个人事件、新闻、政治、阴谋和幽默这 4 类话题;② 自 6 月份普通民众开始接种疫苗之后,涉及接种时间表、接种报告和副作用等个人事件话题的推文比例明显增加,而有关疫苗政策、疫苗有效性及相关新闻等社会问题的推文比例则有所下降。

(3) 日本主流报纸的集体身份话语建构研究

孙成志 等(2023)自建日本主流报纸"中国技能实习生"专题新闻语料库,结合词共现网络分析技术与评价理论中的态度资源分析探讨了新闻话语对"中国技能实习生"集体身份的话语建构路径。研究发现,"中国技能实习生"主要再现为"劳动者""学习者"与"社会秩序的挑战者"3 类集体身份,且其中的"劳动者"与"学习者"身份相互混杂,语义韵冲突明显,整体呈现出中性偏负面的群体形象。

(4) 译介文学的日本读者接受研究

王慧 等(2023)通过对日本普通读者的在线评论进行高频关键词提取、词共现网络分析和情感分析,并结合读者接受理论廓清了日本读者对科幻小说的期待视野,探究了《三体》在日本译介成功的原因。研究发现,《三体》作品跌宕起伏的情节、宏大的世界观设定、对人性的思考,加之优秀的翻译推广是促使作品广受日本读者青睐的主要原因。

(5) 日本文学作品的文体类型分析

大川孔明(2020)将接续词、指示词、接续助词和零形式等各种句子连接法的使用率作为文本表示数据,通过层次聚类技术分析了平安镰仓时代文学作品的文体类型。研究结果发现,平安镰仓时代的日语文学作品大致可分为以下 3 种类型:① 接续助词使用率高的接续助词型(《竹取物語》《源氏物語》等);② 接续词和指示词使用率高的接续词指示词型(《大鏡》《宇治拾遺物語》等);③ 零形式以外的句子连接法的使用率低的零形式型(《蜻蛉日記》《徒然草》等)。与此同时,该研究指出和汉对立和句子连接法通过文体产生关联,并基于典型和文文体特征体现在接续助词上这一发现探明了典型和文的一些实际特征。

（6）日语作文中的句子情感分析

毛文伟（2022）运用日语情感分析技术探究了中国日语学习者和本族语者所写作文在句子情感方面的异同。研究结果表明，日语学习者和本族语者在遣词造句方面的不同导致二者作文在各类情感句占比方面出现显著差异。具体说来，学习者作文中的中性情感句占比偏高，符合写作任务要求的积极或消极情感句占比明显偏低。这说明学习者表示积极或消极情感的能力有所不足，应该在教学过程中有针对性地予以强化。

由上可知，以往的日语语言研究对文本挖掘技术的运用还不够全面，日语关键词提取和日语文本向量化等技术的使用还较为少见。但实际上，这些技术在针对其他语种的语言研究中已经有了非常成功的应用，如施建军 等（2023）使用大语言模型BERT提取汉语"N 的 V"结构中 V 的词向量，并基于词向量分析十分客观地证实了"N 的 V"中 V 与作谓语动词使用的 V 性质相似，即该结构中的 V 是动词性的，而不是名词性的。总体说来，目前文本挖掘技术在日语语言研究中的应用还处于初级阶段，今后还有待大力探索和发展。

参考文献

毛文伟,2022.情感分析工具的性能对比及其在二语习得研究中的应用[J].外语电化教学(5):94-100+118.

施建军,周瓴,2023.基于词向量的汉语"N 的 V"结构研究:兼与日语「NのV」结构比较[J].外语电化教学(2):71-77+115.

孙成志,王成一,2023.评价理论态度系统视域下集体身份的话语建构:以日本主流报纸"中国技能实习生"为例[J].日语学习与研究(3):17-26.

王慧,陆晓鸣,2023.日本读者对中国科幻文学翻译作品的接受[J].日语学习与研究(2):114-127.

大川孔明,2020.文連接法から見た平安鎌倉時代の文学作品の文体類型[J].日本語の研究,16(2):133-151.

榊原岳,2023.中学校「学級目標」のテキストマイニングと行動分析学の視点による検討:A中学校15クラスの分析を通して[J].学校教育学会誌(26):40-49.

武富有香,NAKAYAMA Y,須田永遠,等,2023.日本語の大規模Twitterデータからみる新型コロナワクチン接種に関する人々の関心の推移[C]//人工知能学会全国大会論文集(JSAI2023),2023,日本.JSAI:14.